古文字趣谈

陈炜湛　著

上海古籍出版社

图书在版编目（CIP）数据

古文字趣谈/陈炜湛著. —上海：上海古籍出版社，2005.12（2021.2 重印）

ISBN 978-7-5325-4150-8

Ⅰ. 古... Ⅱ. 陈... Ⅲ. 汉字:古文字-通俗读物 Ⅳ. H121-49

中国版本图书馆CIP数据核字(2005)第057309号

古文字趣谈

陈炜湛 著

上海世纪出版股份有限公司
上海古籍出版社 出版、发行

（上海瑞金二路272号 邮政编码200020）

(1)网址:www.guji.com.cn

(2)E-mail: gujil@guji.com.cn

(3)易文网网址:www.ewen.co

新华书店上海发行所发行经销

启东市人民印刷有限公司印刷

开本850×1168 1/32 印张13.25 插页2 字数310,000

2005年12月第1版 2021年2月第11次印刷

印数:17,401 — 18,900

ISBN 978-7-5325-4150-8

H·34 定价:45.00元

前　言

拙著《古文字趣谈》作于上世纪七十年代末至八十年代初，出版于1985年。嗣后，其姊妹篇《汉字古今谈》及《汉字古今谈续编》先后于1988与1993年面世。近年复续作同类小文数篇，散诸报刊。兹承上海古籍出版社垂青，愿将上述拙作合为一集再版，乃重加修订，仍颜曰《古文字趣谈》，请由该社印行之。

卷内计收长短不一之文凡九十有二，其写作时间前后逾二十年。各文执笔之时，全凭兴趣，故各自独立，彼此实无内在联系，更无系统可言。此次修订，主要是文字上的校订润色，并改正若干原文中的错误。既然是合三书为一集，为便观览且收同类相聚之效，乃将原有篇目次序打乱，略依所“谈”内容，重予类次。大体上是先之以日月山川草木，次之以鸟兽虫鱼，又次之以杂物奇怪，再次之以世间人事，复以稍具综合性之数文殿后。如此编排，纯属粗线条式，难以细究。实际上，有些文章内容颇杂，涉及之“类”便不易确定，故先后次序未必尽当。好在各文本无先后可言，今虽重为编次，孰先孰后亦无关宏旨也。又，原《汉字古今谈》费锦昌学兄所撰之序与拙作后记列为附录，以存旧貌，原《汉字古今谈续编》之《战国以前竹简蠡测》已编入另集，故不再列入本书。

《古文字趣谈》出版不久，《中山大学》(校报)、《南方周末》以及《书林》曾先后发表邬和镒、黄光武、罗春初诸先生的书评，向读者推荐。《汉字古今谈》出版后，香港《大公报》亦曾发表邬和镒先生的书评，谬誉有加。我本人也陆续收到不少读者来信，其中有学界同行朋友，有中学语文教师，有医生，有正在读书的大学生，还有远在边陲的解放军战士。这些来信，除了热情的支持与鼓励外，还有中肯的批评与建议。这次修订，有些重要的改动，就是根据读者的意见进行的。读者的鼓励与批评，确如我在序言中所说，不仅使我克服缺点，改正错误，得到提高，而且还给了我继续研究、继续写作的推动力，谨表示衷心的感谢。

俗语云：智者千虑，难免一失，愚者千虑，终有一得。本书之作，旨在普及，就“宏观”而论，只是二十余年来愚者之“一得”而已。然即此“一得”，仍难保无误，岂敢自是。对于书中的缺点错误，仍望读者不吝赐教为幸。

陈炜湛

2005 年 1 月 26 日

于中山大学三鉴斋

序　言

记得十多年前,在广西河池地区做跑腿工作的时候,茶余饭后,总喜欢和朋友们聊聊天,谈谈山海经。有时也不免谈到古代那些鼓睛暴眼的文字,谈到乌龟壳,青铜器,朋友们感到很新奇。为了想进一步了解这些东西,有些朋友总要问一句:“有什么合适的书可以看看吗?”这可使我为难了。关于古文字的书倒是很多,但,不是太贵,买不起;便是太深,看不懂。哪些是“合适的”呢? 何况我当时的朋友也颇“杂”:论文化程度,大中小学的都有;论职务,有负有一定责任的领导干部,也有社队的基层干部。那时想来想去,适合他们看的关于古文字学的书委实举不出,只好老实答以“现在还没有”或“记不起来”。这样的回答当然使朋友失望,自己也感到惭愧、内疚:为什么不能写一本“合适的”书给朋友们看看,让广大读者都知道一些祖国的这些珍贵遗产呢?

这问题在我脑海里盘旋了好多年。每想到它,就像负了债,总感到对不起那些在大山区里工作的朋友们。后来在一本油印的杂志上看到董作宾先生的两篇遗稿,一篇题为《皇帝可以没有头的吗?》,另一篇题为《被遗弃了的婴孩》。讲的都是古文字,但写得生动活泼,很有文采,不懂古文字的人也能看得津津有味。董先生是研究甲骨文的知名学者,造诣很深,他的论著言简意赅,文笔流畅,没有学究气,我是早就钦佩的。但想不到他还有这两篇雅俗共赏的文章,真是妙极了 。据介绍,在他生前,经常拿这两篇文章给往访的青年学生看,看后,又问他们懂不懂，有没有兴趣，回答都是肯定的。董氏这两篇文章，给了我莫大的启发：这样的文章不是很适合我那些朋友们看吗？自己何妨也来试一试呢？于是我也产生了写这类文字的念头。

事有凑巧。正当我跃跃欲试的时候，1977 年冬，老友罗锡诗同志受人之托，约我写点东西去投稿。我说谈谈甲骨文、金文之类如何，他说只要有趣，能使人家看得懂就行。既然如此，那就试试看吧！先写了三篇，即《谈“天”》、《“目不识丁”解》、《羊大就算“美”吗?》，登在《广东青年》上。后来又陆陆续续地写了若干篇，我的老师商承祚先生看后觉得还有点意思，就推荐给了《随笔》。《随笔》不仅刊登了这些文章，1980 年初秋的一个上午，编辑黄伟经先生和徐建中先生还特地跑来找我，鼓励我继续写下去，并说，写得多了，还可以出个集子，作为《随笔》丛书出版。我要衷心感谢这两位编辑先生，正是由于他们的支持、鼓励，我又坚持下去，“挤”时间写了十几篇，得以凑成现在这个集子，献给读者。

由于工作的关系，我的主要精力未能放在写这类文章上。又由于资质驽钝，这种文章做起来也并不省力，想题目，找材料，乃至构思，都颇费心力。所以，这薄薄的一个集子，长短不一的文章才三十余篇，写作的时间却前后经历了四年半。这些文章，如果自我评论，它们的特点大概就是浅吧。这里面既无重大的发现，也无高深的理论，更没有旁征博引的考证，只是介绍了一些文字的来龙去脉，谈了些有关古文字学的基本知识，如此而已。其所以如此“浅”，乃是因为：一、古文字本身并不神秘，并非高深莫测的东西，在古代也是通行的文字，平常得很。二、我自己更没有别人不能懂的深奥学问。自己浅得很，写出来的东西自然也就深不了。这倒不是故意谦虚，而是确实如此。所以，这些文章讲的虽然是古文字，凡具有中学以上文化程度的读者，只要愿意读，都是可以读下去的。不过，我也相信，从这本浅薄的集子里，有些读者是会寻出合于他的用处的东西的。

老实说，我做这些文章，不过是一种尝试。一是尝试尝试这种形式——以随笔的形式分析一些古文字，把它们介绍给读者。二是试试自己做普及工作的能力——能不能用大家（尽可能多的人们）都能理解的语言来讲述被认为是枯燥无味的古文字，使人易于接受。这是想把古文字讲活的尝试。当然，成效究竟如何，只能由我的朋友们，亲爱的读者来评论，我是无权置一辞的。

去年秋天，在太原举行的中国古文字研究会第四届年会上，我在一篇题为《甲骨文研究的过去、现状及今后的展望》的文章里，谈到“现状”时，说过这样一段话：

> 研究古文字，特别是研究甲骨文，一向被人视为高深艰难的学问，犹如“阳春白雪”，知音少而和者寡。又由于多年来忽视普及工作，缺乏普及性的著作，能看懂有关甲骨文（及其他古文字）方面的论著的读者也就不多，它的“群众基础”远不如文学等学科的广博深厚……所以，日后如何做好甲骨文（及其他古文字）的普及性工作，把研究成果采取通俗易懂的形式，介绍给广大人民群众，从根本上培植基础，肥沃土壤，确实是颇关重要的问题。

在我发言之后，当时就有位先生接着问道：“谁来做这些工作呢？”这倒也是个问题。但我想，只要愿意，谁都可以做这项工作。这个小集子也算是我做的一点点工作吧。和专家们的鸿篇巨著相比，集子中的文章不过是些微不足道的小品文。只是这类文章目前似乎还不多见，这个浅薄的集子也许暂时尚有存在的余地。倘能由此而引起一些读者的兴趣，进而深入学习、研究我国古代的文字（如甲骨文、金文之类），有更多的人来关心、支持古文字研究工作，那我就十分高兴了，我的目的也就达到了。倘能得到读者的批评指正，那我尤其欢迎，而且不胜感激之至。因为这不仅能使我克服缺点，改正错误，得到提高，而且无形中也给了我继续研究、继续写作的推动力。

陈炜湛

1982年3月22日

序于中山大学古文字学研究室

目　　录

附录

日出——旦

有机会登上高山之颠如峨嵋山金顶或泰山日观峰，在黎明之前便守候在那里，面向东方，静观日出，当亦是人生一乐。清代桐城派散文家姚鼐的名文《登泰山记》，其观日出一段文字，描绘如画，气势非凡，今日读之，依然令人神往。与姚鼐的描写相映成趣的是，在姚氏作此文一百八十余年之后，泰山附近莒县陵阳河大汶口文化遗址出土的陶器上发现了象征日出的图形文字：

有如一轮红日在彩云缭绕下冉冉升起，高出山颠。在另一件陶器上这个字省去山形：

但姚鼐所描绘的“日上，正赤如丹，下有红光，动摇承之”的景象依然十分明显。这便是五千多年前中华民族的祖先创造的最古的“旦”字。

倘若在平原地区或大海之上观日出，其感受与在高山之颠当有不同：自平原观之，红日离地而起，喷薄而上；自海上观之，则日之初出如为海气所吞吐，摩荡片刻乃去海升空。这些景象，相信许多读者是“司空见惯”的。

甲骨文有“王其观日出”的占卜,又有不少祭日的记载。商王如何观日出,已不可考;但甲骨上的许多“旦”字似乎便是平原观日出所见图像的浓缩:

由于是刀刻,圆的太阳成了长方形乃至菱形;作为大地象征的不是一横,而是刻成□或□,有些像口了。所以,有人曾把它释作“昌”字,但从卜辞文例可知,它确是与“昏”相对的“旦”。

按清末古文字学家吴大澂的说法,金文“旦”字乃是“日初出未离于土”之状:

个别的则作日离土之形,见于休盘:

“旦”字演变为小篆,空廓或填实的地皆简化为一横,便定形化为。《说文》:“旦,明也。从日见一上,一,地也。”验诸甲骨文、金文,这一解释应该说是正确的。

东方红,太阳升,大地通明,黑暗尽除,故“旦”历来是光明的象征。古代的《卿云歌》云:“日月光华,旦复旦兮。”意即明明相代,光华永存。作为清晨的标志,旦与朝同义,而与昏、夕、莫(暮)相对。典籍屡见“旦夕、旦暮”之语,“一旦”又义同一朝、一日、万一,犹存于今口语。典籍还有“旦旦”一语,喻天天、明亮,又可表诚恳,最著名者莫过于“言笑晏晏,信誓旦旦”(《诗·卫风·氓》)了。因这两句诗,后世又以“旦旦”喻盟誓,离“旦”之本义已远。至于传统戏剧中扮演女子的各种角色称为“旦”,如花旦、老旦、小旦、色旦、正旦、副旦,诸如此类的“旦”则纯属借用,与日出之义风马牛不相及了。

落日——莫

清晨，一轮红日沿着地平线喷薄而出，辉映万物，大地通明，真是大自然的壮观；傍晚，夕阳西下，“落霞与孤鹜齐飞”，也未尝不是值得观赏的美景。宋代的苏轼（东坡）有句诗道：“山僧苦留看落日”，陆游也有“回头已失庐山云，却上吴城观落日”之句，可见落日的景致对诗人是具有很强的吸引力的。

落日是好看的，但观赏的结果却因人因地而异。同样看落日，海上渔民与草原牧童的感受固然不同，诗人与农民的眼光也不会一样。“大漠孤烟直，长河落日圆”，已是人所周知的佳句，不必多说；这里要说的是我国古代劳动人民观察落日的结果：“莫”。

现在的莫字在字形上已很难看出它的涵义了，看来看去总是“莫名其妙”。但追溯起它的历史来，其“庐山真面目”却正是地地道道的一种落日的景象。下面是甲骨文里出现的一部分莫字：

艸代表草，林是树林，中间的日或口象征太阳，这些字的涵义就是：太阳落到草莽里去了，隐没在树林中了。天快黑了，在野外劳累了一天的人们该回家休息了。日未出而作，日既入而未息的劳动者才会留心这种现象，有深切的感受。可以说，这是古代中原地区的劳动者对落日长期观察、体会的结晶。

莫字在金文里也有，结构与甲骨文是一致的：

也都是日落草中的形象。后来秦始皇统一文字，把这个字规范化为篆书的莫，落日的意思也还明显；待到隶书，把下面的“艸”变为“大”，遂成为莫字了。

随着时光的流逝，字形的变化，“莫”的意思逐渐引申、扩大，也就渐离本义，除了在一些字书中还有个“日且冥也”的解释外，在典籍中已经很少见到这种用法了。在现代汉语里，“莫”的意思几乎与“勿”差不多，已与落日毫不相关。而傍晚、黄昏、落日等意思就用另一个字来表达，这就是“暮”——“莫”下面再加一个日。有人说，“莫”假借为“暮”，那是本末倒置，正确的说法应该是：“莫”是“暮”的老祖宗，只因后来用法不同，读音又有了差异，才使人们逐渐忘记或弄错了两者的关系。

月儿弯弯照九州——月和夕

在古文字里，月字也是象形字，是极容易认识的：

☽ ☽ ☾

这分明是一弯新月的形象。不错，“月有阴晴圆缺”，但究竟“圆”时少，“缺”时多，所以古人用近似半圆形的☽来代表月亮，这是理所当然的。在世界上其他一些文明古国如埃及的古文字里，月也写成☽，可见月儿弯弯照九州，“英雄所见略同”了。

面对着皎洁的月华，人们的感受各不相同，欣赏咏叹者有之，长叹息者有之，饮泣者亦有之。即便同一诗人，由于心境不同，月光下感情的差异也很大，就说大诗人李白吧，他酷爱明月，连儿子的名字也叫明月奴和玻璃，“开琼筵以坐花，飞羽觞而醉月……”花前月下，饮酒赋诗，极其清闲得意的，是他；“举杯邀明月，对影成三人”，闲得发慌，以至无聊的，是他；“卷帷望月空长叹”，“月明欲素愁不眠”，愁得无病呻吟的，也是他；而“举头望明月，低头思故乡”，在明月的刺激下想回老家的仍然是他。后世还有关于他酒醉入水捉月而死的传说。古代造字的先民，创造这“月”字的奴隶们，当初在月华下究竟是什么心情，什么感受，我们无法知道，但有一点是肯定的：他们决无后世拿这个月字来吟诗作赋的雅兴或愁思。他们还得在月光下用最粗糙最笨重的工具为奴隶主干活，推磨、纺纱、耕田、砍柴……也许正因如此，年长月久，感受日深，才逐渐得到启发，用☽来象征在夜间给他们光明的月儿。

从甲骨文里，我们可以看到，在月儿降临之前，迷信鬼神的商代统治者们也不免要发愁，担心事的。他们担心：夜里会不会下雨？有没有灾祸降临？军队是否安全？……为此，也得反复占卜，祈求神明保佑。说来颇可笑，但当时却确是如此。

明月高照，标志着长夜的降临。故而☽既是月亮的形象，又是夜的象征。最初月和夜可说是一码事。可是到后来，又要拿月来计算时日，把三十天算作一个“月”，成了历法上的专有名词，就有点麻烦了。☽既是月亮，又是夜，还是一月二月的月，真不好区别。于是，聪明的造字者就在☽中加了一点，又造出了一个字：

用它来代表月亮即夜，这就是苏东坡问“今夕是何年”的“夕”字。这样便有了两个字，一弯新月形的是历法上的“月”，其中多一点的则是月光普照的“夕”。可是两个字也差不多，故在实际使用过程中往往弄错，有时把月写错为☽̇，反把夕写成☽。这样一路错下去，错了二百多年，月和夕的写法竟然渐渐颠倒了过来：月字要写成☽̇，夕字应写成☽，谁要是再照旧写去，即使不算大错误，也得算是“例外”了。这是甲骨文里的情形。文字发展过程中“积非成是”的现象不少，月和夕的变化可算一例。

到了秦汉，月和夕的写法就固定下来了：

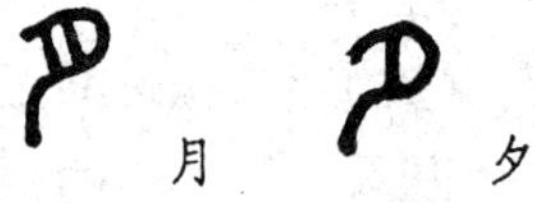

今天通行的楷书字体就是由此演变而来的。随着字形的固定，二者的关系逐渐模糊，“夕”字的本义也被人误解，说什么“从月半见”，好像是月字的一半，真有点“数典忘祖”了。

日月争辉——明

每逢农历十一至十五的傍晚，我们常可看到一种景象：西边，一轮红日欲降未降；东面，一轮皓月却已升起。在农历十六至二十四、五，却是朝阳冉冉升起之时，皓月犹高悬于西边。而到了月底的清晨，又是另外一种情景了：东边残月尚有余辉，旭日业已高悬。日月并悬于天，相互辉映，格外清新明亮，分外悦目。这不禁使我联想到古文字中的许多明字，不正好是左日右月或左月右日的么？甲骨文里就常见这两种写法的明字：

恐怕造字的先民们也是基于对这一自然现象细致的、反复的观察才造出这个明字的吧。白天的光明来自太阳——日；夜晚的光明来自月亮——月，那么，日和月同时并存，当然就可概括全部的光明了。难怪古书说，“悬象著名，莫大乎日月”，“日月丽乎天”。在汉语中，与“明”有关的词也总是和光亮、清楚等意思相联系的，如明显、明眼、明察、明镜、明主、明珠、聪明、发明、阐明、声明等等，其基本意思可说都是从明字生发出来的。

在甲骨文里，“明”又是专门的记时字之一，大概是特指拂晓时分，比所谓“大采”（相当于朝）还要早。一直到战国时代，“明”也仍然是指清晨，如《楚辞·天问》就说：“自明及晦，所行几里？”译成白话，也就是从早到晚整整一天能走多少里路的意思。至于有的学者指定“日未出前二刻半为明”（《书·尧典》

疏)，就未免有点过于呆板了。因既然“日未出”，何得谓之“明”？

讲到“日月明”，还应该顺便拿另一个明字来比较一下，即朙。这个字也是从甲骨文金文起就有了，请看：

这是个会意兼形声字。左半部分是一个窗子的形象，意思是月光照进窗内，黑夜之中唯月乃是光明的象征。〇后来演变为囧，也音名；朙，从月囧声，故又说它是形声字。小篆的“明”就写作

而把从日从月的“明”作为“古文”。其实“朙”也很古，和“明”很难分出先后，可说是同时并存的异体字。在长期的使用过程中，“明”战胜并逐渐淘汰了“朙”，成了人们喜欢使用的常用字。这是为什么？道理极清楚：“明”既简便，又明白易记，符合汉字发展由繁趋简的客观规律。

“西楼望月”及其他

唐代诗人韦应物有一首七律，题为《寄李儋元锡》，极言其对友人的思念，对世事的感慨。其尾联曰：“闻道欲来相问讯，西楼望月几回圆。”意思是说，早就听说好友要前来探访聚首，但望着月儿圆了缺，缺了又圆，几个月过去了，始终未来。读着这样的诗句，也难免为作者那种无限思念、无限惆怅的心情所感染，而“西楼望月”的形象更在我的脑海内萦回盘旋，常留不去。

和这相仿的，还有大诗人李太白的名句：“举头望明月，低头思故乡。”月在太空，故须举头方能望见。举头，实际上就是举目。常年在外，远离故乡的人们在夜静更深之时往往喜欢吟诵李白这首《静夜思》，借以寄托自己的乡思。

两位诗人的诗句不仅感人至深，而且还有助于我们对“望”字的理解。现在通行的望字，虽然还从月，却又从亡、王，有些字典往往把它归入“王”部（如《辞海》、《辞源》均是），可以说同“望月”并无关联。其实，望是后起字，它的前身却是朢，小篆写作

光看字形还能猜出一些意思，但一看《说文》，又糊涂了。《说文》是这样解释的：“朢，月满也，与日相望，似朝君，从月，从臣，从壬。壬，朝廷也。”由于夹杂了封建伦理观念，又把壬说成朝廷，就使人莫名其妙。其实，拆穿了，这就是“西楼望月”或“举头望明月”的形象嘛！臣分明是一只眼睛的形状，不过竖起（即

所谓“举”吧）了而已，把它横过来就是罒。𡈼本来是从人从土，是企足而立的形象，与朝廷毫无关系！整个字三个部分密切相关，表示的意思，就是一个人伫立在那里，抬头举目，仰望明月。

如嫌小篆字形还不够带劲，那就看看金文里的望字吧：

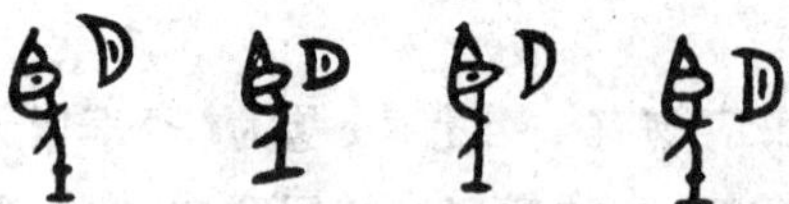

这些字形，在金文中是常见的，比起小篆来，眼睛、月亮固然像得多，而𡈼𡈼也把望月者企足而立的姿态表现出来了。其中特别强调的当然是眼睛（臣），所谓“望穿他盈盈秋水”、“秋空望眼穿”一类是也。

但人之所望岂仅月而已哉！望月，只是在夜间，“西楼望月”不过是文人雅士们的事。平民百姓、征战将士亦各有所望，太古之人亦未必有西楼东阁可登而望月。反映在文字上，甲骨文的“望”字就呈现出另一种景象，与金文大不相同。甲骨文望字尽管很多，但竟没有一个是带月亮的，大都只是一个人举目望远的形状：

好像眼睛长在头顶上似的。这大概是平地而望吧！当然，要望得远即须站得高，所谓登高方能望远，古人不会不懂。故甲骨文另有一些望字就强调人所站立的地面也就是土了：

上面这些字形里的Ω就代表土，是土的最早写法（后来逐渐演变

为,最后成为现在的土)。其中最后一字还画出了人的足形,突出地表现人站在土上企足举目之状。这恐怕就是《诗经》所谓“跂予望之”(《卫风·河广》)、《史记》所谓“跂而望归”(《高祖本纪》)的形象化吧!这些字形所反映的,可能是思妇望夫,征人望乡,也可能是老母倚闾,游子思亲……虽然与“月”无关,但“望”的心情同样跃然于点画之间,而且更带有普遍性,所表达的概念更有概括性。

可惜甲骨文的望字都用作人名,常称望乘(是商代武丁时期的名将),而不见有其他用法,不能作进一步的分析。但我想,当初造字的先民们强调人站在土上,登高而望,总该有其原因的吧!相传古有望夫山,望夫云,望夫歌,望乡台……且各有传说,似可资参考。如关于望夫山的传说云:古时某妇女因丈夫外出服役,久久不归,常登山而望。每次登山,都要用藤箱装满泥土,带到山顶,以期站得更高;如此日积月累,所登之山也渐渐高起来。人们被她这种精神所感动,就把她常登之山称为望夫山……今江西德安县西北就有望夫山;此外湖北江陵县楚故都纪南城附近还有望山。

望字的原形是如此生动,含义是如此丰富,同人们的社会生活关系竟是如此密切,对今天的读者来说,是颇为新鲜的。在历史文献或文学作品中,望字还常用着它望远的本义,诸如“望梅止渴”、“望尘莫及”、“得陇望蜀”、“望江楼”、“望江亭”等等都是。现代的“望远镜”之名尤得望字精髓。随着时代的变迁,字形的变异,望的字义也逐渐引申,不断扩展、日益“虚”化。由举目望月,引申而为所望之月的特定月相,成为“月满”的专名(即阴历十五日),金文中“既望”一语即屡见不鲜。又由举目望远而引申为人之目力所及,即视线所及的范围,如毛主席的词“山下旌旗在望”,鲁迅先生的诗“望中都化断肠花”,望即用此引申义。又由具体的望月、望远，引申而为人们内心的一种由此及彼的意愿，即希望，愿望；又引申而为人之所望，声望、名望，成语有“众望所归”、“德高望重”等。“名门望族”的“望族”，意义又近于贵族。这些“望”字与望远、望月的关系就微乎其微了。至于中医所谓“望闻问切”之说，此“望”作为诊病的一种方法，义又同于看，是指对病人气色、神志的观察——与“望”之本义就可谓风马牛不相及了。

雨　　说

雨,作为一种自然界的现象,不论古今中外,都是常见的;无论男女老少,都是熟知的。除了瞎子,谁没见过“油然作云,沛然下雨”的情景?除了聋子,谁未听过哗啦哗啦或淅淅沥沥的雨声?特殊的中国字,古老的甲骨文,还把这司空见惯、众所周知的“雨”形象地描摹下来,再现出来,使人如临其境,如闻其声,真是妙不可言。请看:

顶部一横代表云层,亦即天,一横之下的点点滴滴,就是雨点,代表正在下着的雨。雨点有大有小,有多有少,或排列整齐,或参差错落,但都从天而降,确是雨景的写照。我不知商代以前有无观雨轩、听雨阁之类的名堂,但我们的祖先用一横之下点上几点的办法来表示下雨,却不能不佩服其观察之细致,手段之高明。有人也许会说,宇宙之大,无边无际,无始无终,哪里有“顶”呢,似乎上面一横不要也可。其实不然。甲骨上虽也有极个别的雨字无“顶”,只有雨滴,那恐怕是少刻了横画所致,不足为据。顶部一画是必不可少的。凡乘坐过飞机的读者对此必有较深的感受。在高空飞行时常见到这样的自然现象:舷窗外晴空万里,阳光灿烂;而飞机的下方,乌云翻滚,犹如大海波涛。有经验的旅客就能作出判断:地面上正下着大雨。有时在云层之上飞行时觉得一切正常,天气好得很,待到飞机徐徐降落,发现地下到处是水，才知已下过一场雨；甚至正下着毛毛细雨，或滂沱大雨，感到十分惊奇。这种感受，登过高山的人也是会有的：山顶上风和日暖，半山腰云雾弥漫，山脚下则瓢泼大雨。可见，上面这些“雨”的一横确是非有不可，至关重要的，它无异是一道界限：雨自此而下，在此之上则无雨。所以《说文》讲，“雨，水从云下也”，非常确切。但小篆的雨字写成

已少落雨的味道，而且说它的构造是“一象天，冂象云，水霝(líng 音灵)其间”，把天和云分开来，也使人摸不着头脑。

事实上，小篆的雨是由甲骨文经过金文演变而来的，所从的冂也并不“象云”。在稍晚的甲骨文里，雨字的写法已渐变化，先是将两侧的雨滴拉长，好像一小竖，继而又将中间的雨滴连结起来，俨然变为一竖笔。复将小雨滴错落其间；有的字还在顶部增一横笔以示重云密布。请看：

有趣的是，由雨滴连结成的中间一竖笔无论怎么长，却绝不“刺破青天”，而依然在云层之下，还保存着造字时的本意。铜器铭文里雨字很少见，都写作

的形状，结构与晚期甲骨文相同。春秋战国时代的石鼓、帛书上也有雨字，写成

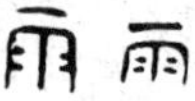

中间一笔同样不穿过顶部，还恪守着前代的规则。小篆的雨字

只是在甲骨文、石鼓、帛书的基础上，把中间一笔“冲”出了界限而已。这一冲不要紧，却从此把顶上附加的一横也固定了下来，再也拿不掉了。

从古文字中各种形状的雨字已可看出，它既可指下雨这件事，又可指降下的雨。如讲文法，就既是动词，又是名词，一身而二任焉。引申开来，自上而下者也往往可称雨，如雨雪、雨霜、雨粟等等。一年到头降雨的时间及雨量的多寡，直接关系到农业生产的好坏，年岁的丰歉，与人们休戚相关。风调雨顺，当然最好；但风不调雨不顺却也是常有的事。或则暴雨成灾，“江河横溢，人或为鱼鳖”，苦不堪言；或则久旱不雨田地龟裂，“赤日炎炎似火烧，野田禾稻半枯焦”，真令人“心内如汤煮”，急得团团转。于是，又有祈雨之类的祭祀活动。商代农业已相当发达，统治者也很重视，所以甲骨上经常有关于雨的占卜：有占卜当日或当夜是否下雨的，有占卜二日、三日、五日或一旬之内是否有雨的，也有占卜一月之内是否下雨的；如果连续下雨，又占卜是否“延雨”，是否有害。还有许多专门求雨的卜辞，或乞灵于天地鬼神，或祈求于列祖列宗。为了求雨，还要刲牛杀猪宰羊，甚至拿奴隶作为牺牲品。此外，商王外出狩猎，或举行重大祭祀、军事活动，也都要占卜有没有雨，犹如预测天气。事实上，“雨”是历代商王占卜的主要内容之一。现存十万多片甲骨上，专门占雨的卜辞少说也有四五千条。

自商代以来，由于几乎是同样的原因，“雨”一直是人们予以高度重视的问题。《诗经》里就有不少咏雨或祈雨的诗句，如《大田》说“有渰凄凄，兴雨祈祈，雨我公田，遂及我私”，《甫田》（小雅）说“以祈甘雨，以介我稷黍，以谷我士女”，都是很好的例子。至于祈雨之事，更是史不绝书。西门豹治邺，不相信“河伯”之类的神话，惩治了借祈雨坑害民女的巫婆，并领导人民兴修水利,成了历史上的著名人物。但西门豹毕竟是少数;更多的地方官则是迷信鬼神的腐儒。有的地方官为了求雨,甚至不惜积薪自焚,以祈苍天恩赐甘雨。历代诗人墨客,也把雨作为吟咏的题材,诸如“喜雨”、“愁雨”、“对雨”、“久雨”、“晚雨”、“患雨”、“苦雨”、“霖雨”、“观雨”、“拟雨”、“望雨”等等,或诗或赋,不胜枚举,翻开《渊鉴类函》之类的类书,便满目皆是,应接不暇。一些封建帝王如魏文帝、唐太宗、唐明皇,也都有咏雨的诗赋传世。

那么,有没有对雨之有无毫不关心,无动于衷的呢?当然也是有的。与生产、社会活动无关的人,饱食终日无所用心之辈,花天酒地恣意淫泆之徒,对他们来说,江河横溢或赤地千里,都无关紧要,当然不会去关心。还有一类是两耳不闻“书外事”的书呆子,专心致志于学问,精神高度集中,不暇旁顾,乃至大雨淋头而竟无动于衷,也是有的。前者固然可鄙,后者也不免可笑。如范晔《后汉书》所载“高凤护鸡”的故事便很典型。这位高凤先生是南阳人,家里是种田的,但他“专精诵读,昼夜不息”。有一天老婆去田里干活,家里晒着麦子,叫他看好鸡。他手持竹竿,只顾读书;一场暴雨把麦子冲得一塌糊涂,也不曾觉得,待到老婆赶回来,发一通脾气,他才醒悟过来:啊,下雨了。叫他看鸡,自己成了落汤鸡也全无知觉,其专心诵读的精神固然值得钦佩,但也着实呆得可以了。这样的书呆子大概在当时已属少见,所以作为特异之事记载下来了。

无论喜也好,愁也好,祈也罢,祷也罢,或听其自然不予理睬也罢,“雨”却始终是自然现象,“水从云下也”,不以人的主观意志为转移。相传神农氏治天下,能做到“欲雨则雨”,“万物咸利”,故谓之神。但那毕竟是传说,或者说是理想。现代发明的人工降雨,或云飞机降雨,可解一地之旱,应一时之急,但也还是有条件有限度的降雨。到目前为止，人类还无法驾驭雨，像传说中的“雨师”一样，做到欲雨即雨，欲止即止。所以还得抗旱，防洪，还得与旱灾水灾作斗争；当然，也还不能从根本上改变“靠天吃饭”的局面。

过河与登山——涉、陟、降

对一个旅行者来说，过河、登山，是旅途中常有之事，也是艰难之所在。现代的旅游者是省力多了，登名山，往往修有环山公路，可乘车盘旋而上，迂回而下；游大川，则有汽轮游艇，尽可泛舟江河，优哉游哉：均毋须足下出力。但也不尽然。若要自由自在地“游山玩水”，寻幽探奇，就免不了攀悬崖，下峡谷，过涧涉溪，那就全靠尊足了。倘在古代呢，既无盘山公路，更无四轮汽车，登山全靠一双脚；而且舟楫也远无现代发达，一般过河也大抵靠赤脚涉水，故双脚的作用更显得突出、重要。

这不论古人今人莫不为之的过河与登山两件事，反映在文字上，便是一组结构巧妙，寓意丰富的会意字：涉、陟、降。这三个字的共同点是都有足趾，可由于和不同的偏旁相结合或足趾位置的差异，“会”出来的“意”就迥然不同了。

先谈谈涉字。甲骨文的涉字非常简单明了：

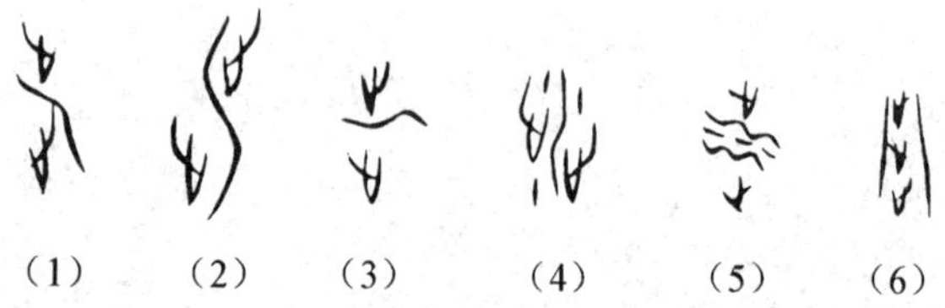

（1）　（2）　（3）　（4）　（5）　（6）

ㄓ是脚趾的象征，代表脚，ㄣ或～代表水，两只脚一前一后，一左一右，中间隔了一道水，这就意味着正在水中行走。第五文两趾中间的水形更为别致，宛如一道淙淙小溪，一足已经跨过，另一

足也即将跨过去了。第六文则从三趾,在河中依次行进。甲骨上也有个别的字作双足列于水边之形的,如:

这是表示渡河已毕,可以继续前进了呢,还是表示行至河边,准备渡河呢?从常理分析,当是前者,因为古文字中凡表示某种动作的会意字,要么是正在进行的,要么是已经完成的动作。这个字形也就是后世小篆 之所本。金文的涉字与甲骨文差不多,见于格伯簋、散盘(或称夨人盘)诸器:

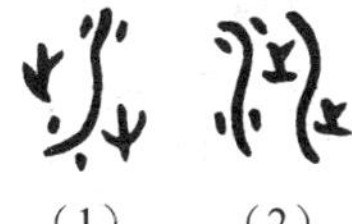

(1)　(2)

第二文从双水,这就是《说文》涉的古文 的前身了。

在造字之初,涉当然是指赤足渡河。如《诗·郑风·褰裳》说:"子惠思我,牵裳涉溱","子惠思我,牵裳涉洧"(溱与洧皆水名)——一个青年女子的自白,假若对方爱她,她决心撩起衣裳,徒涉溱水、洧水去跟随他,这个"涉"还保留着它的原意。后来慢慢地引申,又泛指各种形式的渡河。在商代有车有舟,可甲骨文里屡见"王涉归"或"王涉"、"王其涉"、"王涉滴"等记载,难道商王也是卷起裤脚管,光着脚过河的不成?可见,这种引申义,在商代便存在了。典籍里的涉字,如《书·盘庚(中)》"盘庚作,惟涉河",《左传》宣公十七年晋郤克的誓言"所不此报,无能涉河",《汉书·英布传》项籍"使布先涉河击秦军",等等,一般而论,也都是指渡河,过河,并非专指徒涉。这一点又不可不知。

两趾与水搭配是过河,那么,两趾与山阜搭配起来,就无疑与登山有关了。请看:

甲骨文

金文

阝是山阜之形，亦即竖直了的山字之形，阝或阝则是其简化，两足一前一后，但脚趾都朝上，这就是人们奋力登山的象征。看到这些字形，宛如在我们面前展现了太古之人生活中的一个侧面：向山林前进，向山林要食物，求生存，靠山吃山！看着这些字形，也常使我想起那些长年生活在崇山峻岭，终年与山打交道的人们：开门见山，抬头见山，俯首亦是山，环身皆山也。为了工作或劳动，要有相当多的时间与精力花在这两足朝上的爬山上。有的地方两峰对峙，近在咫尺，甚或“鸡犬之声相闻”，但要探亲访友，便难乎其难。下这山，上那山，双足不停地腾挪，累得气喘吁吁，汗流浃背，少说也得两三个钟头。显然，山区的人或在山区居住、工作过的人，对我们祖先创造的这个字的感受当会比别人更深切，因为这就是他们日常生活的缩影啊！

这个字到了小篆，规范化为陟，隶楷写成陟。现在很少见使用了。但在古籍里还经常用它爬山的本义，著名的《诗经》里就出现多次，如《卷耳》诗说“陟彼崔嵬”，《皇矣》诗说“陟我高冈”，《陟岵》诗说“陟彼岵兮，瞻彼父兮”，“陟彼屺兮，瞻望母兮”，“陟彼冈兮，瞻望兄兮”，便均是其例。

有上必有下。和上山之义相反的字便是降，它的结构与陟相仿，只是双脚的脚趾都朝下。请看下列各字：

甲骨文

金文

山阜与下行的双足搭配在一起，徐徐下山的形象也跃然纸上。俗话说上山容易下山难，对一般人而论，是相当恰切的。上山，虽然吃力，但重心向前，尽可手足并用齐努力，无摔倒之虞。下山，虽说省力，但重心不易掌握。倾前，收不住脚，跌倒；偏后，稍一不慎，足下一滑，就要屁股着地，乃至滑将下去。所以，许多人上山时雄心勃勃，大有直上顶巅之势，下山时却小心翼翼，如履薄冰、如临深渊，丝毫不敢大意。记得七十年代初，笔者有一次在广西某地采访，也是初次爬高山，上山时还好，累是累，咬咬牙就顶过去了；下山却难矣哉，双膝似乎不听使唤，左摇右摆，步履维艰，逗得同行的一位瑶族干部哈哈大笑，说是好比在跳舞。当时我真想跟他讲讲古文字中的这个降字，本来就是一步一步地慢慢下山的嘛！待到平地，如释重负，一阵说笑，却把这个降字忘了。事隔十余年，回想起来也饶有趣味。那位瑶族同胞倘若看到此文，或许也有同感吧。

按照文字学的观点，严格地说起来，既然登山曰陟，过河曰涉，那两者连起来应该是“陟山涉水”，“长途陟涉”才对。但陟与涉不仅偏旁相同（步），而且读音也一样，“陟山涉水”念起来也别扭，故陟的词义逐渐转移到“跋”上，为“跋”所取代了，因而典籍中只称“跋涉”而不见“陟涉”。如《诗·载驰》说，“大夫跋涉，我心则忧”，《左传》襄公二十八年说，“跋涉山川，蒙犯霜露”，跋涉即兼括登山与过河二者。“跋涉”一直沿用至今，“陟涉”却从语言中消失了。

同样，严格说来“陟降”一词的本义应是上山下山，如《诗·大雅·公刘》说，“陟则在巘，复降在原”，陟降对举，都用本义，但例不多见。更多的情况是引申，由专指上山下山而泛指自下至上的升和由上而下的落，乃至泛指上下（动词）。《竹书纪年》把帝王之死统称为陟，意谓升天。在典籍里，“陟降”一语也是义同升天，如《诗·大雅·文王》“文王陟降，在帝左右”即是。而“降”字在甲骨文时代便已引申为由上而下的下，具有“降下”之义了。卜辞里常见“帝其降祸”，“帝其降堇(馑)”，“降疾”，“帝降若”，“帝降不若”(若，顺也，义同福)等方面的占卜，认为人间的凶吉祸福均来自上帝，是上帝所“降”。金文里则有“降福无疆”、“降余多福”、“用天降大丧于二国”之类的话，也与下山之事无关。在现代汉语里，“降”还进一步引申为职务或地位的由上至下的变动，如称降级、降职、降薪，“降”成了一种惩处的手段了。至于用为“降服”、“投降”之降，则又属假借用法，连读音也改变了(读 xiáng)，与本文所谈的登山更没有什么牵连了。

撑船——荡(蕩、盪)

在南方,特别是在江南水乡,河湖港汊纵横交叉,船是人们最熟悉、最常用的交通运输工具,在社会生活中起着十分重要的作用。渔民船家,掌舵艄公,自然不消说了,既具一身出没波涛的好水性,又有一手驾船行舟的好技艺。即便一般农家子弟,也大都会摇橹撑篙——这几乎是农业生产的基本功之一。其他城镇居民各色人等虽不会驾舟,但坐船的机会也是很多的。城乡之间,乡村之间,就靠这条船保持着密切的联系。记得笔者幼时,家居乡间小镇,其时虽有一条公路经过镇外,却从无汽车可坐,我们出门走亲戚或进城,除了走路,便是坐船,小航船、乌篷船、小轮船……反正离不开船。所以,虽无驾船的本领,却颇有坐船的经验。

经验之一便是,上船之后,但玩无妨,或听大人聊天,拉家常;待到看见船家竖起竹篙在船舷上走过,便知道快开船了。但见两根一两丈长的竹篙(有时只有一根)朝码头一点,用力一撑,船身便慢慢地盪开,离岸而去。开船后,尽可观赏两岸田园风光,慢慢品味这锦绣江南的诗情画意;倘若见到船家在船舷上又拿起竹篙来,便是有船迎面而来,或即将过桥,须加防范,再不然就是什么码头到了,船要靠岸了。当然,也有例外的时候,即遇到水浅的地段,光摇橹不行,这就要使劲地撑篙子了。我常见船家一篙插进河底之后,便用尽全身力气顶下去,双脚不由自主地由船头走向船尾,直到竹篙大都进入水面,手上只剩一截竹梢为止,然后将篙子抽出水面,再使劲插下去……船身也就靠着这撑下去的竹篙而加速前进。

我的这区区“经验”，凡坐过几回民间木船的人都会有的，真所谓“人皆有之”，并不稀罕。但谁知道，它对于学习和研究三千多年前的甲骨文居然也有点用处呢。翻开目前通行的《甲骨文编》，在它的“附录”里就有这么几个形状大同小异的字：

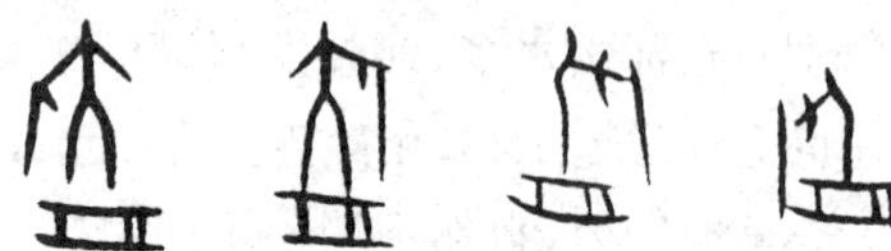

你看，一个人站在船(ㅍ，即舟)上，手中那根长长的东西，不就是船家常用的竹篙么？船上之人有的正面而站，有的侧面而立，但分明都在用力，使劲，这不就是在江南水乡司空见惯的操篙行舟的形象么？看着这种栩栩如生的画图式的文字，脑海里便自然而然地浮现出了幼年时代坐船的情景，我仿佛又回到了阔别已久的水乡。

凭着老师教给我的古文字知识，我分析了这些字的偏旁结构，觉得它们是一个字的不同写法；凭着我的“生活经验”，我更直觉地认为，乌龟壳上的这几个字正好就是《论语·宪问》所谓“羿善射，奡(ào 敖)盪舟”的“盪”字，确切些说，是盪字的最初写法。盪舟水中，这便是“盪”字的本义了。由于不敢自信，又去翻翻前人的论著，结果发现一位名叫叶玉森的前辈学者早已注意到了，他也怀疑⿱亼皿就是盪字，可谓“先得吾心”者也。不过他的说法并未得到重视，1965 年重版的《甲骨文编》仍把这几个字编入附录，便是明证。这也无妨。我总觉得，操篙行舟，古今无异，古人据此造盪字，吾辈亦可据此而识之也。

那么，闲话休题，言归正传：甲骨文的盪⿱亼皿⿱屮皿又怎么会变成从皿汤声的小篆盪的呢？这可有点“说来话长”了。

我国文字由商代甲骨文发展而为两周金文，以至秦汉篆隶，有一条颇为重要的规律，即甲骨文中"比类合谊"的会意字往往改易而为有形有声的形声字。它们的意义、功能是相同的，但字形有的就相差很远，分属不同的系统。如沉埋两字，甲骨文就是把牛或羊沉在水里、埋入土中的形状，全是靠"会意"会出来的：

可是到了小篆，分别写成沈和薶，一个是"从水、冘声"，一个是"从艸、貍声"，都成形声字了。又如新闻的闻字。甲骨文是一人跪坐拱手侧耳倾听的形状，到了小篆，可又成了"从耳门声"了，再如耤田的耤字，甲骨文和金文都像一人侧立推耒（农具）举足刺地之形，根本无所谓"昔声"；发展到小篆，却也变成了"从耒、昔声"的形声字。这几个字的前后演变已为大家所公认，类似的例子还多得很。明白了这个道理，会意的凼或凷演变为形声的盪也就容易理解，不足为奇了。

甲骨文撑船盪舟的盪基本上由两部分组成，即舟和操篙者。到后来，Ⅲ逐渐演变为皿，又变为Ⅱ而成ㄚ即皿，操篙者又干脆换成了表示声音的"汤"。遗憾的是，金文还未见盪字，使我们考察此字的演变失去了一个中间环节，增加了一定的困难。

由甲骨卜辞看来，盪在当时的含义似乎可分两种，其一便是盪舟，是坐船到某地的意思。另一种则是其引申，义同动盪骚乱，卜辞说"方其盪于东"，"羌其盪于东"，殆即指此。本来，泛舟江河，不免摇晃，动盪，故引申之，有动盪义。至于《说文》所谓"涤器也"（盪涤器皿），则更是盪的引申义，与撑船行舟本身相差甚远了。其实，真正像"涤器"样子的，不是盪字，倒是俗话所说“吃尽(盡)当光”的尽(盡)字——把盆子里的食物吃光之后,于是着手洗涤器皿。不过,此事已离本题,暂且煞住,留待日后再谈不迟。

火常在,“光”永存

发明并学会使用火,乃是人类的一大进步。人类要生存,要发展,既不可一日无水,也不能一日无火。但火又是极为危险的东西,一旦使用不当,控制不住,便变利为害,物毁人亡,成为灾难了。古时取火不易,失火却极易,既不能让它熄灭,又不可任其蔓延,所以又需看守火苗或保护火种。人与火的这种密切关系,造字的先民把它浓缩为一个富有图画色彩的会意字:光。

说到“光”,从古文字学的角度考察,究其本初,恐怕指的只是火光——物体燃烧所发出的光。现存古文字资料中的各种“光”都是火在人上即头顶有火之形,几无例外。像甲骨文中的光字即作

诸形,其上半部均像火焰上腾之形,下半部则像一人跪跽之形。火与人的这种结合关系,当然不是指人的头部被火烧着似的燃眉之急,而是以人在火 下的形式表示火种常在,光明永存之义。金文的“光”字亦然,只是所从火形与甲骨文稍异而已。例如:

基本形式仍是火在人上。只有第六文从女不从人,见于商末的宰甫卣。春秋战国时期的一些“光”又稍稍加繁,加上一些装饰性的符号以求美观,如:

三文即分别见于攻敔王光戈、吴王光鉴、中山王壶，“火”中的小圆点或短横，人形两侧的小点即属此类性质。

古文字中的这些“光”，指的既是火之光，又是带火的人，传播（或保护）火种的人，有他在，就有火，就有光，可谓走到哪里哪里亮，就能驱除寒冷，消灭黑暗。所以《说文》说：“光，明也。从火在人上，光明意也。”它与日月争辉式的“明”字是一对同义字，都是为人们所喜爱的吉利字眼。甲骨文光字多为地名，可能即是古光国。金文光字多寓荣耀、光辉之义，如称“用光父丁”（矢方彝）“万年永光”（召尊）“不（丕）显耿光”（禹鼎）；或假借为赏赐义的贶，如“王光宰甫贝五朋”（宰甫卣），“井（邢）侯光厥吏麦”（麦盉），也有用为人名的。由于它吉利，汉代以来，常被用作帝王的年号字，如光武、光定、光大、光天、光寿、光始、光兴、光初、光和、光熙、光熹、光绪等等；或被用作地名字，如光山、光化。更多的是用作人名，称某光或光某的，古往今来，可谓不计其数。

光，由火光而泛指为一切光，由明亮而引申为光华、照耀。语言中有光临、光顾、光降、光宠以及赏光，光宗耀祖、光大门楣等词语，“光”已离火渐远，但仍含“使……明亮”、“给……光亮”之意。再进一步虚化，光又引申为荣誉、光彩、面子，如《书·泰誓》称“于汤有光”，《诗·南山有台》称“邦家之光”，以及口语中常说的“为国争光”、“脸上有光（无光）”等等，这些“光”与火便没有什么关系了。

“光”既可泛指一切光线，而许多光又是无所不至、无时不在的，故它又可引申为时光、辰光、光阴，又有久远、广大之义。

如古籍中常见的“光被四表”、“光有天下”、“德厚者流光”等语，即属此类。

再由明亮、光亮之义引申，光又有光滑、裸露之义，凡使事物呈现本体或令其穷尽无存，均可称“光”。现代汉语中常见的词语如：扫光、吃光、剥光、脱光、抢光、烧光、杀光、用光、输光、偷光……这些“光”一般附于动词之后，按一些语法书的说法，在句子中多属副词，充当补语，以说明某一动作的结果。又如光身、光脚、光膀子、光头、光板……这些“光”一般在名词前，具有形容词的性质，说明某物表面光滑，一无所有。

几千年来，“光”的字义不断引申，使用范围不断扩大，“光”的字形结构却并无大变化，基本上还是火在人上的结构。由金文而演变为小篆，作

火与人形仍都明显。只是隶变以后，“火”变了形，其底部靠拢、拉平，成了一横，作⺌，跪跽的人形也齐整化为儿，整个字便定形为“光”，一直延用至今。一般人从隶楷的“光”字上确是不易看出其中的火了。不过，联系小篆加以考察，其与火的关系还是不难理解的。火常在，“光”永存，这是最基本的事实。过去是如此，今后相当长的历史时期内也仍当如此。至于这样的“光”能“永”到何年何月，是否万载长存，那就不可预言了。

林中之火——焚

放火烧山或林中纵火，现在是犯法行为，轻则坐班房，重则处死刑。在古代，这却是特殊的生产手段，不仅无罪，而且还往往是最高统治者——帝王们亲自参加的带有娱乐性质的活动。这一点，不仅有文献上的许多记述为证，而且，自古及今一脉相承的“焚”字也是绝好的证明。

商代甲骨文中便有许多焚字，都作以火烧林，林中有火之形，请看：

火的形状虽有、、、之别，但都是一把把熊熊大火，则无疑问。第4—7四文火下还益以“又”（手）或“”（双手）之形，其举火焚烧山林之义更为明显。1987年5月间东北大兴安岭林区由于几个林业工人疏忽大意，未将火源灭绝，结果死灰复燃，顷刻之间酿成森林火灾，一直烧了二十多天，才将火扑灭。甲骨文中这些“焚”，乃是有意识的举火烧林，其火势之迅猛，当可想象。若是干旱季节，想必浓烟滚滚，烈焰飞腾，兼以火借风势、风助火威，霎时间足可烧得地暗天昏、鬼哭神号的。第8文仅从一木，是焚的省略。由于古文字中木与，林与（草）往往可相通互易；再者山林之中草木并存，一把火点上去，最易着火的还是草，故甲骨文的焚字有些又写成放火烧草之形：

不论从林也罢,从草也罢,龟甲兽骨上刻的这些焚字,都是一片片火海的象征,是以无数参天巨木化作灰烬的代价换来的。《甲骨文编》摹录上述各种形体的焚字计二十二文,此外还有许多焚字未收进去。光是这些“焚”也足以令人惊心动魄的了。至今安阳地区方圆百里之内之所以林木稀少,成片森林罕见,原因可能有许多。但当年一次又一次频繁地举火烧林,却不能不说是重要的历史因素。

那么,古人究竟为何要对草木如此过不去,必欲“焚”之而后快呢?他们“焚”林的目的何在?曾经有不少学者认为,“焚”之目的在于种植,是为了农业生产的需要,是所谓烧田耕作法。按这种解释,商代农业还处于刀耕火种阶段,只靠焚烧草木以为肥料,并不知施尿屎一类粪肥。验以一些少数民族地区几十年前仍存在的刀耕火种现象,这样的解释似乎不无可取之处。但是,经过专家们的深入研究,发现这种解释不符合当时的实际情况,乃是错误的解释。其一,商代农业已非常发达,卜辞里有极清楚的施用人工粪肥的资料,甲骨文的[illegible],从尸从少,正像人大便之形,实即后世的屎字。其二,大量的卜辞证明,“焚”是商代田猎的方法,举火烧林旨在猎取野兽,而不是为了获得草木灰以便播种。关于前者,胡厚宣先生著有《殷代农作施肥说》一文(《历史研究》1955 年第一期),关于后者,胡先生亦曾著有《殷代焚田说》一文(收入《甲骨学商史论丛》初集第 1 册,1944 年齐鲁大学出版),对“焚”都有极精到的论述,已为大多数学者所接受。现在,由于《甲骨文合集》、《小屯南地甲骨》等书的出版,“焚”之为田猎方法得到了更多的证明,已毫无疑问。人们对“焚”的认识也更深入、具体了。下面略举数例,予以说明。

(1)《合》第 10198 片(即《丙》第 284 片)。这是一块大龟腹甲,记载着商王武丁的一次大规模田猎活动。从准备到出猎,前后共九日。先于庚戌日卜,“翌(第二天)辛亥王出”,后又于丁巳日卜,“翌戊午焚,禽(擒)?”(问以焚的方法田猎,能否擒获。)大概是得了吉兆,于是决定在戊午之日“兽(狩)”,果然大有所获,计“获虎一,鹿四十,狐百六十四,麑(小鹿)百五十九”,还捕获不少现在尚难确知其名的野兽,其种类之多,数量之大,都是卜辞中少见的。

(2)《合》第10408片(即《丙》第102片)。这也是一块大龟腹甲,记载的也是商王武丁“焚”的活动。辞称:“翌癸卯其焚,禽?癸卯允焚,获兕十一,豕十五,虎口,麑二十。”(允,果然)虎下一字正好残损,不知其具体数字。这次“焚”的规模较上例为小,所获兽类亦较少。

(3)《屯南》第762片。这是商王康丁时的一枚卜骨,是关于在某地“焚”的占卜。辞云:“弜(弗)焚溇录(麓)?王叀(唯)成录焚,亡灾?弜焚成录?王叀溇田,湄日亡灾?叀成田,湄日亡灾?”成与溇都是地名,商王康丁想到这两个地方去打猎,问用“焚”的方法好不好。由于这个时期的田猎卜辞一般不记结果,故我们现在也无法知道这次“焚”所捕获的野兽种类及其数量。

(4)《屯南》第4490片。这也是商王康丁时的一块卜骨,也是关于在某地“焚”的占卜。辞曰:“叀率焚,亡灾?叀凿焚,亡灾:叀凿焚,亡灾?禽?”意思是问在率与凿两地以焚的方法田猎,何者无灾。

从现存卜辞看,商王武丁及其孙康丁比较喜欢采取焚林而猎的手段,点起一把大火,满山遍野烧将起来,使各种兽类无处藏身,而后再辅以其他手段(如射、逐、阱)捕取之。这是有计划,有组织的集体行动,对某一地区的动物施行围剿式的毁灭性捕杀,志在全得。这种既破坏动物资源,又损害自然界生态平衡的行动，一直到春秋时代，各诸侯国还经常举行，《礼记·郊特牲》、《周礼·夏官·大司马》、《春秋左传》、《吕氏春秋》、《列子》、《韩非子》、《淮南子》等书都有记述。其中《韩非子·内储说上》所述鲁哀公的一次焚田活动最有代表性："鲁人烧积泽，天北风，火南倚（火势向南蔓延）。恐烧国，哀公惧，自将众趋而救火，左右无人，尽逐兽而火不救。乃召问仲尼……"后来采纳了孔子的意见，下令曰："不救火者比降北之罪（谁不去救火，就按投降败北之罪论处）。"才算把火扑灭了。

由以上所述可知，甲骨文之"焚"，举火烧林，本为田猎。所以，《说文》的解释是正确的："焚，烧田也。从火林（据段注本）。"王筠《说文句读》的注释也是正确的："谓烧宿草以田猎也。"这个字金文也有，但不多见，如：

分别见于西周的多友鼎和战国的鄂君启车节。字形结构与甲骨文同，只是火形稍异而已。其中多友鼎上的"焚"即为小篆所本，一直沿用至今，结构无有变化。宋代大、小徐本《说文》焚的篆书都作燓，反而将焚看作异体字（有人又说是俗体），看来是徐氏兄弟弄错了。对此，清代的一些学者作了精细的考订，确认许书原本当作"焚"，而"燓"才是唐以后出现的异体字，或云俗字。

大概到了战国时代，君主们忙于合纵连横，攻守征战，焚林而田的活动逐渐减少。待到秦始皇统一六国之后，"焚"的对象却由草木变成了书籍，焚林一变而为焚书，成为中国文化史上的一场浩劫。而项羽一入咸阳，焚的对象又由书籍变而为宫室，一把火，将"东西五里，南北千步"的阿房宫烧为灰烬。此后，"焚"的对象，范围日益扩大，其字义的抽象性也日益突出，成为形声字“烧”的同义字了。举凡将某种物体点上火烧掉皆可称焚,如焚香、焚券、焚琴、焚纸、焚舟、焚帛、焚符等等,甚至人也在“焚”之列,称焚首、焚身、焚刑(《周礼·秋官·掌戮》“凡杀其亲者焚之”)。焚与烧又可合称为焚烧或烧焚。前者如《墨子·天志下》所云“焚烧其祖庙,攘杀其牺牲”,后者如曹植《送应氏》诗:“宫室尽烧焚”,都是较明白的例证。

驯象——为(爲)

象,是人们熟悉的一种巨兽,“瞎子摸象”这一成语也足以说明它的巨大无比。在许多动物园里,都养有一两头巨象,供人观赏。最吸引游客,为之注目的,除了其庞大身躯之外,当然是它的长鼻和长牙了。有趣的是,象的这些形体特点,在我国的古文字里也如实地反映出来了。在商代的一只青铜鼎上,铸有一个填实的象字,简直与图画差不多:

甲骨文的象字虽然线条化了,但那简单几笔,却也传神,使人一望而知这就是象:

造字者对古代动物的观察应该说是细致入微的。每种动物,都是简单几笔就勾勒出了它区别于其它动物的特征,使人不致误认。这象之所以区别于豕、犬、马、兕,就全靠那长而弯曲的鼻子了。

象,由于其硕大无朋,行动不便,也往往给人以错觉:笨。广州小孩子就以“大笨象”来讥笑他认为是蠢笨的人。其实,行动不便并不等于笨,象也聪慧得很。当动物园里的象吹起口琴的时候,周围的观众又有谁不感到稀奇而啧啧称赞呢?据史籍记载，古代经过训练的象，还会舞蹈跪拜，如东晋成帝咸康六年（公元340年）临邑王献的一只象，就“知跪拜”。唐高宗时文单国所献“驯象”三十有二，皆豢于禁中，“颇有善舞者，以备元会，充庭之饰”。唐僖宗乾符年间“占城献驯象，亦能舞蹈”（均见《太平御览》卷八百九十）。这些记载或许颇多夸张成分，未必可以尽信，但也可证明象与笨确是无关。不仅如此，象还能参加战争，或披之以甲、束刃于鼻，走上战场；或十人乘一象，人执兵杖而象鼻持刀；或烧火把系于象尾而驱之赴敌阵……可谓象战，均足令对手生畏。传统的中国象棋之以“象”为名，且象与将仕并列，一样进退攻守，也可佐证古代象战之非虚。象还能负重致远，为人服役，助人劳作，犹如牛马一般。所有这些，当然都是驯化、训练的结果。那么，在我国，又是从什么时候起使这样庞然大物听人指挥，乖乖地为人服役的呢？

有些古书说，舜在历山，用大象耕田，“舜葬苍梧，象为之耕”；又说“禹葬会稽下，有群象耕田”，对这类传说，汉朝人就已提出怀疑，认为是“虚言也”。在找到确凿的证据之前，我们当然只能将信将疑，姑以传说目之。但我们的祖先在上古时代就已能驯化和驾驭巨象却是事实。这事实同样反映在近代发现的古文字里——即“为人民服务”的为字。甲骨文的为字就是一个以手牵象的会意字：

现在只知牵牛要牵牛鼻子，骑马须拉马缰绳，却没有见过谁用手去牵象鼻头的。叫我就不敢造次，被它象鼻一卷怎么办？岂不

完蛋也哉！但这些刻在龟甲兽骨上的清清楚楚的字却分明告诉我们，古人就是用手去抓象鼻的。想必古有古法，与今不同吧。有的学者据此而认为古代役象助劳这件事还在服牛乘马之前，看来是有点道理的。当然，文字终究不是图画，会意字也不过象征性地会个意而已，具体细节从字形上当然是看不出来的。在铜器铭文里，为字也屡见不鲜，但象已不太象了，手也变成了爪，而且与象鼻的关系也不那么密切了，请看：

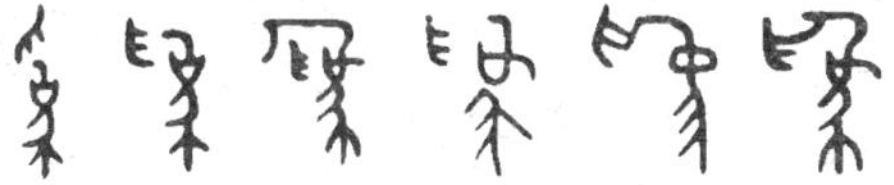

真正作以手抓住象鼻的形状者并不多。在战国楚器上的许多为字又把“象”的躯干部分省去，只剩下头部，于是成了这样的形状：

如果不是和上面那些字作比较，也难以理解为“象”头，它和的组合也就令人莫名其妙了。到了小篆时代，为字又进一步由金文的演变而成的形状，继而演变为楷书的爲，一点也不像役象助劳的样子了。

由此看来，为字是随着象的被驯化，为人服务而产生的，是人们从事劳动生产的结果。“为”的相助义来源于役象劳动。但象在农业生产中的地位终究比不上牛，数量也比牛少得多，它之逐渐被牛取代，也是必然的。与此同时，为字也日渐演变，象形也越来越不像，以致汉朝的许慎把它解释为“母猴”，一些维护《说文》的学者又殚精竭虑地为之注释、辩解、发挥，企图证成其说。倘若没有铜器铭文、甲骨文作证据，我们至今也很难推翻许慎的解释，说不定还要跟着瞎说呢。

现在通行的“为”字只有四笔，是根据草书简化而来的。同甲骨文、金文比起来，一今一古，一简一繁，真有天渊之别。但人们从为字的起源——驯象中也能有所启发，懂得应该为了生产、为了人类而有所作为，敢作敢为；切勿只为自己、小家庭或小集团、小团体而为所欲为，恣意妄为。“为人民服务”，这是千真万确的口号，颠扑不破的真理。

形神兼备之“虎”

寅年来临，虎文章很多，所差者大概只剩下一个“虎”字未曾谈及了。

虎字最早见于甲骨文，是道地的象形字。有象全形的，如图一所示，不仅首尾爪牙俱全，且身躯契以花纹，酷似色彩斑斓之虎皮。看着这个形状，自然会联想到那雄踞山林，八面威风的兽中之王，联想到景阳冈上那只吊睛白额大虎。有稍为简省而更显线条化的，如图二所示，但其首尾，爪牙仍极传神。还有更为简省，以致将虎足与虎尾相联成人形的，如图三所示，但虎头及牙仍足以示其威。商代似颇多虎，甲骨上屡见“获虎”的记录，当然数量不多，每次所获最多不过两只，可见捕获之不易。

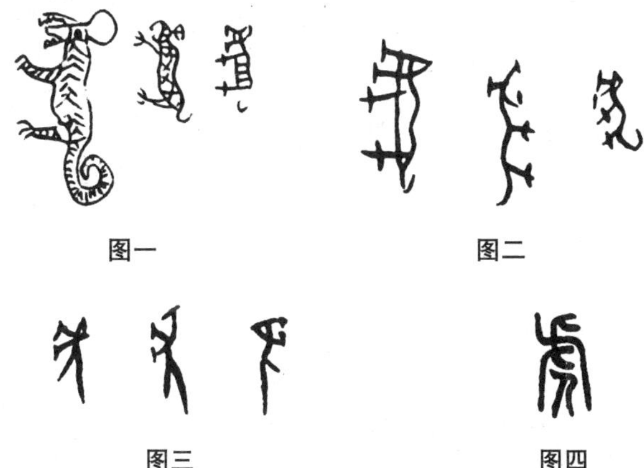

图一　图二

图三　图四

虎，威武凶猛，令人害怕，也令人喜爱。怕至谈虎色变，爱至取以为名。卜辞有侯虎，《史记·殷本纪》有崇侯虎，是为商代人以虎为名之证。后世以虎为名或字者不胜枚举，以虎喻威猛之词语亦至多，如虎贲、虎将、虎步、虎冠等。还有用为地名的，如虎门、虎丘、虎牢、虎林等。甚至一些植物也冠以虎名，如虎杖、虎刺、虎蛟等。而最能体现既喜又怕心情的，又莫过于“伴君如伴虎”一语。

金文虎字亦常见，多与图二、图三同。至小篆，虎头与虎身分离而为如图四的字形，遂失其威。许慎谓“虎足像人足”已是一误，段玉裁谓“虎之股脚似人，故其字上虍下儿”，可谓再误。隶变后的“虎”，仅头部尚存少许虎味，随便如何“谈”它，也无须“色变”了。

逐 鹿 考 源

逐鹿一语,认真考究起来,可以一直追溯到商代,追溯到乌龟壳。逐鹿中原这一壮举,倘若就事论事,其真正的始作俑者,也该是商代的中兴之主——武丁,而不是后世什么刘项之辈。此话怎讲?此话是以郭沫若主编的《甲骨文合集》为依据的。

逐鹿,本是古代一种畋猎活动。翻开《甲骨文合集》第四册,在"社会生产"那一部分里,就可见到当年商王武丁中原逐鹿的生动记述。兹试举数例,以见一斑:

(1) 第10292片:"王其往逐鹿,获?"——商王(指武丁)前去追逐鹿儿,能捕捉到吗?

(2) 第10950片:这是大龟的腹甲,刻满了关于逐鹿的卜辞,其中有一条说:"丙戌卜,王:我其逐鹿,获?允获十。"——丙戌这天占卜,商王亲自发问:我去追逐鹿,能够获得么?后来果然获得了十头。另一条卜辞说:"丁亥卜,王:我叀(唯)三十鹿逐?允逐,获十六。一月。"——丁亥这天占卜,商王亲自发问:我去追逐那三十头鹿,好么?后来果然去逐了,捕获了十六头,时间在一月份。

(3) 第10951片:"壬午卜:王其逐在萬鹿,获?允获五。"——壬午这天占卜,王如其去追逐萬地的鹿,能够捕到吗?后来出去"逐"了,果然捕获了五头。

其中例(2)的"我"是商王自称。外出"逐鹿"之前,总要先占卜占卜,能否成功。逐鹿而有获,当然是最高兴,最满意的了。故倘有所获,事后一定要记上一笔。

从现有的卜辞知道,商王武丁非常喜欢畋猎,其方法多种多样,捕获的兽类品种繁多,数量庞大。逐——追赶驱逐,便是当时打猎的手段之一,鹿则是商王主要的猎取对象。这两个字本身也很有趣。“鹿”是象形字,有的是鹿正立的形状,有的是侧立之形,前者双角俱见,后者只画一角,例如:

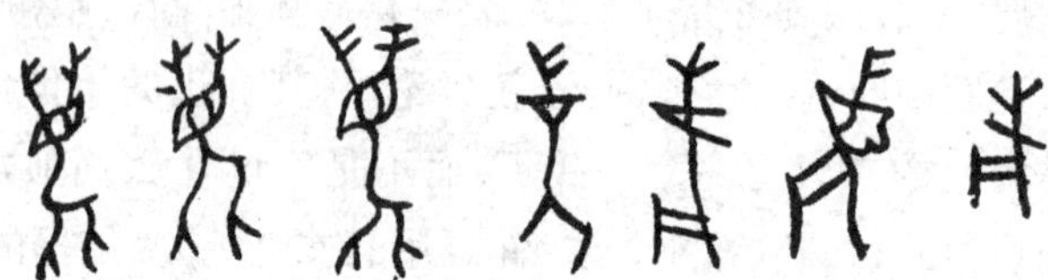

“逐”是会意字,甲骨文不从辵,只从止,置于豕或犬下,作

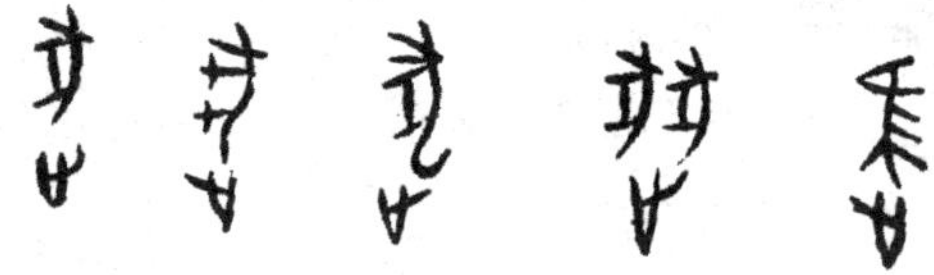

等形状,象征着一个人在奋力追赶野猪或狗。也有的逐字从鹿,那简直是逐鹿活动的简图了。这个甲骨文字是比较好认的,特别是鹿字,那歧出的角,细长的颈,尤其传神,凡在动物园或山林里见到过鹿的人都不难辨认。

武丁以后,旨在捕取生鹿的田猎活动仍极频繁,只是卜辞中标明“逐鹿”的不多见而已。和“逐鹿”极相似、密切相关的是“逐麋”(即麋鹿,是鹿的一种),甲骨文里也是常见的,例如:

(4)第28370片(《合集》第九册):“王其逐游麋,湄日亡灾?”——王出去追逐游地的麋鹿,整天没有灾祸吧?

(5)第28789片(《合集》第九册):“其逐沓麋自西、东、北,亡灾?自东、西、北逐沓麋,亡灾?”——王在沓地追逐麋鹿,从东、西、北三个方面合逐,没有灾祸吧?

颇为有趣的是,商王逐鹿(麋),还专门命人四出侦察,发现有鹿,随即出逐。而且,逐鹿(麋)活动常日复一日,月复一月地连续举行,乐此不疲。前者如《小屯南地甲骨》第997片所揭示:“乙酉卜:犬来告又(有)鹿,王往逐?”——乙酉这天占卜:犬官来报告,发现有鹿,王去追逐,好不好?后者则有《殷契粹编》第959片为证。该片是由若干块碎片缀合而成的大骨,现存卜辞二十多条,先从甲子开始,逐日卜至甲戌止,又自壬辰开始,逐日卜至癸卯止,前后历经两个月,每日所卜均为逐麋事,问有无擒获:“干支卜,逐麋,禽(擒)?”可见当年商王逐鹿的瘾头是何等之大!为了追逐麋鹿,可以在中原大地上连月奔走,什么朝政不朝政,统统丢诸脑后了。

鹿之所以成为“逐”的主要对象,不外乎两个原因。其一是它浑身是宝,“食肉寝皮”之外,鹿血、鹿茸、鹿骨等等都是极名贵的补药。其二是它温驯善良,捕获较易。从甲骨文看,商代的中原地区,酷似天然动物园,动物很多,然而并非“保护对象”,而是商王恣意捕取的猎物。其中鹿,包括麋和麑(小鹿),捕获的数量尤其惊人。仅据有明文记录的卜辞估计,至少在千头以上。如果考虑到现存甲骨文只是幸存的一小部分,而武丁以后许多卜辞又不载畋猎活动的结果,那可以想象,商代自盘庚迁殷以后二百七十余年间所“逐”获的鹿真不知几何!

诚然,逐的对象不限于鹿,还有豕、兕等动物;鹿的捕获手段也有多种,除逐外,还有焚(放火焚烧山林原野)、射、阱(设陷阱)等。甲骨文中的“逐豕”、“逐兕”、“逐麑”后来都消失了,唯独逐和鹿的结合,动宾结构的“逐鹿”一直传了下来,逐渐成了汉语中一个有特殊意义的词。

商代以后,鹿依然被逐,被捕,被杀,自然日见其少。故在汉代，鹿已似乎成了稀有动物，不易得到，更休说成批成批地乃至上百头一次地猎获了。据史书记载，武帝时有人杀了上林禁苑的鹿，武帝竟命令“收杀之”，幸亏东方朔在旁婉言相谏，才予赦免。魏文帝（曹丕）一次出猎，让鹿逃掉了，没抓到，也是大怒不已，要杀随行部属，经苏则劝谏才罢。其时鹿之可贵，于此可知。随着鹿的减少，日趋名贵，“逐鹿”一语却渐渐由实变虚，应用范围日见其广。相传姜太公对周文王说：“取天下若逐野鹿，得其鹿，天下共食肉”（《太平御览》卷906引《太公六韬》），如此说可信，则在商末天下未乱之时，已开始将逐鹿与取天下联系起来了。春秋时代五霸称雄，诸侯争战，政治家们又常拿逐鹿来作比喻。真正把鹿比作帝位、政权、天下，喻为人皆可夺的对象，最早的要数《史记·淮阴侯列传》所载蒯通的话了：“秦失其鹿，天下共逐之，于是高材疾足者先得焉。”（《汉书·蒯通传》略同）这样一来，“逐鹿”成了政治家夺取政权的代名词，在“逐鹿”中取胜，令鹿“死”于己手，就成了政治家的伟大抱负了。十六国时期后赵的创立者石勒在一次酒宴上酣笑说：“朕若逢高皇，当北面而事之，与韩彭（案指韩信、彭越）竞鞭而争先耳。脱（倘）遇光武，当并驱于中原，未知鹿死谁手。”矜持自得，溢于言表。魏徵的《述怀》诗“中原还逐鹿，投笔事戎轩”，则表达了他想在隋末天下大乱、群雄并争的“逐鹿”局面中大显身手，建功立业的强烈愿望。

“逐鹿”二字的结构古今变化不算太大，但字义的差异，虚实之间，不免相距太远了。遗憾的是，目前通行的一些语文工具书，不论大型的或中型的，大都论虚不论实，言流不溯源，置切实可靠的甲骨文于不顾。

禽兽小考

一提起禽兽二字，人们总会联想到那些展翅飞翔的鸟类和靠四只脚走路的各种野兽，联想到“飞禽走兽”、“珍禽异兽”之类的词语。禽，不论鸡鸭还是鹰鹏，都有羽有翅，但只有双足。兽，无论犬豕猫兔或虎豹豺狼，则有毛无羽，皆有四足，或能疾走，或善攀援。所以《尔雅·释鸟》将二者区分得极明白：“二足而羽谓之禽，四足而毛谓之兽。”但“禽兽”作为一个词，却又往往单指“四足而毛”的兽类。《礼记·曲礼上》：“猩猩能言，不离禽兽”（猩猩能够说话，但依然是野兽）。禽兽便专指野兽。禽兽一词还可拿来骂人，把那些道德败坏，人伦丧尽的人斥为“禽兽不如”、“衣冠禽兽”、“人面兽心”；把他们的卑劣行为喻为“兽行”、“兽性”，等等。“禽兽”与“兽”实际含义并无不同，与天上飞的鸟类没什么关系了。至于著名元杂剧《西厢记》第四本第二折里老夫人在无可奈何之下说的话：“红娘，书房里唤将那禽兽来！”以禽兽指称张生，“禽兽”又等于是“畜生”。“禽兽”的这些含义、用法，是历来所公认的，目前通行的字典、辞典也都这么说。但禽兽二字的本义是否如此呢？造字之初，禽与“二足而羽”、兽与“四足而毛”是否一回事呢？这就未必了。大量的古文字材料和一些传世文献为我们作了否定的回答。

禽兽二字很古，是甲骨文中的常用字。它们都与商王的田（畋）猎活动有关，与各种动物的捕获也不无关系，但就字义论，禽乃获的同义词，是擒的本字；兽乃一种田猎的方式，是狩的本字，和所谓二足而羽的“禽”、四足而毛的“兽”并不相干。

现在先谈谈禽字。《说文》：“禽，走兽总名，从厹，象形。今声。禽离兕头相似。”既说“今声”，又说“象形”，不免有些矛盾，这是根据小篆作的解释。清代的《说文》家们都在“象形”二字上做文章，力图证明禽的本义是走兽。殊不知禽字原无“今声”，甲骨文诸形，是田猎时捕鸟兽的工具，是带有柄的网，是罕的形象（《说文》：“罕，網也。”）。上半部分是网形，下半部分便是手握的柄。所谓从内（厹）实在是由逐渐演变的结果。金文在之上加“今声”，小篆又将讹变为。这个字从甲骨文到小篆的演变之迹历历可辨：

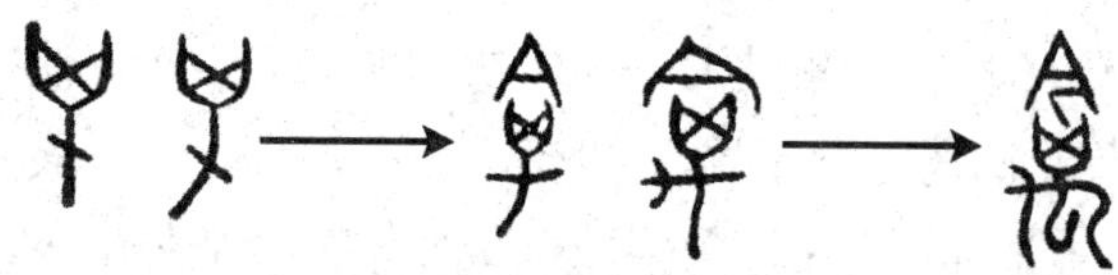

从具体的卜辞考察，商王外出田猎之前，占卦问吉凶，还常问能否“禽”；在记载田猎结果的验辞里，又常记“禽”得的野兽名称及数量，有时并与“获”（卜辞作隻）出现在同一条卜辞里。例如：

> 翌癸卯其焚，禽？癸卯允焚，获兕十一，豕十五，虎□，麑二十。（《殷虚文字丙编》102）
>
> 王其射鹿，禽？弗禽？（《殷契粹编》1018）
>
> 贞：其射鹿，获？（《殷虚书契》3·32·4）
>
> 丙戌卜：王阱，禽？允禽三百又四十八。（《殷虚书契后编》下41·12）
>
> 壬申卜，㱿贞：叀禽麋？丙子阱，允禽二百又九。一月。（《殷虚书契》4·4·12）

第一条卜辞说，第二天癸卯用火烧山林即“焚”的方法田猎，能“禽”吗？癸卯那天果真“焚”了，结果捕获了兕豕虎麑等一大批动物。第二条卜辞问，王去射鹿，能“禽”吗？第三条卜辞问，王去射鹿，能获得吗？第二、三条卜辞文例全同，分别称禽与获，足证二者是同义词，禽即擒的本字。第四条卜辞是在丙戌那天占卜的，问王设下陷阱，能“禽”吗？结果“禽”到了三百四十八头野兽。第五条卜辞是壬申日占卜的，贞人𣪊问：能“禽”到麋吗？结果在第五天丙子设下陷阱，果然“禽”了二百零九头。第四、五两条卜辞禽字前面都有副词“允”修饰，同允雨、允风、允攺（啓）、允获、允得、允出等等同例，可以证明禽确是动词，和“二足而羽”或“走兽之总名”并无直接关系。这是几条有代表性的卜辞。

金文禽字不多见，有些是人名，如“禽用作宝彝”，“大祝禽”，见于不𡢁簋的禽字用法与甲骨文相仿：“余来归献禽”、“汝多禽折首执讯”，前一个禽指擒获的敌人，后一个禽仍是擒获的意思。

禽为擒之本字，在传世文献中也可得到证明。例如：

《左传》僖公三十三年：“外仆髡屯禽之以献。”又哀公二十三年：“齐师败绩，智伯亲禽颜庚。”

《史记·春申君列传》：“禽魏将芒卯。”

《汉书·金日磾传》：“日磾捽胡投何罗殿下，得禽缚之。”

《论衡·福虚》：“战夫禽获。”

《说苑·谈丛》：“猿猴失木，禽于狐貉。”

此外，春秋时的柳下惠姓展，名获，字禽，名字相称；《正字通》：“禽，战胜执获曰禽，俗作擒。”也可为佐证。

那么，作为动词的禽何以竟成了“二足而羽”的禽和“走兽总名”的禽呢？这是词义引申的结果。禽本为捕取动物的工具，用这种工具去捕取动物也就叫禽。捕取的动物内，当然包括鸟类和野兽，种类繁多；久而久之，田猎所得的动物也称之为禽了。而禽用为“禽兽”义后，为免相混致乱，又在本字上加形符手，另造一擒字，表示擒获义。擒字的出现当不晚于战国。如《韩非子·十过》：“大败知伯之军而擒知伯。”《战国策·燕策》：“两者不肯相舍，渔者得而并擒之。”即均用擒字。值得注意的是，在商代，禽（擒）的对象是鸟兽，西周以后，禽（擒）的对象却是人了。

下面再谈兽字。兽字甲骨文作

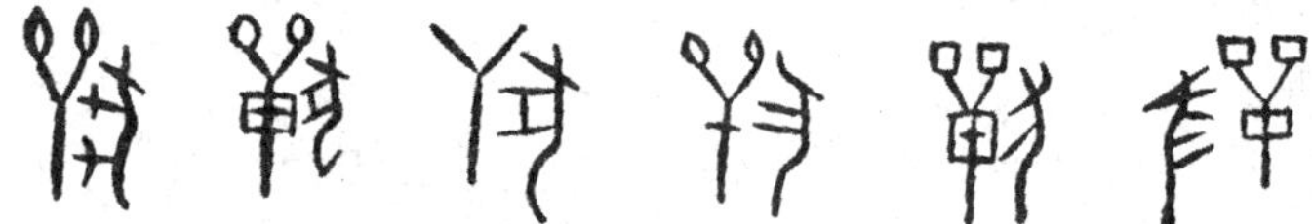

等形，金文作

诸形，都是从單（单）从犬，“單”本是田猎时捕取动物的工具，犬是助猎的牲畜。这是个会意字，原义当是持单驱犬出猎，是畋（田）的同义词。打猎用犬，自古已然。商代还有专管田猎的官叫犬，发现了野兽便向商王报告，由商王通过占卜决定，是否出“兽”。武丁卜辞中称“兽”的文例很多，而且常与“禽”共见一辞，例如：

翌丁卯兽敝录（麓），禽？八月。（《甲骨文合集》10970）

乙未卜，今日王兽光，禽？允获□二，兕一，鹿十二，豕

二，麑百二十七……（《天壤阁甲骨文存》79）

壬申允兽，禽，获兕六，豕十又六，麑百九十又九。（《殷虚文字丙编》423）

敝录，即敝山之麓，光，也是地名。卜辞说："兽敝录"，"兽光"，是指到敝山之麓，到光去打猎。在这个时期"兽"是田猎方法的总名，在晚期卜辞中则完全为田（畋）字所代，不再见于田猎卜辞。但"兽"的这种用法仍见之于商代晚期金文。如宰甫卣云："王来兽，自豆禁（麓）……"来兽即前来打猎之意。西周时期的员鼎云："王兽于昏献"，亦即王在昏献打猎之意。

小篆是由金文演变而来的，左半单形上下脱节，又增口，右半则仍从犬。由于单形已讹，字义亦晦。《说文》："兽，守备者也。一曰：两足曰禽，四足曰兽。从嘼，从犬。"将"四足曰獸"列为"一曰"，将这个字解释为"从嘼从犬"的会意字，说明在许慎的时代，兽还没有完全脱离其本义。

兽义的引申与禽颇相似。从卜辞可知，当时"兽"得的动物种类是很多的，如鹿、麋、豕、狐、兕、虎，等等，都是"四足而毛"。后来用"兽"指称田猎所获的动物，继而进一步泛指一切栖息、驰骋于山林田野的四足而有皮毛的动物。久而久之，引申义广泛使用，为免相混，又另造一个"从犬守声"的狩字，取代田兽的兽（狩，《说文》释为"犬田也"，正是兽的本义）。在现有文献材料里，用作田猎义的兽绝大多数已为狩所取代，像《诗·车攻》："搏獸于敖"（搏，读为薄，语词），《左传》襄公四年"兽臣司原"一类文例十分罕见。

总之，禽兽二字的形与义古今变异都很大，尤其是义，《尔雅》、《说文》等传统经典著作的解释都有失误。这也难怪古人。如果不是甲骨文及古金文的启示，我们至今也无法知道禽兽二字的本来面目，更无从知悉其本义了。我们也许同样会从

“禽”中去找走兽的头、足之形，就“嘼”形分析野兽的“耳、头、足厹地之形”；遇到典籍里使用禽兽本义的文例，也只好“禽通擒”、“獸通狩”地乱“通”一番了。好在有幸见到甲骨文和古金文，使我们可以少犯许多认识上的错误，“禽兽”不过一例而已。

漫 谈 “家”

家，犹如人身上的细胞，是社会上最基本的组织形式，同每个人都无时无刻不在发生着千丝万缕的关系。在语言里，它也属“基本群众”，构词搭配能力很强，使用非常广泛：上自国家、皇家、下至渔家、酒家，以及各行各业的专门人才诸如文学家、小说家、数学家、物理学家……乃至儒家、法家、道家、兵家、名家等学术流派，莫不可以称为家。近世还有许多新“家”，如“少年之家”、“教师之家”、“海员之家”……凡某一部分人汇集欢聚之处也可称“家”。至于与家有关的词汇如家庭、家长、家法、家教、家规、家谱、家属、家眷、家人、家奴、家畜、家禽、良家、姻家、通家、世家、冤家、家境、家乡、家父、家母、家兄、家姊……更是不胜罄举。可是，倘若将这家字分析起来，却不免令人纳闷：屋下躺着一只大猪——豕者，猪也，这就是家？古代造字者对家的理解就是这样的吗？

家字从宀从豖，显然不是象形或指事字，剩下的可能便是形声或会意字了。许慎《说文》把家字看作省声字，解释为“居也。从宀，豭省声”。——就是说，本来应写作𡩋，“省”去了一部分，便成了现在的“家”。可是谁都没有见过这𡩋字，说家是豭省声，实在缺乏根据，令人费解。不少文字学家为此煞费苦心，想尽办法为“豭省声”三个字作证明，也都不能令人心服。倒是一向不敢轻言许慎错误的段玉裁，直截了当地指出，“家”根本不是形声字，而是一个会意字。段氏对这个字的注释相当精彩，也明白易懂，不妨引述如下：

> 按此字为一大疑案。豭省声读家，学者但见从豕而已。从豕之字多矣，安见其为豭省耶？何以不云叚声而纡回至此耶？窃谓此篆本义乃豕之凥也（炜按：凥即居字，下同），引申叚借以为人之凥，字义之转移多如此。牢，牛之凥也，引申为所以拘罪之陛牢，庸有异乎？豢豕之生子最多，故人凥聚处借用其字。久而忘其字之本义，使引申之义得冒据之。盖自古而然。许书之作也，尽正其失，而犹未免此，且曲为之说，是千虑之一失也。家篆当入豕部。

在整部《说文解字注》里，这样的文字是不多见的，可以说是对许慎本人相当重的批评了。虽然这段议论并非十全十美、无懈可击，但他敢于断言“家”为会意而非形声，断言“家 ”本来是猪住的地方，引申为人之居所，确是独见卓识，非常人所可及。段氏之后，尽管许多人攻击他、讥讽他，有的“订讹”、“匡谬”，有的说他把猪看得比人还重，有的说他“轻心而蔑古”，但并不能真正推翻他的观点而论证“豭省声”之必是。相反，大量的古文字材料却雄辩地证明了段注之有理，省声说之无据。

的确，不论甲骨文，还是金文，家字都屡见，但都作豕居屋下的形状，没有一个是从所谓豭的。请看下面这些形形色色的家字：

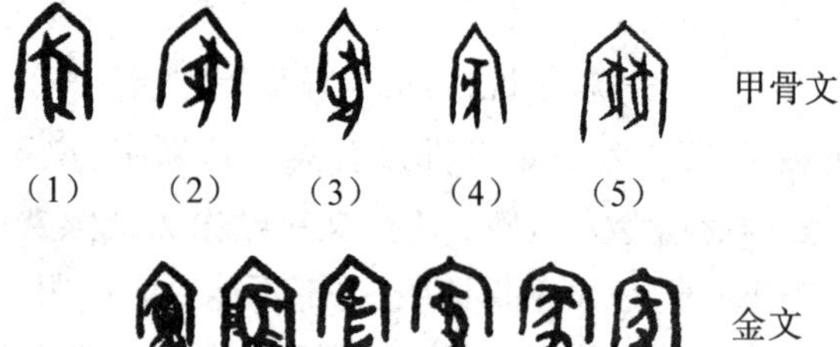

甲骨文的家，还往往画出所从之豕的生殖器（即腹下增一短画），强调此乃公猪（第二、三文），还有的作屋下二豕状（第五

文)，也有个别字宀下从亥，亥也就是豕字。金文的家不再强调豕的性别，豕的写法也往往与亥相混。而在甲骨刻辞或铜器铭文里，“家”的含义也都是家庭、家族的家，如甲骨文说：“我家祖辛”、“我家祖乙”、“宋家”、“在丁家”；金文说：“固我邦家”（毛公鼎）、“康乐我家”（命瓜君壶）、“保我邦我家”（叔向簋），“王家”（康鼎）等等，都是明证。这许多“家”清楚地告诉人们，屋下养着猪，这就是家了！至少在商代，人们的观念便是如此。

那么，为什么古人要用猪居的家来指称人居的家呢？莫非果真是“贵畜而贱人”么？我的答案是：否。这在我国古代并不为奇。在古代，猪是财富的标志。屋里有猪，能饲养猪，是一个家庭的标志，也是有家当的象征。养猪越多，表示家越富有。故有人居住之处，未必便是一个家庭，而屋下饲养肥猪者，才能肯定是家、人家。换言之，能有栖身之处者未必有家，有家者必须有猪，猪是奴隶社会里私有财产的一部分。这是已被田野考古材料所证明了的。

在奴隶制社会里，奴隶还分几等，“家”也不是“人皆有之”的。如金文里的“臣”，虽然是奴隶，却有家，铭文中常见赏赐臣若干家的记载。另有“人鬲”，或称“鬲”，就没有家，赏赐时只称人鬲若干夫。所以唐兰先生说：“臣是有财产的高级奴隶，而鬲是普通奴隶，一无所有，只是匹夫而已。”

其实，屋下养猪，在我国农村里是司空见惯的。当然，一贫如洗的雇农如阿Q者，养不起猪，讨不起老婆，成不了“家”，贫农中能养猪的也少，一般只有下中农才能饲养一两头猪。由于房小屋狭，往往人畜共居，或仅一墙之隔。猪圈也就是家中厕所。解放后，情况有了很大变化，但人畜共居现象在少数民族聚居地区仍然是相当普遍的。十年动乱期间，笔者有幸在桂西山区工作过几年，出没于壮乡瑶寨，所见所闻，更加深了我对“家”

的认识。壮瑶同胞，有住平房者，有住楼房者。其住平房者往往在屋外另搭一茅屋饲养猪（或牛、羊），亦有畜猪于屋内者。其住楼房者——竹木搭成的二层楼，则均人畜共居，楼下养猪，楼上住人。仅单身汉不养猪。当地干部说，谁家穷，谁家富，不必问，只要看看楼下情况就明白了。这话确有几分道理。

由此看来，所谓“家”者，实乃源于养猪。现在城里不养猪，农家人畜共居者也将越来越少，那么，家字是否也要“改革”一下，把屋下的家换成人，写作“宊”呢？那倒大可不必。造字时借动物之事以喻人事者除家外还有很多，如逸、麗、冤、突、哭、塵等等，还有许多含有贬义的字如奸、骚、妖、嫖、嫌、妒、娼、妓、妄、婪……改不胜改；而且，既已约定俗成，又并非特别繁难，便不必改。宊与穴又很相近，容易混淆。再则，保留“家”的形状，也不无好处：莫要忘了家的来历、本义！只要人类还要吃猪肉，农家就还要养猪，屋下畜猪的家字就不妨让它继续存在下去，直到使用拼音文字为止。

犬与人的关系及其在语言文字上的反映

犬,亦即狗,与人的关系似乎有点异乎寻常,非其他动物可比,这种关系反映在语言文字上,亦颇耐人寻味。

在西方世界里,许多人爱狗如命,养狗、玩狗,为狗费尽心血者有之,以狗为友、与之相依为命者有之,为狗而不惜倾家荡产、与人格斗拼命者亦有之。社会上还有许多专门为狗服务的设施,如商店、餐馆、旅社之类。这种现象,在我们东方人看来,觉得很可笑,很无聊,甚至把它看作是资本主义社会中特有的怪现象之一,是西方人精神空虚的表现。

但稍稍考察一下我们自己国家的现实和历史,仔细想一想一些文字的来历,就不能不承认,上述看法是非常片面的!事实是,在东方,人与狗的关系其实也很密切,忠于其主的狗、热爱其狗的主人同样多得很!只是东西方的表现形式有所不同而已。

在现实生活中,一些城市居民竞相养狗,致使狗多为患的"新闻"时见报端,利用手中职权庇护其闯了祸的狗,为之辩护,乃至纵狗伤人者也时有所闻。可见有一部分人同样是爱狗如命,其"好"之程度不亚于西方。经过专门训练的猎犬、警犬更比平常的狗受人重视,得其主人宠爱自不在话下。若非为了城市的安宁,为防止狂犬病的发生和传播而禁止养狗,那我国各城市中各家各户豢养的狗,其种类与数量也必相当可观,决不会在西方诸国之下。

论历史,我们祖先豢养狗,至少可以追溯到商代。甲骨文及金文即屡见犬字，均像狗的侧面之形。请看：

甲骨文各类动物的象形字都是以简单的线条描摹其主要特征的，为刻写的方便和行款的整齐，又多作直立之状，“犬”亦不例外。上列各种形状的“犬”即须横看，方见其腹瘦尾拳之形。也有一些犬字尾拳得不很明显，但总与腹肥尾垂的豕形有别。古金文犬字寓意与甲骨文同，其中第一至三文为獏字之所从，见于亚中獏父丁尊及邲卣；第四文见于1959年殷墟出土的戍嗣鼎，作在地上行走之状，其实感更为强烈。孔子说：“视犬之字，如画狗也。”（《说文》犬字条引）可见在春秋之时，孔子时代，犬字仍是象形字，写个犬字犹如画条狗。又据《礼记·檀弓》记载，孔夫子也养过狗，狗死了还特地命子贡去掩埋，“丘也贫无盖，于其封也亦与之席，无使其首陷焉”，大大感叹一番。可证孔子对所豢养的狗感情不浅，“视犬之字如画狗”云云是有其亲身体验在内的。

古人养狗的目的不外乎三：一是田猎，是为田犬；二是祭祀、食用，是为食犬；三是守卫，是为吠犬。这已为甲骨文和近年考古发掘资料所证明。

古人外出打猎，除了罟网之类工具必须携带外，还要以田犬相随。甲骨文的田猎名称、（即獸，今简化为兽），以干（即单，古干单一字，为田猎工具）犬会意，便是一个证明（详见《禽兽小考》)。后来此字用作野兽,禽兽之兽,另造狩獵(猎)二字,仍从犬取义,亦足说明狗与此事密切相关。甲骨文还有关于择犬田猎的占卜。由于犬的这种作用,在商代,干脆把管理田犬、负责寻找野兽,协助打猎的官员也叫"犬",卜辞即屡见随商王田猎的犬官之名。例如:

乙酉卜:犬来告有鹿,王往逐? 《屯南》997

丁未卜:翌日戊,王其田☐,叀(唯)犬言从,亡灾,禽(擒)? 吉。 《屯南》2329

丁酉卜:翌日王叀犬自从,弗每,亡灾,不冓雨? 大吉。 《屯南》2618

戊辰卜,在𣶃:犬中告麋,王其射,亡灾,禽? 《粹》935

四条田猎卜辞中的"犬"便是官名,而"言"、"自"、"中"则是担任犬官的人名。可以说,商王田猎,真是少不了"犬"。

犬用作祭祀祖先的牺牲,亦屡见于卜辞,每次用犬的数目不等,最多的达到一百条。往往与豕、牛、羊并用,也有与羌奴并用的。例如:

癸巳卜:又(侑)于父丁,犬百、羊百、卯十牛? 《屯南》504

丁巳卜:又尞于父丁,百犬、百豕、卯百牛? 《京津》4065

这两条卜辞都是商王武乙为祭祀其父康丁而占卜的,一条问用一百条犬、一百头羊、再杀十头牛好不好;另一条问用一百条犬、一百头豕、再杀一百头牛好不好。这是很隆重的祭祀活动,犬都摆在第一位。

壬辰卜:其罜(宁)疾于四方,三羌又九犬? 《屯南》1059

这条卜辞也是武乙时所卜，为了使疾病快点好而祭祀于四方之神，问用三个羌奴和九条狗好不好。这些卜辞说明，在商王的祭祀活动中，狗的确是不可缺少的牺牲。

甲骨文虽无关于吠犬守卫的记述，但大量的考古资料业已证明，商代的犬除了助人狩猎，供人食用之外，还负着守卫之责，主人死了，还作为殉葬品一起埋入墓中。1969 至 1977 年间，中国社会科学院考古研究所安阳工作队在殷墟西区发掘的 939 座殷代墓葬中，计有 339 座墓殉葬狗，占三分之一强。总计殉狗 439 只。据该队写的《发掘报告》介绍说："狗埋在墓坑中，或埋在墓底腰坑中，还有少数埋在二层台上。不少殉狗的颈部系一铜铃。腰坑内殉狗的有 197 座墓，填土中殉狗的有 105 座墓。腰坑和填土都殉狗的有 91 座墓。""无论是填土中还是腰坑内的殉狗头向一般都与墓主人的头向相反，少数墓中的殉狗头向与墓主人的头向一致。腰坑和填土中都有殉狗的墓中，殉狗的头向一致，并与墓主人头向相反。"（见《考古学报》1979 年第 1 期）用狗殉葬，用意当是要狗继续为墓主人作守卫。这种习俗，实是现实生活中人与犬密切关系的一种反映，直到西周还保持着。

古人与狗的这种"生死与共"的关系，直接体现在某些字的形体结构之中。除了上文提到的獸（兽）狩等字外，人犬相依的"伏"要算是最突出、最耐人寻味的一个字了。此字最早见于金文，作

为一犬匍匐于人侧之形，虽仅一见（史伏尊），却甚可贵。小篆作

寓意与金文同。《说文》:“伏,司也。从人犬,犬司人也。”段玉裁注:“司者,臣司事于外者也。司,今之伺字,凡有所司者,必专守之。伏伺即服事也。引伸之为俯伏,又引伸之为隐伏。”“犬司人,谓犬伺人而吠之,说此字之会意也。不曰从犬人,而曰从人犬,入于人部者,尊人也。伏篆以明人事,非说犬也。”这样的解释,当然是正确的。“犬伺人”的现实生活反映在文字上,便是“伏”。古文字中以人与动物相结合的会意字,目今所见,也仅此“伏”字而已。它与背靠大树式的“休”不同,它反映的是狗对其主人的依附,追随关系。

至于间接反映人与犬密切关系的文字就更多了。古人通过对各种类型的狗的细致观察,掌握了狗的各种属性、特点,造了一大批有关狗的字,分别予以描述,光是《说文》犬部所收形旁为犬的字便有八十余个,除去一部分是犬的别名、年齿、品种以及与犬相似的动物名外,大部分是关于犬的行为、动作乃至声音的。而且,这部分本言“犬事 ”的字大都可借以指称人事,在古人看来,好像人与犬有很多方面是相通的。试观下列诸例:

默:“犬暂逐人也。”——“假借为人静穆之称。”(破折号之前为《说文》的解释,之后为段玉裁的注释,下同。)

猝:“犬从艸暴出逐人也。”——“假借为凡猝乍之称,古多假卒字为之。”

奬(奖):“嗾犬厉之也。”——“厉之犹勉之也。引伸为凡劝勉之称。”

状:“犬形也。”——“引伸为形状,如类之引伸为同类也。”案:状本为犬之形状,借以言人,乃有情状,状态,行状以及告状、状纸等语。至于科举考试中的状元之“状”，则属借用。

狎：“犬可习也。”——“引伸为凡相习之称。”

獪(狯)：“狡狯也。”——“按此篆盖本谓犬，假借之言人。”

犯：“侵也。”——“本谓犬，假借之谓人。”

猛：“健犬也。”——“假借为凡健之称。”

倏：“犬走疾也。”——“引伸为凡忽然之词。”

戾：“曲也。从犬出户下。”——“了戾、乖戾、很戾皆其义也。引伸之训为罪。”

獨(独)：“犬相得而鬥(斗)也。”——“犬好斗，好斗则独立不群，引伸假借为专一之称。”案今云独立、单独、独自、独断独行，皆言人事。

臭(嗅)：“禽走臭而知迹者犬也。”——“走臭犹言逐气，犬能行路踪迹前犬之所至，于其气知之也……故其字从犬自，自者鼻也。引伸假借为凡气息芳臭之称。”案：甲骨文已有此字，作

以自犬会意，为嗅之本字，原谓犬之嗅觉，后引申为人之嗅觉，假借为气息香臭之称。

狂：“狾犬也。”——“假借为人病之称。”

類(类)：“种类相似唯犬为甚。”——“类本谓犬相似，引伸假借为凡相似之称。”

猋：“犬走貌。”——“引伸为凡走之称。《九歌》‘猋远举兮云中’，王注：‘猋，去疾貌。’《尔雅》‘扶摇谓之猋’，作

此字。”

此外，还有哭、突、犹、猷、猃、狺（yín）、猜、狷、獗、狙、獘（斃）等字，本也指犬，又皆用以指人。

造字之初，先民用关于各种动物的字来指称人事，如牝、牡、家、群、羸、逸、冤、骄、雄、奋（奮）、告等等，本不限于犬，但以犬事指称人事者为最多。这也从侧面反证古人在日常生活中与犬之密切关系，对犬观察之全面、精细，确非其他动物（或曰家畜）所可比。

作为犬的别名，狗字出现较晚，现所见最早的实物资料是侯马盟书（春秋），作

是宗盟类参盟的人名。其次是古玺，作

至小篆作

都是从犬，句声。这个字的结构古今一致，但字义的褒贬，变化就很大。

大概是狗太忠于其主，太忠于职守之故吧，它一方面得到主人宠爱，另一方面却又十分令人讨厌，显得可恶、下贱之至。它只认得主子，在主子面前摇尾乞怜，随伺其侧。而对主子以外的人，则一律存着戒心，总要对他们狂吠不已。所以，一般而论，与以善为特征的羊相反，狗是以恶为特征的。反映在语言里，特别是口语里——也不知从何时始，凡带有“狗”的，几乎没有一个

好字眼，不论是成语，谚语，也不论是修辞上的比喻或拟人，可说全是贬义的坏字眼，全是骂人的话。粗粗归纳，便有如下 20 多条带“狗”的骂人词语：

走狗　狗腿子　丧家狗　看门狗

狗男女　狗东西　狗妇　狗才　狗官

狗国　狗洞　狗曲　狗盗　狗眼　狗嘴

狗入的　狗娘养的　狗咬狗　狗头军师

狗血淋头　狼心狗肺　狗仗人势

狗屁不通　狗眼看穷人　狗咬吕洞宾

狗嘴里落不出象牙　肉包子打狗

恶狗　疯狗　哈巴狗　癞皮狗

凡是贬低某人某事，几乎皆可冠以“狗”字，以示轻蔑，鄙视。《晏子春秋》载晏子使楚，因其矮小，楚人想羞辱他，特地在大门旁边开个小门“迎接”他。晏子心知其意，便发话道：“使狗国者从狗门入，今使楚，不当从此门入。”将楚比作狗国，楚人弄巧成拙，反受其辱。这是历史上有名的例子。

人与狗的密切关系在文字（字形）与语言（口语）里的反映竟是如此的错综复杂，西方人“忠实的朋友”在汉语里却是下贱之至的坏东西，竟成了骂人的口头禅。这是汉语所特有的现象。在西方人看来，或许会觉得奇怪，不可理解，但客观的差异便是如此，东西方的差异便是如此，那有什么办法呢？

附记：

作为主子的人的正面而立的形象——大，与伏于人侧的狗的形象——犬，在小篆阶段还是泾渭分明的两个字：

经过隶变，竟变得只剩一“点”之差了。楷书“犬”少写一点即成大，“大”误增一点于右上角则成犬，差之毫厘，谬以千里。这两个字单独使用的时候，一般人较注意，极少写错，犬马、鸡犬不致误为大马、鸡大，大国、大人也不会误为犬国、犬人。但在合体字中，犬、大作为一个偏旁，那一“点”却是颇易被疏忽而致误的。一些从犬的字如突、獸(兽)、哭、献、状、厌、猷、戾、臭、伏、烒、器、莽、狱等等，粗心者往往漏写一点而不知其误，甚至以为本当从大。这是由于缺乏文字学知识所致。

但话又得说回来，许多从犬的字固然绝对不能遗忘其右上角的一点，而在另一些字中少了一点似亦无妨。因为方块汉字演变为草书、楷书、行书，字形与字义的关系本就日益模糊乃至不可理解。加上一点未必使人理解其字义，反倒显得累赘，故而有几个本来从犬的字，在现代汉字里竟然少了一点，干脆改为从大了，这就是：奖(獎)、奘(奘)、类(類)。如此积非成是，也使一部分汉字成为毫无道理可言的音标，既不表音，也无所谓表义(谁也讲不清)，其音其义只能死记。

捕鸟和罗网

我有一位姓罗的老朋友，人家问他贵姓，总是回答“四维罗(羅)”，脱口而出，不假思索。有次我对他说：“认真说起来，尊姓其实不是四维罗，应该说网维罗才对。”不料这话却引起了他的兴趣，一定要我谈谈“根据”，说说这个“罗”的来历。

要说罗的来历，最好还是从捕鸟谈起。

寒冬腊月，大雪纷飞的时候，我们江南一带的小孩们都喜欢捉麻雀。在空地上用小木棍支起一只筛子(或箩子)，筛子下面撒上一把谷或米，小木棍上系好绳子，人就拿着绳子远远的躲着。待到饥寒交迫的麻雀飞进筛子下面吃食，绳子一拉，棍倒筛落，麻雀就捉住了。我们把这叫做“牵麻雀”。

小时候，我很喜欢这办法，后来长大了，读到甲骨文，才恍然大悟，原来这办法早在三千多年前就“发明”了。甲骨文里有这样一个字：

上半部分像是一张网(網)，下半部分则是鸟的形象，整个字表示一只鸟落在网内，飞不得了。这其实就是姓罗的罗字的最古老写法。后来篆书写作羅，意思同甲骨文差不多，但网下鸟(隹)旁加了条绳子(糸)，这简直就是“牵麻雀”的图形化了。

由此看来，罗，本来是指张网捕鸟，逐渐又变成了捕鸟工具(网)的专有名词。《诗·王风·兔爰》：“雉离于罗”，意即野鸡落进了网。《唐书·张巡传》说：“睢阳食尽，至罗雀掘鼠，煮铠弩以食。”所谓罗雀，也就是以网捕雀。罗与网连起来，称为罗网或网罗，引申开来，还有搜集之意。

那么，作为捕鸟工具的“罗”又是谁发明的呢？《说文》谓“古者芒氏初作罗”。从甲骨文推测，这“芒氏”至少在商代以前就有了。《周礼·夏官》有“罗氏”：“罗氏掌罗乌鸟。”作为姓氏的罗，大概是由此而来的。由于时代的关系，小篆演变成隶书，隶书又发展为楷书，网逐渐简化变了㓁及罒，就和四没有什么区别了。

在古代，罗网不仅用来捕雀抓鸟，还可用来捕捉老虎、兔子、野猪等凶猛狡猾的禽兽和江河里的鱼类。这在甲骨文里也都有所反映。捕捉禽兽的字如：

现在写起来，就是麗、冤、冡，这些字后代都不见使用了。古书说“兔罟谓之罝，麋罟谓之罞，彘罟谓之羉……”，罝、罞、羉等字上面的“罒”，同罗一样，都是由网演变而来的。更为有趣的是渔字，除别的写法外，甲骨文里还有以手张网网鱼的会意字：

真是撒下天罗与地网，飞禽走兽、龟鳖鱼虾皆难逃，难怪《国语·周语》有“兽恶其网”的说法了。

可 怕 的 “它”

“它”有什么可怕？现在的“它”不过是指称事物的一个代词，除人以外，凡是生物与非生物，都可用“它”来代替。人们日常写“它”，用“它”，叫“它”，几乎天天与“它”打交道，谁也不会想到“它”有什么可怕之处。所以有的读者不免诧异：这题目便不通。这是知其一不知其二。

现代的“它”确实不可怕。但古代呢？情况就大不一样了。打开《说文》，小篆的“它”便露出本相，令人有些异样感觉了。

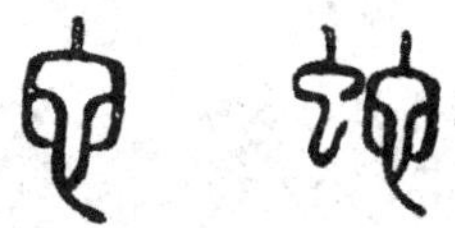

小篆 分明是一条大头蛇的形象！上面的宀根本不是什么“宝盖头”，恰好就是蛇的头部，和家、室、富、宝等字中代表房屋的宀简直不可同日而语。现在普普通通的一弯钩原来是蛇身及尾部，难怪后世书法家习惯地称之为龙尾钩了。《说文》还告诉我们，它就是蛇的本字，而 从虫（huǐ 读毁）的蛇，反倒是后起的异体字。

许慎说：“它或从虫。”段玉裁说：“它篆本以虫篆引长之而已，乃又加虫左旁，是俗字也。”其实，蛇字的产生是由于“它”被借用为“其它（他）”字，虚化为代词，所以要在“它”的左侧再加个虫旁，指明这是真正的“它”！它在十三经里都以蛇的面目出现，按理也说不得什么“俗”。

让我们再看看铸在古代青铜器上的各种姿态的“它”字：

和现实中那种大头、扁身、长尾的蛇联系起来一想,这些“它”不免有些可怕了。不过,比起刻在龟甲兽骨上的那些“它”来,可怖程度还小得多。甲骨文的“它”,光看外表,就够凶恶的了:

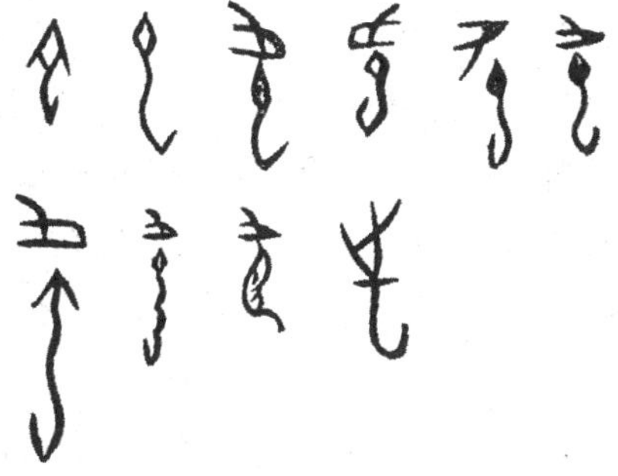

这些“它”是货真价实的毒蛇的形象!大多数“它”的上部,即“止”,代表人的脚,“它”究竟是什么毒蛇,现在已经不能确知,从它的头部多呈三角形、细颈看,恐怕就是蝮蛇的象形了。蝮蛇又名草上飞、土公蛇,游行迅速,主动追人,谁被它追上咬着一口,就是大难临头,甚至有生命之忧。如果走路不小心,正好踩着它的三角头,更不得了,非挨它猛咬一口不可。“一朝被蛇咬,三年怕草绳”,虽不免过于胆小,但“它”——毒蛇之可怕,却也于此可见。这就是为什么甲骨文的“它”多数从止的缘故。从止的“它”字说明了“它”与人的关系,像是在告诫人们:足下小心,千万别碰上“它”!

甲骨文的“它”字反映了太古时代的先民们与毒蛇猛兽作斗争的一个侧面。那时草深林密,蛇虫出没,给人们生命安全造成很大威胁。在那个时代,真不知有多少人丧命于“它”! 所以“它”在当时是灾祸的象征之一。“无它”就上上大吉,“有它”则大倒其楣。《说文》:“上古草居患它,故相问无它乎。”(上古时代人们结草而居,害怕有蛇,所以互相问候:“没有蛇吗?”)这说法是较符合当时实际的。卜辞中就有许多有它、亡(无)它的占卜,专问殷王及大臣后妃的安危吉凶,也见于关于祭祀及年成的占卜。不过卜辞里的“它”已经由毒蛇之害引申扩大,泛指一切灾害不吉之事了。如有块龟甲是专门贞问殷王武丁的安危的:“甲寅卜,宾贞:王唯有它? 六月。甲寅卜,宾贞:王无它? 六月。”(《殷虚文字甲编》1654 + 2032 片。卜辞大意:六月甲寅这天占卜,贞人宾问:王有灾难呢,还是没有灾难呢?)有次武丁的妻子生病,也专门贞问是否“有它”(《殷虚文字乙编》4098片)。这些材料说明,先民们对“它”是有切肤之痛的,认识是极为深刻的。

同祸、祟、灾等字一样,古代的“它”既是名词,又是动词。毒蛇咬人叫“它”,给人伤害,使人倒楣遭殃也叫“它”。甲骨文的“它”作动词用的文例非常之多,在殷人看来,上帝及祖先既可保佑他们,也可伤害他们,而伤害,就叫“它”。如有条卜辞就说:“贞:祖辛它我? 贞:祖辛不我它?”(《殷虚书契》1 · 11 · 5,大意:祖辛会不会伤害我呢?)

综上所述,一个“它”字,古今字形迥异,字义也有天渊之别。此外,甲骨文、金文等古文字材料还告诉我们:在古代,“它”和“也”本是一个字。秦汉以后才误析为两个字,区别为两个音的。如金文许多“匜”(yí,一种像瓢一样的盛水浇手器)就都写作“它”,或者加上皿旁、金旁,表示质地,但绝不见有写作小篆“也”的形状的。典籍里的池字金文都写作沱，如遹簋、静簋的“大沱”，禹邗王壶的“黄沱”，就是大池、黄池。此外，蛇与虵，陀与阤，佗与他，驼与馳，都是曾经通用的异体字，都是“它”、“也”同字的证明。可见几千年来用途很广的“也”字是从“它”字分化出来的，追究来源，同样是可怕的毒蛇。

“万(萬)”是蝎子的象形

几千年来,“万”始终是常用字。计算数目,几千几万,十万百万,不用说了;凡要形容数量之多,范围之大,程度之达于极点,总是离不开万,如万安、万全、万人、万户、万家、万国、万方、万卉、万金、万贯、万卷、万里、万水、万山、万仞、万丈、万古、万年、万岁、万寿、万劫、万死、万恶、万分、万般……可是人们万万想不到,这司空见惯、常挂嘴边的万字,它的本来面目却并不惹人喜爱,而是以毒著称的蝎子的象形!说起来似乎有点耸人听闻,然而这是千真万确的事实。

话,还得从最古老的甲骨文谈起,因为甲骨文的“万”字便是货真价实的蝎子形状,请看:

上列字形虽稍有差异,但巨首、修身、屈尾、触角前伸,蝎子的主要特征总是基本上具备的。蝎子又称钳蝎,尾刺内具毒腺,能向前弯曲,栖于干燥地带,昼伏夜出。中医用它的干燥虫体入药,可治惊风抽搐、头风疼痛与风湿等症。现今河南等省还用人工饲养。在古代中原地区,这种小动物大概随处可见,成千上万地存在着的,说不定有些氏族(部落)还把它当作图腾来崇拜呢。卜辞里“万”字便常用作地名,有称“往万”的,有称“在万”的;还有占卜“万”是否“受年”(得到好年成)的。拿蝎子作为自己氏族(部落)名,亦即地名,现在看来不可思议。但古人却是无所谓的,正如他们用马、牛、羊、豕、犬……作为姓名一样平常。卜辞有“一万”和“三万”,都是合文

所以,数目字的“万”,可说是“本无其字,依声托事”,是从蝎子的象形字假借而来的。

自西周以至战国的青铜器,不论钟鼎盘盂,或簠簋尊卣,凡铭文稍长一点的,大多数要用一个“万”字。如“其万年永用”,“其万年宝用”,“其万年子子孙孙永宝用享”,“其万年无疆”,“万年无期”,“万年眉寿无疆”,等等,都是常见的套语,表示铸器者的一种愿望。此外,还有称“万亿年”、“万人”、“万岁”的,用例非常广泛。《金文编》(第三版)收录有代表性的各种形体的万字一百七十多个,其基本形体和甲骨文一脉相承,同样是蝎子的形状,如:

在尾部着一横画,最初大概是为了标明“一万”这一概念,后为求匀称美观,又在横画上增加一小笔,继而演变为一小折,并将原来的一横延伸乃至微微下弯,于是又有

等形体。又有一些万字还加上彳或止或是辵,成为后世用为迈开、迈步、年迈的迈(mài),但在金文里却是“万”的异体字。

金文在蝎子的尾部增加了些笔画,渐趋繁复,上举最后两文就与石鼓文[illegible](澫)字所从和小篆[illegible]十分接近了。石鼓文的万字离蝎形已渐远,至小篆,蝎子的触角与头部若即若离,而其尾部演变成厶,同禽、离、禹、禺等字的下半部分一样。字形既已大变,便难于“见形知义”。汉朝人大概已不大明白“万”的本义,只是笼笼统统地知道它是一种虫而已。隶变以后,字形更成了草字头中间一个田,下面有“禸”的“萬”了。人们但知万年、万岁、千秋万代、万紫万红……再也不管它的来历。

忘了来历也好。“万”专用为代表“十千”的数目字,便在它下面再加一条虫,新造一个蠆(虿,chài)。另外,还造一个蝎(蠍),一半形,一半声,倒也好认好记。

但自甲骨文以至小篆、隶书,官方的“万”字万变不离其宗,实在繁难。书法家写起来固然得心应手,足以令人赏心悦目,但世间书法家毕竟是少数,而且书法家也未必都喜欢写这种繁难的“萬”字。现在广泛使用的简化字“万”,一横一横折钩一撇,总共只有三笔,受到亿万人民群众的衷心拥护,用它来代替“萬”,是理所当然的。

至今仍有极少数人,出于盲目的好古,仍喜欢写繁体的“萬”,而不愿写简体的“万”字。其实,认真讲起来,现在通行的“万”,至迟在战国时代便出现了,同样是相当的“古”。战国古玺上的“万”字,便已逐渐简化作:

简化得最厉害的是一种[illegible]的吉语玺，把“千万”、“万千”合在一起。其“万”字的写法和现在没有什么两样，究其初，大概是为便于玺印的布局，截取[illegible]的下半部，稍加变化而成[illegible]或[illegible]。这字形一出现，就广为流传，逐渐获得了全社会的公认。汉魏以及南北朝的碑文里已常用“万”字。做了万岁爷的李世民撰写《晋祠铭》，也写“万”不写“萬”。唐怀仁集王羲之书《圣教序》，“万”与“萬”并见。宋代大文学家苏东坡的手迹“乍寒万万自重”（见《西楼苏帖》，《书法丛刊》第三辑），“万”字写的也是简体字。可见，即使是皇帝、书法家、文学家，写字也是以便捷为原则，并非一味好古，以为越古越好，越繁难越好的。

“皿虫为蛊”说

“皿虫（蟲）为蛊（蠱）”，语出《左传》昭公元年。当时晋平公患病，到秦国请医生，秦景公派了位名叫和的医生去给他看病。谁知这位和医生前去一看，便断定晋侯好色，得的病是像“蛊”一样的不治之症。在旁的晋国大臣问道：“何谓蛊？”和回答道：“淫溺惑乱之所生也。于文，皿虫为蛊。谷之飞，亦为蛊。”和这番话，说明了当时人们对“蛊”的认识以及对蛊字结构的理解。这是我国最早的分析文字形体结构的资料之一，也可说是萌芽状态的文字学。但为什么皿和虫合在一起就叫蛊，而且是一种“不可为也”的绝症呢？要回答这一问题，当然又得追溯其造字的初衷了。

我们知道，人类在自然界的敌人可谓多矣，大自虎豹豺狼，小至蛇鼠蝇蚊，应有尽有。不过，这些都是公开之敌，还好对付。更有一种隐蔽之敌，诸如藏在各种器物里的蛀虫，食品里的蛆虫，书籍里的蠹虫等等，却不大好对付。它们大都是吃里爬外的脚色，侵吞着人类的物质财富和精神食粮，净干损人利己的勾当，尤属可恨可恶。人们一旦发现有它们存在，事情便已不妙：器皿蛀空毁坏，食品腐臭变质，典册百孔千疮。还有蟑螂，也是为非作歹惯了的，到处乱爬乱咬又乱拉屎，同样是人类一敌。大凡盘盂碗碟中有这些家伙存在，就是物主的晦气厄运了。生活在远古时代的中华民族的祖先们想必吃尽了它们的苦头，故把它们当成灾难的象征，并特地造出这么一个字，用以告诫后人，千万提高警惕：

这便是甲骨文里的蛊字。下面是盘子,盘子里躺着一条或两条虫,昂首向上,说明器皿食尽,小虫施威,问题严重。这个字小篆写作

皿中三条虫,乃是泛指其多。甲骨文屡见"有蛊""无蛊"的占卜,其义与祸、灾约略相等。读过若干片甲骨文的人都知道,甲骨文表示灾祸的字有好几个,如论其本义,则洪水之灾为≋巛,干戈战乱之灾为𢦔,大火焚烧之灾为灾,毒蛇之害为它,此外便是上面这个蛊字,以皿中有虫会意。可见在先民的观念里这种隐蔽之敌给人的危害丝毫不亚于水火干戈,毒蛇猛兽!

蛊,在商代便已是灾难的象征,倒楣不吉的代名词,所以,到了后世,人们又用它来代表一种不可救药的疾病,称为蛊疾。正因如此,医生和氏才会把晋平公所得的病比作蛊。好像器皿被虫蛀蚀一样,人的肚子里也钻进了毒虫,再一味自内至外的吃、啃、咬,岂非可怕之至!东汉时代的《说文》就是这样解释的:"蠱,腹中蟲也。""中"是射中、选中、考中的中。段玉裁说:"中蠱者,谓腹内中蠱食之毒也。自外而入,故曰中,自内而蚀,故曰蠱。"据沈约《宋书》记载,古时有一名叫唐赐者,从外村饮酒回来,便染上一病,口吐蛊虫十枚,临死时对妻子说:"死后刳腹,查看病由。"其妻张氏遵嘱把他肚子剖开,发现内脏全都被蛊虫咬碎了。这种骇人听闻的记载，是否真实，颇值得怀疑，但人体内因有虫子作梗捣乱而害大病却确是有的。近代医学上有所谓血吸虫病、丝虫病、绦虫病以及钩端螺旋体病等，或令病人腹大如鼓——肚子里一包虫也，或把病人折磨得面容憔悴，骨瘦如柴，若不及时治疗，均有性命之忧。其中血吸虫病就有点像传说中的蛊疾。这类腹中之虫，在古代，连华陀也无奈它何，难怪有些史书把它描写得神乎其神了。

蛊既可指称如此凶恶可怕的疾病，故举凡枭磔之鬼作祟为害，或一般鬼神作祟，致病为灾——这当然是古人的迷信，或以毒药害人而令人不自知，亦均可称蛊。不仅如此，凡诅咒别人，祈求鬼神加祸于对方，使之蒙受疾病灾害者，也可称蛊。甲骨文之后，在铜器铭文里还未发现有蛊字，而近世在山西侯马出土的春秋时代晋国的盟书之诅咒类残辞中恰恰就有一个蛊字，作皿中三虫之形：

这或许就是上引小篆之所本吧。遗憾的是，原件文句不完，很难作进一步的推断。

写到这里，不禁想起了“蛊惑人心”这句大家都熟悉的成语。这是指以欺骗引诱等手段，或是花言巧语，或是扇风点火，故意制造些似是而非的“理论”，真真假假的“事实”，用来迷惑别人，搞乱别人的思想。除了“蛊惑人心”之外，与蛊有关的词汇，还有蛊媚，蛊道，妖蛊，蛊狱，蛊杀等等，都是蛊义的进一步引申，虚化，而且带有一定的政治色彩。

附记：

关于蛊，历来有多种解释，以徐灏《说文解字注笺》的说法最为可取："器受蟲害为蠱，此乃蠱之本义。蟲食器敝，故字从蟲皿会意。"本文即据此立论发挥者。

捕鱼杂谈——说“渔”

我们中华民族捕鱼、吃鱼的历史，大概可以追溯到传说中的尧舜时代，追溯到远古的渔猎时代。古籍中不乏这方面的记载，如说“燧人之世天下多水，故教人以渔”（《尸子》），“尧使水处者渔”（《文子》），“舜钓于河滨”（《淮南子》），“舜漁于雷泽”（《史记》）等等。过去人们大都只把它们看作传说而已，不大予以注意。现在有甲骨文古金文等实物资料作证，这些记述虽有“传说”性质，却绝非荒诞无稽之谈。

现代人吃鱼的方式可能比古人多，方法也可能比古人考究，但若要说“漁”——捕鱼的本领，除开近几十年来出现的利用声、光、电的“现代化”手段外，现代人恐怕未必强过古人多少。从捕鱼的基本方法看，古今似乎差异不大。

如今民间捉鱼，就笔者所见，主要是三种方法。一是下水徒手捉鱼，这须有一身好水性，而且眼明手捷，方能手执游鱼。如无此本领，便须待竭泽——干塘之后去浑水摸鱼，那又得不怕脏了。二是垂竿而钓，放长线，设香饵，静待贪食之鱼上钩，钓而取之。这得有耐心，脾气急躁者便难成功。三是张网捕鱼。谚云：“临渊羡鱼，不若退而结网。”设网水下，人坐岸上或舟中，待鱼入网，收而取之。这也要有耐心，沉得住气，不急于求成才行。因为设网多时乃至终日而无鱼来，是常有的事，如无耐心，以为此处无鱼，除开换个地方再等，便只好空手而归了。这当然只是一般而论。如是捕鱼为业的渔家，驾一叶扁舟，出没波涛，捕鱼之法，当不止这三种。有的还用鱼叉，有的还专门饲养鸬鹚——

水老鸭，江南一带叫老乌，让它潜水捉鱼，捉到后再令其吐入舱内。但渔家捕鱼的主要方法仍是张网或垂钓，必要时再下水徒手捉之。

有趣的是，上述民间常见的捕鱼之法在古文字资料中竟都可得到印证。其实证据就集中在多姿多态的“漁”字上，证明这些方法在造字之初即已存在。

先说水中徒手捉鱼。这在古金文中表现最为突出。商代金文“渔”字即作两手抓鱼之状，如

二文即分别铸于簋和卣上。那完全是写实的会意字。鱼的写法如同绘画，不仅首尾像，连鱼鳞和鳍都表现得很详尽。西周穆王时的遹簋有“乎(呼)漁于大池”之语，“漁”字又从水，作双手在水中捕鱼之状：

战国时代的楚王孙渔戈“渔”字还从舟作

构形较为复杂，颇多装饰的味道，也暗示出“渔”者离不开船。此外，石鼓文的汧殹篇就是一首咏“渔”的诗，中有“鳗鲤处之，君子渔之”，“其鱼唯何，唯鱮唯鲤，何以橐之，唯杨及柳”等句，具言渔而有获，以杨柳穿之而归的欢乐情景。其中渔字写作

与遹簋之“渔”相近,只是双手简省为一手而已。

次说垂竿而钓。甲骨文中一些“渔”字便是一幅幅“渭滨垂钓图”:

由于刀刻的关系,鱼的形状不像上列簋、卣上的鱼形优美,但寥寥几笔,也都刻画出了鱼的轮廓,富有美感。其中第一文鱼口与钓竿上的绳子尚有一点距离,这不是契刻者的疏忽大意,而是表示游鱼即将食饵上钩。其余四文都作鱼已上钩,渔者用力收竿将鱼钓出之状。其第三文尤为传神。“善钓者出鱼十仞之下,饵香也”。钓鱼,饵是很重要的,但在字形上却无法反映出来,只能略去。因为文字毕竟是文字,不是图画。许多人坐在湖边或河滨钓鱼,不过是为了休息,属修身养性之道,得不得鱼无所谓。相传姜太公垂钓磻溪,直钩(实即无钩),其志不在鱼,结果遇见了周文王。但在渔猎时代,鱼却是重要的生活资料之一,当时之垂钓取鱼者想必甚多,是极为普遍的现象,而且为了生活而钓鱼,志在必得,并非有什么闲情逸致才去蹲河边的。故创造文字者即将当时社会生活的这一侧面浓缩为这样一个画面,用以代表捕鱼这一概念。

再说张网捕鱼。这也可在甲骨文里找到佐证。甲骨文另有四个“渔”字即作以网网鱼之状。请看:

第一文较为简略,网和鱼都似未刻全。第二文网、鱼之形均较形象,但省“收”为“又”。第三、四文均见于《殷契粹编》,一称“其渔”,一称“弜渔”,其双手张网之状惟妙惟肖。

就“渔”字而论,上述诸种形体都是“渔”的异体字,是太古时代先民们的渔猎生活在文字上的遗迹,是古史存之于文字的明证。古人靠这些方法在江河湖泊中捕取鱼类,始则为了生活,继则为了享其美味,增加营养,改善生活。

甲骨文的“渔”字除了上引垂钓、张网二形外,更多的是作水中有鱼之形。例如:

字形有繁有简,繁者从四鱼二水,简者一鱼一水,水或在左或在右,或有水滴或无之,鱼形也是有简有繁。面对这些水中之鱼,似乎可有两种解释:一是“临渊”所羡水中之鱼,可渔而取之者。二是已经捕得而蓄养在船舱里的鱼,准备随时取用的。如是后者,则这方法也够古老的了。像《水浒》所描写的浔阳江边的鱼船,船尾开半截大孔,放江水出入,养着活鱼,却用竹笆篾拦住。鲁莽的李逵不省得,先把竹笆篾提了,一船活鱼便放光,因此被按着头喝一通江水,也属活该。商代的鱼船有无这类设施,也很难说。如断言其无,则这些“渔”字只能是鱼游水中待人捕取之意了。

奇怪的是,甲骨文从水从鱼的渔,不见于金文,而《说文》所列古文、篆文却与之遥相呼应:

许慎的解释是:“瀺捕(段改作搏)魚也。从鱻水。漁,篆文𩼒,从魚。”段注:“必从鱻者,捕魚则非一魚也。鱻水者,魚之惊透于水也。”段公此言亦属望文生义。甲骨从二水四鱼。“古文”从水从二鱼,原意可能是显示捕获之多。也为了好看。但写起来毕竟太麻烦,为求简便,乃以一水一鱼示意,反正水中有鱼,可取而食之便是了。

总之,为了吃鱼,必须捕鱼,捕的目的是吃。“渔”的本义便是捕鱼。稍稍引申,“渔”又有夺取之义。语词中有渔食、渔夺、渔色、渔利、侵渔等语,皆属贬义。但“渔”本身毕竟是十分重要的生产活动,事关国计民生,故一向受人重视。《周礼·天官》即有“𩞁人”一职(𩞁,即渔),负责供给王室膳食、祭祀、宴客所需的各种干、鲜鱼类,并掌管渔政、收取渔税。《左传·隐公五年》叙鲁隐公想去棠地观看渔者捕鱼,以为娱乐,被臧僖伯拿大道理“谏”了一顿。隐公只好说“吾将略地焉”——以巡视为名,跑去观赏捕鱼盛举。这实在是诸侯关心渔事的一例,只是从儒家的眼光看,似乎有失身份,所以臣下不支持他,孔老夫子也讥讽他。汉代以降,许多朝代都设有渔官,征取渔税。渔税以外,再加上渔霸的肆虐,以渔为业的渔民们便处于层层剥削之下,乐事便成苦事了。

然而,不论渔民打鱼生涯如何艰辛,在骚人墨客们看来,驾舟张网,垂钓江滨,都是富有诗情画意,值得咏歌赞叹的赏心悦目之事。故历来吟咏捕鱼的诗词歌赋便有不少。而且,在他们的笔下,凡与捕鱼有关者,都可冠以渔字,如渔妇、渔父、渔火、渔唱、渔歌、渔鼓、渔舟等等。词牌中还有渔家傲、渔家乐、渔歌子、摸鱼儿等名称。有些人把渔家生活描绘得十分美妙,似乎其乐无穷,但真要他们在风雨之中撒几次网,捉几回鱼,亲身体验一下,恐怕也就会叫苦连天的。

捕鱼是重要的，给人们提供鲜美可口的各种鱼类的渔民是伟大的。几千年来，鱼是极受欢迎的佳肴。但由于地理、经济等方面的原因。不论那个时代，都不是人人皆有这份口福的。举例来说，古代中原地区吃鱼就不太容易，对许多人来说，还只是一种理想。“鱼我所欲也，熊掌我所欲也，两者不可得兼，我舍鱼而取熊掌也。”这是尽人皆知的比喻。孟老夫子将鱼与熊掌并列为人之所欲而不可得兼的美味，也说明了鱼在当时之珍贵难得。冯驩在孟尝君门下作食客，开始时候地位较低，“食无鱼”，所以要弹铗而歌“长铗归来乎”了。冯驩尚且如此，则其时齐国“食无鱼”者自必比比皆是，不计其数了。即以现在而论，一些省市“吃鱼难”，为吃鱼而排长队的现象也时见报章，在这些地方，“鱼我所欲也”，“长铗归来乎”的呼声当然是强烈的。但愿不要多久，养鱼、捕鱼之业在中华大地各个角落都兴旺发达起来，鲜活毕跳的鱼儿经常成为每个家庭的盘中佳肴，“食无鱼”真正成了历史上的笑话，那就皆大欢喜了。

说 “宝”

若问什么是“宝”，各人的回答恐怕很难一致吧！因为人各有“宝”，看法不同，答案必异。《红楼梦》里主人公贾宝玉的“宝”，别人看来似乎就是终日系在脖子上的那块通灵玉了，而他认为它是“劳什子”，砸烂也可以；少女们心爱之宝可谓多矣，但一旦做了母亲，肥白胖胖的娃娃就往往成了她的宝中之宝，“宝宝”、“宝宝”叫不绝口。而从历史上看，先民们对宝的认识和我们现代人也是不同的。证据呢？证据就在“宝”字上。

现在的“宝”字是简化字，“宀”下一块“玉”，易认易记易写，很好。繁体字得写成寶，就很难了。但这个宝字并不是一下子弄得这样繁难的，研究它的来历，可使我们得到不少启发。

上古时代的人们整天与石头打交道，大概别的东西都算不了什么，只有透明晶莹的玉才算是宝，因为它惹人喜爱，妇女挂在颈上，插在头上，显得漂亮美丽；供在屋子里，就是可贵的财产。所以最初的宝字也很简单，只是屋子下放着一串玉，甲骨文里还保存着这样的字：

韭经过古文字学家们的考证，是一串玉的形象。不过，这种写法已不多见。甲骨文里较多的写法是增加了一个ɛ϶，这是贝的象形字。贝和玉共置宀下，都称为宝了。贝和宝从此结下了不解之缘，“宝贝”也成了一个词。

甲骨文的这种写法说明在商代或商代以前,贝已是人们心目中的宝物了。贝为什么是宝呢?这大概是因为它色彩斑斓,小巧玲珑,既好看又难得之故吧。贝是海滨才有的,中原地区所罕见,要么靠进贡,要么靠商业交换才能得到,所以人们看得很重。臣下有了显赫功劳,才能因帝王的赏赐而得到贝。甲骨文、金文里都有赐贝多少“朋”的记载(朋是古代的计量单位)。贝是这么难得,这么贵重,它是财富和荣誉的象征,所以它之成为宝,自然毫无疑问了。《说文》:“古者货贝而宝龟。周有泉,至秦废贝行钱。”说贝是货币单位,犹如黄金白银,虽未必确,但也足以说明古者“贝”确是一宝。

可是,在铜器铭文里,宝字更显得复杂了。几乎绝大多数铭文里都有宝字,宝尊彝、宝簋、宝壶、宝鼎、永宝用……《金文编》里选录了一百多个宝字,形状也多种多样,基本的结构是:

比起甲骨文来,宀下多了一件东西,即缶。缶是瓦器,粗糙,低级,当然算不了什么宝。原来缶是代表声音的,古代没有轻唇音(即唇齿音),缶的音同保是一样的。于是乎会意字发展成了形声字。在形声字占优势的时代,“寶”字可以中间省去玉或省去贝,而成〔宀缶贝〕〔宀缶玉〕或寚,却很少省去“缶”这个声符的。有趣的倒是金文里还有结构简单的〔宀缶〕字,从宀,缶声,例如:

只是为数很少而已。

在汉字的发展史上，会意字转变为形声字是个比较普通的现象，宝字由宝——寚——寶的演变不过是其中的一例。由表意而表声，本是文字发展的一大规律，但在会意字上再加声符，又使某些字由简变繁，与汉字发展的总趋势是矛盾的，可以说是一种支流。

时间过了几千年，人们对宝的观念也在不断变化。贝也不再是装饰品，更不是黄金式的货币了，不过是小孩子的玩物罢了。“缶”也不再读保，而读否(fǒu)了。难认难记难写的寶字既会不出意也读不出声了，保持这种写法有什么意义呢？所以，把繁难的寶字简化为“宝”，恢复到最初的结构，是非常自然的，既顺应文字发展的规律，又符合广大群众的愿望。

不能吃的豆

有些读者也许会纳闷:豆哪有不能吃的?大豆、蚕豆、刀豆、青豆、绿豆、豌豆,哪种豆不能吃呢?是的,这些豆都能吃。但"豆"字最初记录的东西却是不能吃的。略为翻翻古书,或到博物馆去看看,就可知道,豆原来是一种器物的名称,与作为时鲜蔬菜的各种豆风马牛不相及。

古代的豆是像高脚盘一样的器物,一般用来盛肉类的食物。有的有盖,有的无盖;有的有耳,有的无耳。因制作的材料不同,又有陶豆、竹豆、木豆、漆豆、铜豆的分别。传世铜豆中,有的高四五寸,有的高八九寸,有的还铸有精美的花纹、庄重的铭文。不论什么质地、什么形制的豆,都有像盘一样的"腹",可供把持的"校",作为底部的"镫"。从甲骨文以至小篆的豆字,一脉相承,几乎没有变化,是这类器物的象形或缩影。下面就是各种形体的豆字:

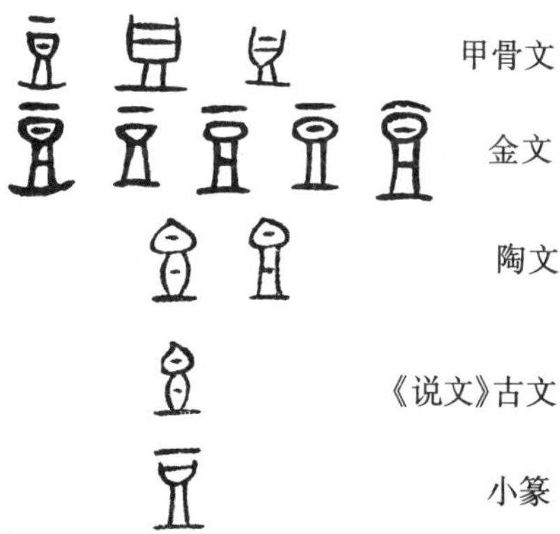

甲骨文豆字较少见，从豆的字如登、豊、豐（丰）等则屡见，其中的“豆”也是有盖无盖并存，大同小异。金文也是这样。上引的这些“豆”，只有一个无盖，其余都是有盖的，最上端的一横就代表盖。由此可见，商周时代的豆大体上是有盖的。□⊖代表盘形的豆腹，中间一小横表示食物盛在豆腹之内。‖或 Ħ 代表豆中央直的部分，即校，俗称柄，下面一横就是豆的底，即镫，又称跗。陶文豆字与金文基本相同，只是无盖——顶部没有一横而已。由陶文可证，《说文》所载古文是有根据的，实际就是战国文字。豆 或 豆 相连为不可割裂的一个整体，上面的一横与本体虽然不相接，但它是豆上的盖，而不是普普通通的“一”。

比起钟鼎敦簋等大器来，豆只能算小器，但很实用，不仅可供祭祀，还是日常饮食用的必需品。在古代，身分不同，占有或使用的豆的数量也大有差异。地位越高，拥有的豆就越多。甚至与年岁也有关，据《礼记·乡饮酒义》记载，古时乡间饮酒，年龄六十岁者三豆，七十岁者四豆，八十岁者五豆，九十岁者六豆，年事越高，享用的豆数越多。当然，所谓若干豆实际指的是若干豆所盛的食物。

既然豆本是不能吃的器物，先秦古籍中的许多“豆”也就不难理解了。《礼记》所谓“觞酒豆肉”，就是指羽觞（即耳杯）里的酒和豆中的肉。《史记》、《论语》所谓“俎豆之事”乃是指的关于俎（状如砧板）与豆这两种祭祀用的器具的事，引申为祭祀、崇奉的意思。《诗经》所谓“傧尔笾豆”“笾豆有践”，《考工记》所谓“食一豆肉，饮一豆酒”，凡此等等，豆本身同样都是不能吃的，能吃的只是豆里面的酒肉而已。

豆既然是盛食物的器具，就有一定的容积，所盛的东西也有一定的重量，所以古代的“豆”又是一种量器的名称。《左传》（昭公三年）记载齐国原有四种量器：“豆、区、釜、钟”，豆列首位，四升为一豆，四豆为一区。近代出土的齐国陶文，屡见“王豆”、“公豆”，说明这些豆是设在关、廪的标准量器，是公用的。又由此引申，豆还是计重量的单位，有的书上说“十六黍为一豆，六豆为一铢”，可见是分量极轻的一个单位，但不常用。

了解豆的本义，对理解一些从豆的字也不无帮助。豆中放满了食品或祭祀用的玉器，就是豐（丰）字或豊（礼）字：

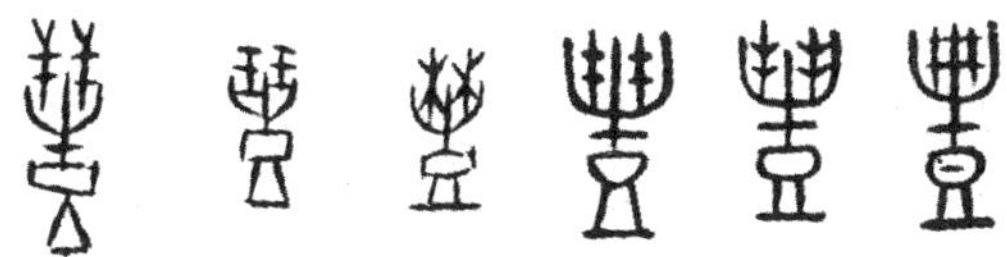

双手捧豆进献，就是登进的登字：

这个字有点像我们今天双手捧碗或捧杯敬献给贵客的样子。

豆之本不能吃，已如上述。地里生长起来的各种“豆”，原来不叫豆，而叫“尗”（shū），把尗捡起来，就是“叔”，加上个草字头，便是典籍里通用的“菽”。《诗·采菽》“采菽采菽”，《左传》成公十八年“不能辨菽麦”，《淮南子·地形训》“其地宜菽”，菽指的都是今天吃的豆。据清人钱大昕研究，古音舌头舌上不分，菽与豆的古音本相近，后来渐渐通用，大概到秦汉之际，就开始把菽称作豆了。如《汉书·杨恽传》说：“田彼南山，芜秽不治，种一顷豆，落而为箕。”所谓种一顷豆就是种一百亩豆类作物。同书《翟方进传》所载童谣“饭我豆食羹芋魁”（以豆为饭，以芋根为羹），“豆”就变得能吃了。

随着“豆”由不能吃的古器物一变而为人人都可吃的植物，

豆字也由象形字变得不象什么形了。若非专门指出,上边的一横与中间的口似乎毫无关系;口下一点一撇及一横,谁也想不到竟是器物的柄和底部,和站立的立字相比,下半部分一模一样。如果说现在汉字还能"见形知义",那碰到这个豆字就无法解释了。

鼎　　说

鼎，在古代既是烹煮食物的器物，又是宗庙里祭祀用的一种彝器，与钟齐名，是政权，权力的象征。在现代社会生活中，除了部分地区（如广西）民间仍用有三只脚的鼎锅烧水煮饭，寺庙庵观的大殿或有陈列外，一般已很少见到它了。任凭如何豪富，如何显赫，也不会再过“钟鸣鼎食”的生活；举重运动员借以显示其大力的也不再是千斤之鼎，而是国际通行的杠铃。它已被送进了各地的历史博物馆。在那里，人们可以看到商周时代的各种形态的宝鼎。论足形，有柱足、扁足、尖足、马蹄形之别；论耳形，又有直立耳与附耳之分。许多鼎的口沿、腹部饰有精美的花纹，如饕餮纹、夔纹、蝉纹、雷纹、垂花纹、鸟纹、蟠虺纹等；有的在鼎腹内壁铸有长篇铭文，字数最多者近五百言，或颂扬先祖业绩，或纪征伐之功，或关于赏赐册命，刑典契约，或记述周天子对臣下的训诰等等，内容十分丰富。细心的人不难发现，尽管鼎有大小轻重的悬殊，形制多种多样，令人眼花缭乱，但其最基本的特征则是三足、两耳、圆口。这种认识，对于探索“鼎”字的来历，对于理解语言中诸多由鼎组成的词语，无疑是十分有益的。

从楷书的“鼎”字已无法看出它与博物馆所藏的鼎之间的关系了。其字形结构亦无多少道理可说。从汉字规范化的角度，可以规定必须如此写：“[illegible]鼎，上边是目，不是日，末笔ㄱ，一笔连写。”（傅永和等编《汉字正字手册》，上海教育出版社 1985 年 6 月第 1 版第 54 页）为什么只能如此写呢？除了以“约定俗成”四字作答外，实在很难一下子说清楚。

诚然，楷书“鼎”来源于小篆之鼎，但看看《说文》的说解又不免令人糊涂：“三足两耳，和五味之宝器也。象析木以炊，贞省声。昔禹收九牧之金，铸鼎荆山之下，入山林川泽者，螭魅蝄蜽莫能逢之，以协承天休。《易》卦巽木于下者为鼎，古文以贝为鼎，籀文以鼎为贝（二贝字小徐本皆作贞）。凡鼎之属皆从鼎。”这段文字二徐本互有差异，经段玉裁校订后成这个样子，是否许君原文，也还难说。看了第一句《说文》之文，似乎“鼎”是三足两耳之器的象形，目代表鼎形（《说文通训定声》：“……象器中有实”），爿则像破柴烧火之状，还有点懂。但“贞省声”三字又使“鼎”成为形声字了。段氏注“析木以炊”是颇见功夫的：“片者，判木也，反片为爿，一木析为二之形，炊鼎必用薪，故象之。”其注“贞省声”却与“炊鼎”之说冲突：“无此三字则上体未说。此谓上体目者贞省声也。……目与木不相合也，故释下体为象形，上体为谐声。”如此一来，“鼎”便是一半象形与一半谐声的结合体了，怎不令人糊涂之至。

据小篆，仍不知“鼎”之所以然，此路不通。但是，凭着博物馆中诸多实物的启示，人们有理由作这样的推测：“鼎”本为象形字，所谓“目”实乃鼎身（口、腹、耳）之形讹变的结果，而爿（丬片）乃由鼎足之形讹变而来，整个字形与析木烧火无关。巧得很，古金文及甲骨文中许多鼎字正是象形字，可以为证。请看：

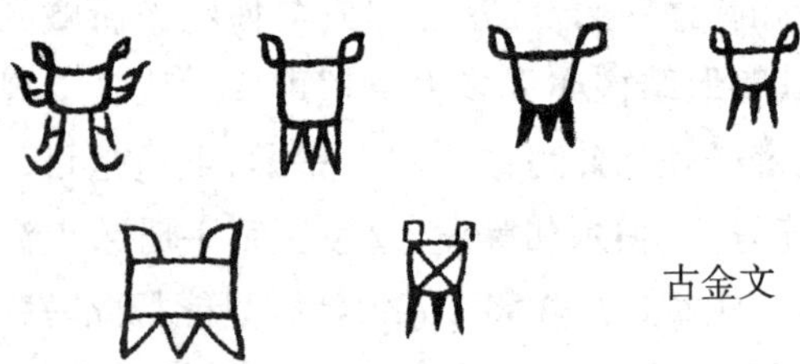

古金文

甲骨文

看古金文，三足，两耳，鼎腹，均极形象，个别字下部作，省去一足，也可能是四足鼎之像，以两足代四足。甲骨文“鼎”足形稍逊于古金文，而其鼎腹两耳还是相当像的。大概为刀刻方便之故罢，借用为贞的“鼎”大都简省为，以致双耳与三足似乎无别了。西周金文鼎字很多，新版《金文编》收录八十余文（不计假贞为鼎者），上部仍像鼎耳及鼎腹之形，下部有的仍画三足之形，大部分作等形，是其简省和讹变，如：

大抵西周晚期以至战国，书写者为求便捷，象形意味进一步减退，鼎耳与鼎腹逐渐融为一体，上部的逐渐拉平，进而讹为一横，以至竟变成了，好像是目了：

最后三文分别见于圅皇父簋、戈弔鼎、哀成弔鼎，当是后来小篆之所本。虽然在汉代“郡国亦往往于山川得鼎彝”，看来许君并未见到多少"鼎"铭,以致于"鼎"篆之下竟无一个古文出现。未见真正的古"鼎",当然也就无法正确解释小篆之鼎了。

自古金文、甲骨文以至小篆、隶楷,鼎字的象形性可谓消失殆尽,成了下体"析木"上体"谐声"的怪字,实际上只起一个记号或曰标号的作用。但就字义而言,其主要指"三足两耳"的宝器这一基本点,几千年来却并无改变。典籍中有大量的关于"鼎"的记载,如黄帝铸鼎,伊尹负鼎俎以滋味说汤,武王克商迁其九鼎,晋、郑铸刑鼎,晋侯赐子产二方鼎,徐人赂齐以甲父之鼎,秦武王举鼎,汉张敬鉴定尸臣鼎,郑众说鼎,汉武帝得鼎改年号,孝明帝得鼎赏赐群臣……以及列鼎、牛鼎、羊鼎、豕鼎、汤鼎等等,"鼎"指的都是客观存在的鼎。

细考古今语言中鼎字的使用情况,除上述用其本义者外,"鼎"还有多种引申义,也与鼎这一器物有关,或虚或实,其大别有三:

一、从鼎的外形方面引申。由于鼎以三足为常,故多以鼎喻三,如称"鼎立"。《三国志·吴书·陆凯传》:"近者汉之衰末,三家(按指魏、蜀、吴)鼎立,曹失纲纪,晋有其政。"或称"鼎足",同书中《蜀书·诸葛亮传》云:"……如此则荆吴之势强,鼎足之形成矣。"又称"鼎峙"、"鼎分",以示三方势均力敌。或称"鼎臣"、"鼎辅"、"鼎司"则喻朝廷里的三公重臣。又有"鼎坐"一语,喻三人坐如三足之鼎。科举时代又有"三鼎甲"一语,合指状元、榜眼、探花,《儒林外史》第30回郭铁笔对杜慎卿所说"尊府是一门三鼎甲,三代六尚书"即指此。

二、从鼎的用途方面引申。鼎是烹煮器,器中放置三牲食物,足间烧火。古代不仅用鼎烹煮动物,还用来烹煮人,是一种非常残忍的刑罚,史不绝书。是鼎不仅令人显贵,亦足令人丧命。汉代的主父偃说:"丈夫生不五鼎食,死则五鼎烹。"是指死后烹。更有活活地用鼎将人“烹”死的,如《左传》叙楚国白公之乱后石乞被白公之徒所烹。《史记·田敬仲完世家》叙齐威王“烹阿大夫及左右尝誉者皆并烹之”,《英雄记》记董卓生烹李旻、张安毕,“二人临入鼎,相谓曰:‘不同日生而同日烹。’”(《太平御览》卷645引)皆其证。是以“鼎镬”(无足之鼎为镬)即寓烹煮活人之意:《论衡·书虚篇》“不能发怒于鼎镬之中”,苏轼《留侯论》“以刀锯鼎镬待天下之士”,文天祥《正气歌》“鼎镬甘如饴,求之不可得”。又有“鼎沸”一语,谓犹如鼎内水滚沸腾。此外,还有鼎俎、鼎馈、鼎食等,也都是从鼎的用途方面引申的。

三、从鼎的特殊重要性——象征意义方面引申。在奴隶社会和封建社会里,作为宗庙重器的鼎是社稷的象征,一旦宗庙毁,鼎彝迁,意味着国运衰落以至灭亡。故鼎之存亡系于国之兴衰,受到统治者高度重视。鼎的这种特殊性质,象征意义,使“鼎”字具有贵重、首要、郑重等引申义。如言“鼎命”则义同帝王之位,“鼎业”喻帝王之业,“鼎祚”、“鼎运”犹言国运,“鼎席”如同首席,常喻宰相之位,“鼎元”义同状元,“鼎贶”义即郑重赐物。由于鼎一般巨大而庄重,“鼎”字又可引申为大、重。如“鼎姓”、“鼎族”义同大姓、巨室,喻其显贵之极。“鼎盛”义同大盛,喻年壮,“鼎力”义同大力、重力。又由于鼎的特殊重要性,一旦铸就安置,就不得轻易移动,故取得政权、定都、建立王朝,又称“定鼎”(如《左传·宣公三年》云“成王定鼎于郏鄏”)。由此引申,“鼎”又有定义,如《方言》九云:“所以刺船谓之篙,维之谓之鼎。”郭璞注:“系船为维。”钱绎笺疏:“鼎之言定也。今吴俗谓船行止所在,谓之鼎。”

由于鼎具有特殊的意义,历代以来一贯受到高度重视,“鼎”字除有上述诸种引申义外,还被用作帝王年号和地名,前者有汉武帝之元鼎，吴归命侯（孙皓）之宝鼎，后凉吕隆之神鼎；后者如鼎州、鼎湖山、鼎江等。历史上，“鼎”还常被人取作名字。如明代，以鼎为名者即颇不少，《明史》有传者便有陈鼎、杨鼎、顾鼎臣、王鼎爵、傅鼎铨、孙鼎、熊鼎、王鼎等人。文字学家中，宋有徐铉字鼎臣，今有郭沫若字鼎堂。

时至今日，作为实物之鼎在社会生活中早已失去其显赫地位，但作为汉语中的一个词，作为现代汉字体系中的一个字，“鼎”依然存在，并在一定范围——主要是书面语里使用着，少它不得，碰到这个古怪别扭而毫不象形的“象形字”，还得一笔一画地去写它，连笔顺也得小心以免写错。这也是文化遗产的一部分，你不接受也得接受，至少在目前——方块汉字是我国惟一的法定汉字——阶段必须如此。是以草此短文略说其形义之所由来，不知读者诸君，以为然否？

举鼎——说“具”

具，是现在的常用字之一，作为词素，组词能力也相当强，如具体、具备、工具、器具、食具、玩具、农具、文具、家具及具结、具保、具文、才具、具有、具眼、具瞻等等，还可用作俱（如具知、具告、具出、具行）；或用作器物的计数词，称若干具；又是姓氏，使用范围很广。可是若问这个“具”到底是什么意思，为什么要写成上面一目中间一横下边一撇一点的形状，这道理便不易讲清了。虽然至今仍有一些学者在强调现在使用的汉字能“见形知义”，如果拿了这具体的“具”字请他们去“见”、“知”一番，恐怕也会感到有些棘手的。

对于楷书的具，是有人作过一番解释的，那便是《正字通》的作者，明朝末年的张自烈。他说：“具，具者，言物数可目见，故从目，物具可将持以充用，故从廾，会事物兼备意，凡备具者皆曰具。从贝，非。”望文生义的本领倒是不小，可惜既不能自圆其说，更难以服人，目者眼睛也，所见者可谓多矣，为何只见“物数”，而“廾”将持的却是“物具”，又与目无关了呢？如果说是会意，从目从廾，只能是双手掩目（或云蔽目）之意，实与“事物兼备”之意无涉，无论如何也“会”不出来的。《正字通》这部书，穿凿附会，乱“通”一气的地方甚多，在作者似乎都“通”了，在读者却依然“通”不了，无法“通”，这“具”字可谓一例。

《正字通》说“从贝，非”，可见在明代“具”字也可写作“𧴪”，不过“非”，在被“正”之列罢了。证以小篆，“具”字也作

似乎“非”得有理。但是翻开《说文》,一看说解,问题就来了:“具,共置也。从廾,从贝省。古以贝为货。”可见“具”是个“省形”字,本当从贝作“[illegible]”。双手捧贝,也就是捧着财货,便算“具”,这是许慎的见解。“从贝省”三字把《正字通》里大段议论一笔勾销了。

验以铜器铭文,知许氏“从贝省”之说完全正确。金文“具”字大部分正作从贝从廾之形,例如:

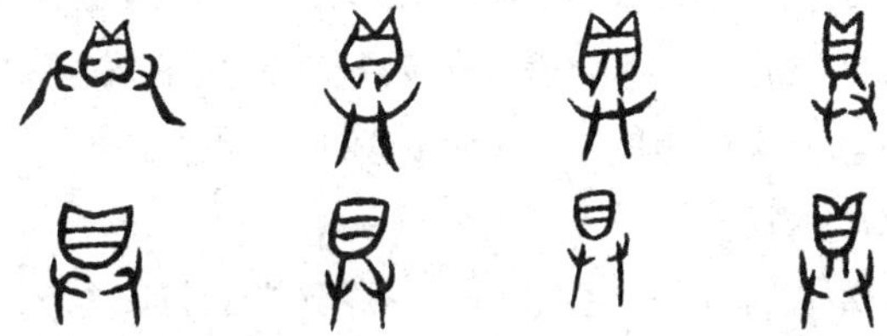

分别见于卣、鼎、簠、钟、镈等器物。最后一字见于宗周钟,称“南尸(夷)东尸具见廿又六邦”,用为俱,为后世所本。有个别的“具”作[illegible],为小篆“从贝省”之所本。

但是,从贝便是“具”的本来面目么?作为货物象征的“贝”,不论质地如何,体积既小,也重不到哪里去,何必要双手捧住或高高举起呢?双手捧(举)贝,若是会意,也只能显示出富有或交付、呈献等义,与以又持贝之㝵(得)比较相近,何以能“会”出“供置”之义呢?莫非造字的先民也是拜金主义者,财迷心窍,见钱眼开者,故而认为双手捧贝才可能概括某类事物的具,进而概括一切“具”么?虽说“古已有之”是近代以来的一个法宝,但也委实不能无疑。令人欣慰的是,金文的“具”除了从贝及从贝省两种外，还有一种类型在：

分别见于簋、盘、盨、鼎诸器。从这些“具”字看，双手所捧或举起的，分明是一只鼎，根本不是轻便易取的贝！

无独有偶，金文双手举鼎式的“具”，还可追溯到甲骨文：

分别见于《前》8·6·4 和《甲》3365。这两个字原来不认识，经与金文比较之后才得确认。《甲骨文编》1965 年修订本改释为“具”是正确的。

如此看来，“具”字所从之“目”乃由“贝”简省所致，而“贝”又是鼎形讹变所致。是“具”本从鼎，与“目”无关也。

看了金文及甲骨文中这些从鼎的“具”，很自然地使人想起举鼎的大力士。鼎，在商周时代是宗庙重器，是祭祀先祖的彝器之一。但也有大小之分，轻重之别。若是通高不过一二十厘米的轻便小鼎，则妇孺皆可举之，未足为奇。若是将五六百斤乃至千斤以上之大鼎高高举起，那就非一般人所能为，就值得作为大力士之象征而大书一笔了。史书中这类记述屡见。如《史记·项羽本纪》说项羽“长八尺余，力能扛鼎，才气过人”（扛鼎也就是举鼎）；同书《秦本纪》说秦武王“有力好戏”，有一次“与孟说举鼎，绝膑”——为了比力气，膝盖骨也弄断了，武王因此而死去，孟说全家也因此而被杀。举鼎而举出如此严重的结果，也足惊心动魄。故此类举鼎者又有一美称，曰鼎士。那么，作为会意字的“具”，双手所举之鼎是小鼎还是大鼎？是一般的举鼎以供于案俎，还是显示力气式的鼎士的举鼎呢？以常理推之，两种类型的“举”似乎都应包括在内。至于以何者为主，就牵涉到当时的祭祀饮食制度，是须另加研究的题目了。

总之，“具”本为双手举鼎之形，与祭祀、饮食有关，而与货币财富无涉。原是指祭祀、饮食的食品具备，引申之可指食具，又指一般的器具。《仪礼·士相见礼》：“以食具告。”《内则》：“则佐长者视具。”《祭统》：“官备则具备。”均可为佐证。“具”的其他意义又均由此食具、器具义引申而来。

附记：

“具”由从鼎讹为从贝，又简省为从目，由图像式的会意逐渐虚化，并进一步符号化，由双手举鼎所示的馔食具一直演变而为“目”在“六”上毫无道理可言的“具”。字形与字义遂彻底脱离，也非独“具”字为然。与此类似的字还有贞、则、员，它们本来都是与鼎密切相关的，分别作：

(贞)　　(则)　　(员)

之形。贞，卜辞均借鼎为之，金文之鼑则多用为鼎。则，原是从刀从鼎会意，朱骏声说：“刀者刻画鼎文也，故则有刻画意。”可谓得之。员，是圆的本字，因鼎口以圆形为多见，故于鼎口加一小圆圈以示鼎口之圆，为指事字。因古文字鼎、贝形近，这三个字所从之鼎，后均讹变为贝，统统变成既不象形，又不会意，更无声可言的贞、则、员，字形与字义也彻底脱离，毫无道理可言了。“贞”字在战国楚竹简中亦曾省作，与“具”之省贝为目相仿。不过，大概因下面少了两只脚，不够匀称，被淘汰了，没有进入现代汉字的体系。而“具”省贝为目之所以能积非成是，其结构较为合理匀称，当是重要原因之一。

玩弄解

玩与弄,是一对可以互训的同义字(词),其所玩所弄的对象原都是温润有光、晶莹可爱的玉。其区别只在一个是形声字,一个是会意字罢了,且看《说文》的解释:

> 玩,弄也。从玉,元声。貦玩或从贝。
>
> 弄,玩也。从廾持玉。(此为大徐本。小徐本无“持”字,段注从之。)

首先要加解释的是,篆书玉与王都是三横一竖,差别只在前者第二横居中,上下等距离,后者第一、二横相距较近。楷书“王”字三横亦均匀分布,为相区别,乃于二、三横间之右侧加一小点作为玉石的“玉”字。但在合体字中,作为形旁的玉大都无此一点,与“王”无异,分析字形时需加辨别。明乎此,便知玩即弄,弄即弄玉,双手捧玉玩赏之谓也。玩字又可从贝,说明古人心目中玉与贝实具同等地位,都是值得把玩鉴赏之物。玉、贝,供置室内,是可贵的财富,是“宝”(详《说宝》);拿在手里,反复摩挲,欣赏其形制色泽,便是“玩”,或曰“弄”了。玩、弄二字相比较,篆书的“弄”形义联系较为密切,似稍胜于“玩”。写到这里,不禁蓦然想起《红楼梦》里贾宝玉出世时口中所衔那块通灵宝玉,想起薛宝钗梨香院观玉的情景。该书第八回(《比通灵金莺微露意,探宝钗黛玉半含酸》)的上半回写道:贾宝玉至梨香院探望薛宝钗,宝钗要瞧瞧他项上挂着的那块通灵宝玉。宝玉从项上摘了下来,递在宝钗手内。“宝钗托于掌上,只见大如雀卵,灿若明霞,莹润如酥,五色花纹缠护。”“宝钗看毕,又从新翻过正面来细看，口内念道……”曹公这段文字，无异一幅少女弄玉图，正可做“弄”的注脚，比“玩也”二字要生动具体得多了。

少女喜弄玉，可能自古已然。相传春秋时秦穆公有女儿名弄玉，因萧史善吹箫，作凤鸣，穆公便把弄玉嫁给他，并为他们筑了凤台居住。一天晚上吹箫引凤，弄玉随萧史竟“升天仙去”。这则传说从另一侧面说明，在古代，弄玉与吹箫一样，都是十分高雅的文化生活，足令人心旷神怡，飘然若仙。

当然，玩弄玉者并非限于少女，人们托于掌上玩弄之物也不限于玉。在商周时代，真正有玉可弄或有资格弄玉者大抵帝王将相、公卿大夫以及嫔妃姬妾、公主千金之辈。从考古发掘资料可知，商周两代，玉器种类繁多，形制精美。除璧、瑗、环、琮、圭、璋等外，还有很多鸟形、兽形、鱼形的玉饰以及玉龟、玉蟾蜍等等。仅殷墟妇好墓出土的各类玉器即达755件之多。这些，无疑是统治者们平日玩弄的心爱之物。古代民间一般不敢藏美玉，百姓得美玉而怀之不献，难免获罪乃至招来杀身之祸。是以人间美玉大都集中于统治者手中，生前玩弄之，死后随葬，希冀在阴间亦得玩弄之。

遗憾的是，商周古文字资料里尚未发现“玩”字：甲骨文的是否即弄玉的“弄”字还有疑问（《甲骨文编》、《甲骨文字典》释为弄），真正可靠的“弄”字，最早见于金文，至今凡五见：

分别铸于壶、钟、鉴、尊及卣上，最后一例所从之玉作四横，两手相合，稍异。从铭文看，称“𪊨（吾）以为弄壶”、“智君子之弄鉴”、“弄鸟尊”、“弄卣”等。“弄”的对象也早已扩展而及青铜器诸如壶、鉴、尊、卣之类玩物了。

二千余年来“玩弄”二字的形体结构变化不大,仅是“弄”所从的双手楷化为“廾”而已。但是,玩弄的对象却不断的扩大,由玉而及他物,由物品而及人事,由实而虚。与此相应,其字(词)义也逐渐由褒而贬,亦褒亦贬,二者并存。下面再分别说之。

先说玩。典籍中未见直接称“玩玉”之类的文例,伪《古文尚书·旅獒》有“玩人丧德,玩物丧志”的议论,可见很早(至迟在汉魏)便有玩人(以人为戏弄)与玩物(以器物为戏弄)之分。《国语·楚语》说:“若夫白珩,先王之玩也”,所“玩”者是白珩——玉的一种;同书《齐语》说“皮币玩好,使民鬻之四方,以监(鉴)其上下之所好”(好亦指嗜好〔hào〕之物),所“玩”者还是指具体的物品。《列子·黄帝》“吾与若玩其文也久矣”,《楚辞·哀时命》“谁可与玩此遗芳”中,所“玩”的对象便高雅而抽象。但都属褒义。《国语·吴语》记申胥劝说吴王夫差不要答应越王勾践求和,有这样一段话:“不可许也。夫越非实忠心好吴也,又非慑畏吾兵甲之彊(强)也,大夫种勇而善谋,将还玩吴国于股掌之上,以得其志。”所言,“玩吴国”,谓以吴国为玩物,范围之广,绝非一般玩物与玩人之所可比拟。而《淮南子·精神训》所谓“玩天地于掌握之中”,以天地为玩物,更是无与伦比了。但这样的“玩”以及玩味、玩索、玩咏之“玩”尚无贬义。至于典籍屡见的玩兵、玩法、玩权、玩世、玩偶、玩愒(kài)、玩火、玩巧,诸“玩”便皆含贬义了。现代所谓玩具——儿童手中的各种玩物(从小块积木到飞机轮船)以及玩耍、游玩,则皆属中性词语。

次说弄。就物言之,弄的范围比玩更广泛,除上文所言弄玉和青铜器外,《诗·斯干》还有“载弄之瓦”、“载弄之璋”之句

(载,语辞,义近“于是”。诗句大意:让他弄瓦,让他弄璋),以弄瓦、弄璋喻生女、生男。余外,还有弄琴、弄印、弄花、弄蛇、弄笔(翰)、弄潮、弄涛等。其中值得一提的是“弄印”。据《汉书·周昌传》云,汉高祖刘邦将原御史大夫周昌改任赵王如意之相(官名,犹如朝廷的丞相)后,“持御史大夫印弄之,曰:‘谁可以为御史大夫者?’孰视(赵)尧曰:‘无以易尧。’遂拜尧为御史大夫。”由于刘邦将此印在手中玩弄了一番,后世遂有“弄印”一语,并专喻对御史大夫的任命。带有贬义的“弄”,所弄的对象与玩相仿佛,如称弄兵、弄权、弄法、弄喧、弄口。此外,尚有愚弄、作弄、戏弄、弄巧成拙、弄假成真等等,都是说“弄”者本人品德不好或做事动机不纯的。至于“弄臣”、“弄儿”之类的“弄”则又属被弄者,与宠同意;“弄堂”、“里弄”、“梅花三弄”一类的弄却是假借用法,与弄玉本义不相干了。

同义互训的玩、弄二字结合为并列结构的双音词“玩弄”,本为反覆欣赏或琢磨之意,乃“弄玉”之义之引申。汉代著名学者刘向精通古文经《春秋左传》,王充《论衡·案书篇》说:“刘子政(向)玩弄左氏,童仆妻子皆呻吟之。”此“玩弄”显系褒词 。孟郊《立德新居诗》云:“畏彼梨栗儿,空资玩弄骄。”此“玩弄”犹有把玩、欣赏之意,词近中性。而《列女传》所谓“古者诸侯之有女子也,所以苞苴玩弄,系援于大国”(苞苴,指馈赠之礼物),视女子为玩弄之物,已寓贬义。在现代汉语里,“玩弄”一语更属坏字眼,几乎是有贬无褒。特别是用之于人事关系、社会生活,说到玩弄二字,总含有不正经、不老实,乃至欺骗奸诈之意,如玩弄女(男)性、玩弄手法(手段)、玩弄词藻(术语)、玩弄笔墨、玩弄权术、玩弄法律等等。谁被人指责为“玩弄某某”,至少是态度或作风有问题了,所以,应慎重使用这个词,不能随便加在他人头上。

青竹奇功——册、典

我爱竹，爱画面上的竹，爱生活里的竹，还爱古代的竹。这倒不光是因为它清新秀丽，足以使环境幽雅；也不仅因为它坚韧耐用，可用作建筑材料，编制各种日常生活用具，使人类的生活丰富多采；更不是因为它可制作乐器（箫笛竽笙）、武器（弓箭），可使人娱乐或置人死地。我之所以爱竹，主要是因为它有一种奇特的功劳，它在我国文明史上立下了丰功伟绩。除了各种用途外，它又是书写的材料。由于有了它，古人“截竹为筒，破以为牒（dié，小而薄的木片、竹片）”（《论衡·量知》），制作竹简，才能记载历史，著书立说，我们中华民族才有“册”，有“典”。

我国古代用竹（木）简来书写典籍，已为大量的文献资料和出土实物所证明。而且，早在商周之际，除了甲骨文、金文之类刻或铸的文字外，必定同时有竹简之类手写体的文字存在。《书·多士》所谓“惟殷先人有册有典”，应当说是有根据的，可信的（说详拙文《战国以前竹简蠡测》，《中山大学学报》1980年第4期）。所谓竹简，说得通俗一点，就是写上字的竹片。从现在所见战国楚竹简观察，宽度都在零点六至一点一厘米之间，没有超过二厘米的；长度则因内容而异，有二十厘米以下的，也有长达六十八厘米的。每条简上的文字或疏或密，有多有少，少者仅写几个字，多者达七十多字。把一条一条的“简”编缀起来，就成了一页书的形状，叫做“册”；把册捧起来，供到桌子上，就是“典”了。从古文字里，我们还可以清楚地看出册、典两字的原形、本义。请先看甲骨文的写法：

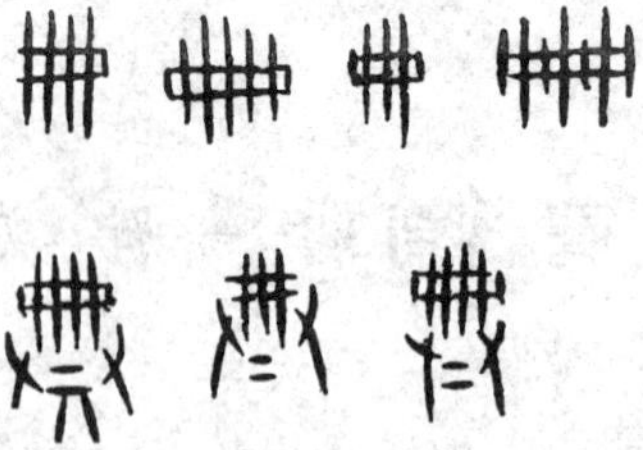

由于字形还不十分固定,一“册”之内竹简有多有少,数目不等,反正长短不一的几竖代表竹简就是,中间一圈就像两道编联的组绳。《说文》说,册“中有二编之形”,与此相合。解放以前在甘肃居延地区出土的永元兵器册,有七十七枚前后相续的(木)简,完整无缺,中间即用麻线编联,可以作为证明。解放后出土的楚简,从编组痕迹观察,除多数编二道外,也有编三道、四道的。至于典字中间的亓,就是丌,即几,有的只作两点,则是亓的省略。古代书籍异常珍贵,所以要隆重地供奉起来,视作“经典”,这是不难理解的。

金文册典二字的写法与甲骨文大同小异,也是简数不一,中编二道 。典字则直接作册在丌上的形状,一般略去双手。请看:

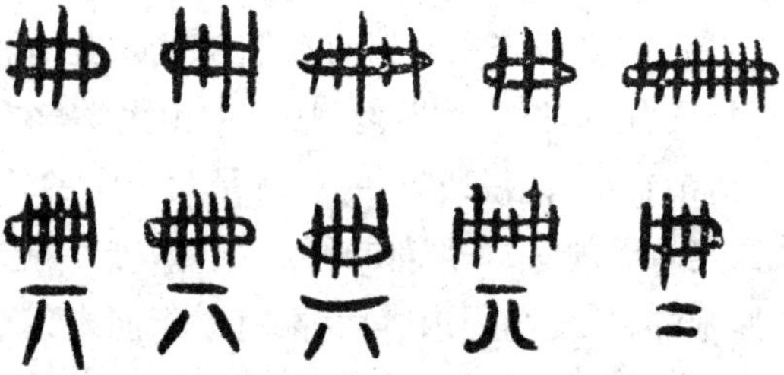

与甲骨文相比,确有异曲同工之妙。总之,甲骨文及古金文的册、典,都是当时将竹简编联后的形象。大概是为了强调典册的性质,表彰竹的功劳吧,《说文》中保存的战国古文还特地加上竹字头:䇲 䈀 为册、典来源于青竹添了佐证。

由于竹子有这种特殊功用——制简书史，编而为册，所以用它记载的历史就称青史。又由于竹简在使用前都要经过杀青（即将竹用火烘烤，使青皮油面的油焦化，然后刮去），以防朽蠹，故又称汗简，所记录的史实又名汗青。“人生自古谁无死，留取丹心照汗青”，文天祥的这一名句传颂数百年，脍炙人口，深入人心，早已成为一切正直忠贞的爱国志士的座右铭。

明白了竹子的特殊用途，明白了册、典的由来，罄竹难书、功垂竹帛（帛指白绢）之类的成语，竹书、竹刑、竹报、字典、词典、经典、典籍、法典一类的词语也就容易理解了。但自从小篆把这两个字𠕋、𠀘 规范化以后，经过二千余年的演变，成为今天的册、典，除少数人之外，大多数读者是很难从字形上看出它们和那些清新挺拔的绿竹的密切关系的。虽然典字上半部还有点像编简的形状，但下半部分却变成了六，和共、具、兴等字的下部一样了。

和简、册直接有关的是写字用的笔，它也离不开青青的细竹。古文字里的“聿”本是执笔写字的样子，后加上竹头特地标明其来源，就专指书写用的“筆”（笔）了。不过这已是另一个题目了。

“笔” 谈

笔在我国起源也很古。可以说,笔与册,是一对孪生兄弟,以竹写竹,在中国文明史上几乎是同时产生的。甲骨文有好多是先写后刻的,在一些甲骨实物上还留有书写的痕迹,有些墨书或朱书的字写好了没有契刻,至今还可以看到当时史官的手迹。在殷墟出土的一块陶片上,写着一寸见方的一个祀字,笔画肥壮。这些都可证明,至迟在商代,人们已经会造笔,善于用毛笔书史记事了。

商周之际笔的形制,因无实物出土,不能详知。但甲骨文字有大有小,大者逾寸,小者如豆,可见当时的笔也已大小具备。不过,甲骨文没有从竹的“筆”字,只有笔字的初形“聿”,如。从造字的本意而言,这是执笔写字的形象。便是古代毛笔的象征。细竹管的一头绑上些兽毛(羊毛、兔毛、狼毛、狐毛之类),即是最简单的笔了。从这字形看,古人握笔的姿势与今人简直相差无几。将笔的形状再简化,省去笔端的毛,剩下最简单的一竖,如,就是尹字了。

聿和尹都是会意字,只是侧重点稍有不同,聿强调的是执笔写字,尹强调的仅是执笔这件事,以喻治事。不少尹字手与笔结合得不很紧,离开一点也可以,反正象征性地抓一支笔就是了。文官离不开簿书、案牍,离不开笔,所以用执笔的形状来象征治事的“尹”这种官职。我们知道,在文化不发达,教育为少数人垄断的古代,知书识字且能执笔为文,是很了不起的,有这种能力的人就算宝贝,可以做“尹”了。《说文》:“尹,治也。从又、丿，握事者也。”段玉裁说：“又为握，丿为事”，都是笼统地说解，却不知道“尹”手握的是笔不是“事”。

金文里聿、尹两字都有，写法与甲骨文差别不大。请看：

金文書（书）字大多从聿，者声（见《金文编》），是形声字，为小篆所本。

除尹字后世仍多用为官名和姓氏外，十分扫兴，无论甲骨铜器，还是文献典籍里所见到的聿字，极少用其“执笔写字”或“写字用的笔”这种含义的。扬雄《太玄·饰》提到“舌聿之利”（舌指讲话，聿指用笔写文章），可说是罕见的例子。大都用作语气词，偶而也用作地名（卜辞）。聿被久假不归，本义逐渐湮没，不得不在它上面再加竹头，成为篆书，以便同假借为语气词的聿相区别。现在所见文献资料中的诸多筆（笔）字，究其初，应该都是聿字。在这点上，要感谢《说文》，它保存了对聿筆（笔）二字的正确解释：“聿，所以书也。楚谓之聿，吴谓之不律，燕谓之弗。”“笔，秦谓之笔。从聿，从竹。”可见笔是后起字，秦以后才见使用。朱骏声《说文通训定声》说“聿，秦以后皆作筆”，是合乎事实的。

总之，写字之笔与执笔写字都叫笔，它既是名词，又是动词。常见的词如执笔、落笔、下笔、援笔、弄笔、舞笔等等，“笔”都是名词。《史记·孔子世家》说孔子著《春秋》时,“笔则笔,削则削,子夏之徒不能赞一辞”(意为:该增补的就增补,该删改的就删改,子夏等学生连一句话也插不上),笔就用作动词。写文章要用笔,引申开来,所写的文章也可称笔。六朝时代普遍认为“无韵者笔也,有韵者文也”(不押韵的“散文”叫“笔”,押韵的“诗赋”叫“文”。见《文心雕龙·总术》)。现在文人们还用“文笔”来比喻一个人做文章的文字功夫和风格。不仅如此,凡与写文章或写字有关的,凡用得着笔的事物,都可冠以笔,“笔”就成了修饰语了。例如:笔意、笔录、笔算、笔试、笔耕、笔记、笔战、笔伐、笔迹、笔法、笔势、笔锋、笔力、笔会、笔谈等等,笔与人们生活的密切关系,笔在社会活动中起的作用,这些词也足可说明了。

现在,笔的种类、质地已发生了很大的变化,竹制的毛笔已不再占统治地位,在很大范围内已让位给钢笔、铅笔、圆珠笔,此外还有蜡笔、粉笔、铁笔等等,既非竹制,又无兽毛。但笔的特性并没有改变。凡是笔,总是直的,所以笔又有“直”的概念,称笔直、笔立,用来比喻像笔一样的直。

目前使用的笔字是简化字,从竹从毛会意,比秦汉以来的“筆”减少了两画,从字形上看不出执笔写字的意思了,但仍告诉人们,中国传统的笔是毛笔,竹管和兽毫,二者缺一不可,可以说是数典不忘祖吧。简化后的笔字虽然笔画减得不多,但好认好记,便于称说,应该说是简化得比较好的。

删　　削

从古至今，删削两个字都从刀（刂）。这是因为，在古代删削本身是离不开刀的。我们现在做文章用笔，修改文章也用笔。但古人却没有这样便当。他们要把竹简上写错的字改正过来，把多余的字去掉，都要费很大的劲才行。用水擦是擦不干净的，因为墨色浸入竹内，便很难擦掉。竹简又那么狭窄，容不得任意添注涂改。唯一的办法就是用刀子把它们刮去，然后重写。这就叫删削。

删字是颇为有趣的会意字，字形本身就包含着丰富的内容。小篆的形状如[illegible]。册的旁边一把刀（册便是书），意思是用刀在已经写有字的竹简上刮。当然，光从字形看，似乎也可理解为用刀在竹简上契刻。但出土实物业已证明古代简册是用毛笔蘸着墨写上去的，将册和刀结合在一起“会意”，决不是刻字，而只能是用刀在竹简上刮削。这与从鼎从刀的𠟭（则）字寓意正好相反。“则”是用刀在鼎上契刻，立下法则；“删”是用刀在竹简上刮去错误或多余的字。《说文》：“删，剟也。从刀、册。册，书也。”把它解释为会意字，是正确的。有人把删与珊、姗、姗、栅等量齐观，也看作“从册得声”的形声字，反而错了。

金文未见删字。甲骨文[illegible]，结构与小篆同。可惜只出现过一次，而且文句也不很完整：“甲戌卜，余删于口”（《殷虚文字乙编》第 6298 片），由于末字不清晰，删字是否用其本义，也不能确知。不过，无论如何，甲骨文有删字，证明在竹简上删削一事同样可以追溯到殷商无疑。

如此说来，古人制作简册，书史记事，传递命令，除了笔外，手头还得备有刀才行。必须刀笔俱备，缺一不可。不仅要精通写字作文的“笔法”，而且要熟习删削简牍的“刀法”。从某种意义上说，是写字容易削字难，这与现在一些报刊编缉同志的大笔一挥即可删去大段文字相比，确有天渊之别。由于常常刀笔并用，日长月久，“刀笔”便成了书写工具的泛称、公牍文章的别名，以及以使用刀笔为业者的职称。后者又称刀笔吏，专指办理文书案牍的小吏，如《战国策·秦策》“臣少为秦刀笔”，《史记·萧相国世家》“萧相国何于秦时为刀笔吏，碌碌未有奇迹”，都以“刀笔”、“刀笔吏”说明其地位的低微。

在古代，著书立说，写也难，改也难，故都谨慎行事。写作力求准确、精炼，言简意赅。大概是删改要用刀，比较麻烦的缘故，可改可不改的就不改，可削可不削的就不削了，所以留下了许多同音假借字、通假字，甚至有一些错别字也一直保留到现在。

用来删改文字的刀一般是长刃有柄的小刀，叫做书刀，又称“削”。《考工记·筑氏》说“筑氏为削，长尺，博寸”（博：宽）。它的用处在于修削简牍上的文字，所以后来把用削刀来修削叫做“削”，和“删”同义，结合而为“删削”一词。从字形上说，它是形声字，从刀，肖声。《说文》说为“鞞也”是把它看作剑鞘、刀鞘的鞘字；又说“一曰析也”，则是指削的功用。段玉裁说：“木部曰：析，破木也。析从斤，削从刀，皆训破木，凡侵削、削弱皆其引申之义也。”其实，究其初，书刀是削的本义，修削是其引申，侵削、剥削、削弱等是再引申。但不管怎样，用于典册的削，是“笔”的反义词，“删”的同义词。《史记·孔子世家》说孔子著《春秋》，“笔则笔，削则削”；韩愈《读荀子》说“孔子删《诗》、《书》，笔削《春秋》，合于道者著之，离于道者黜去之”，都是很好的证明。

古人删削竹简，近年还得到实物的证明。新中国成立以来，在河南、湖南、湖北出土了大批战国楚竹简，其中不少竹简上就留有删削过的痕迹。像河南信阳长台关出土的两组竹简，一组是篇文章，虽属断简残篇，但内容庄重，书写谨严，几乎看不到删削的痕迹；另一组是"遣策"，即记载随葬品名称、数量的清册，一些简上的刀削痕迹就很明显：有的削去三四字，有的削去整整下半简，有的在中间削去个把字（多为器物名），有些残笔还隐约可辨。这种情况与《国语·鲁语》所记鲁国太史里革删改文书，驱逐莒太子仆一事可相印证。

用书刀删削竹简，直至西汉仍然如此。《汉书·薛宣朱博传》记汉成帝时琅邪太守朱博命令收受贿赂的功曹（相当于郡守的总务长）坦白交代，"与笔札使自记"，"功曹惶怖，具自疏奸臧，大小不敢隐"。朱博见他确有悔改之意，就"投刀使削所记"——掷下书刀，让他自己把刚才记录下来的罪状削掉，然后"遣出就职"，那个功曹后来常战战栗栗不敢胡来了。可以想象，功曹的笔札"自记"和以刀"削所记"的心情不一样，用的工夫也不一样，因为要把"札"上的文字削得干干净净，究竟不是容易的事儿。

删削二字的字形、字义几千年来变化不大，特别是结构，从篆书到楷书，都是一样的。自从纸发明以后，书写便捷，书刀用不着，刀与笔也就分家了。但删削二字仍然各自带着一把刀，凡修改文章，依然叫删、削，或合称删削。此外，还有删改、删裁、删次、删修、删述、删正、删省、删订、删汰、削正等等说法。除了文章称削外，举凡使某事物有所减少或降低者也都可称削，如上文提及者外，刮削、削地、削籍、削价等等都是。如此逐渐由具体而抽象，"削"就与当年的典册毫不相干了。

爨　说

三十笔一个爨字，要挤在一个小方格里，实非易事。某年高考评卷期间，常见一些考生字迹潦草，东歪西斜，极难辨认，有的虽然笔画清楚，但字体拙劣，面目可憎，深感汉字之难学难写。议论间，我忽然想到了爨字，于是请旁边两位评卷教师写写试试看，一笔一画地把它写在一个小方格里。一位是年过半百的讲师，一位是大学毕业不久的助教，他们小心翼翼地把它写完后，都是直说难，难，难！有人说，汉字很容易学，甚至比拼音文字还容易。我不知他们所谓的“容易”是否也包含了写这一点，是否也认为写这个爨字比写 cuàn 更容易。说来惭愧，我虽然学了几十年的汉字，现在又从事古文字研究工作，但我确有点怕写这个字，一则太繁难，二则也不易写好。这类怕写的字还有不少，所以，倘要在爨与 cuàn 二者间作出抉择，我是宁要后者而不喜前者的，虽然后者不能“见形知义”。

诚然，从文字演变的角度看，从字形结构分析，爨字也不无可爱之处。这个字不见于甲骨文、金文，现存的各类战国文字材料中也未见。最早只见于小篆爨，可以说是一幅生火煮食图。同代表甑，泛指锅镬一类炊具，𦥑代表将甑放在灶上的双手。中间的冂是灶口的象形。下半部则是进柴烧火的缩影：双手把一根根柴火推进灶内，一把“火”在下面熊熊燃烧着。这种情景在广大农村、山区是司空见惯，不足为奇的，它是人们日常生活中不可缺少的一个组成部分。笔者幼时即常干这种烧火的活。遇到炒菜，大人会掌锅铲，谓之上手，我则在灶下烧火，谓之下手。

干过这类活的读者，对这个爨字大概都会有些感性认识，因而较易理解它的含义的。

在古书里，爨的本义偶有所见。如《孟子·滕文公上》："许子以釜甑爨，以铁耕乎？"爨就是烧火煮饭的意思。分爨、各爨，就是各自煮饭，意味着分家。与此相联系，凡与烧火煮饭即炊事有关者，都可以叫做爨。《礼记·檀弓上》："曾子之丧，浴于爨室。"爨室即炊室，也就是厨房。煮饭的大锅叫做爨镬，烧火用的拨火棍则称爨杖，主持爨事的婢女或主妇又叫爨婢、爨妇，如此等等，说明爨与日常生活有着密切的关系。

爨，又是姓氏、部族的名称。后汉有河南尹爨肃，三国时蜀有爨习，又有爨琛、爨颜，都是颇有名气的人物。古代云南一带又有爨族，分东爨和西爨，东爨便是黑爨，乌蛮；西爨又称白爨，白蛮。爨族盛行抢婚习俗，《东川府志》记载颇详。也许是爨人的举动富有戏剧性，所以宋代以来爨又是宋杂剧、金院本中某些简短表演的名称，演剧也可称爨、爨弄。相传宋徽宗见爨国人来朝，服装、头巾、鞋子都与众不同，面部也像化了装，觉得极为有趣，于是命令优伶仿效，成为一种游戏。这也许是爨弄之类的滥觞罢。

爨在现代不算常用字，在古代却经常要用到它，又是这样的繁难，其不便使用，可以想见。这个字恐怕在战国时代就已有简体存在，《说文》所载"籀文"，干脆省去了上半部分。《汗简》所载爨与籀文相似，连下面的"火"也简化掉了。但这个字体似乎不通行，后世不见使用。东晋时的爨宝子碑，南朝宋的爨龙颜碑，都是清代学者在云南发现的，世称二爨，是研究书法的重要材料。但两碑中的爨字都把下面的双手"大"省去了，火也成了四点，可见当时的书法家也觉得此字难写。其后出现的行书、草书，也都把"大"省去，几乎没有一个是按原来结构写的。旧时戏班子里艺人文化水平大都不高，要写爨字也是难事，所以有时就干脆写成了音近字“串”，于是有串戏、客串等说法。这些情况说明，爨字在历史上也不大受欢迎，而把它简化却是大势所趋，人心所向。

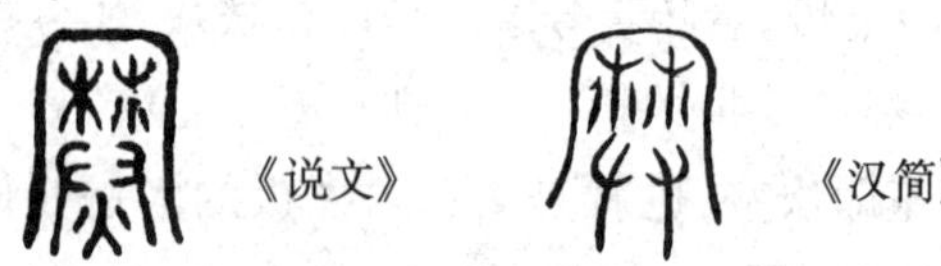
《说文》　《汉简》

现在这个爨字，如不加解释，谁能猜出它的本义？社会进展到 20 世纪 80 年代，城镇居民已大都不烧柴而改烧煤或煤气了，过去常见的灶已日见其少。广大农村也大有易柴为煤或煤气、沼气的趋势。过不了多久，爨字的“现实基础”就会消失干净，除了极少数人外，人们是很难理解它的本义，也无从欣赏它的图画式结构的了。剩下的便是繁难的笔画，难对付的结构。怎么办呢？我们难道还要死死保住它，还要让子孙后代仍然费劲地去认它、记它，吃力地写它吗？依我之见，实在大可不必了！

樽中酒不空——说福和富

幸福、福气的福字与丰富、富裕的富字，是可以互训的同义字。《释名·释言语》说“福，富也”，《礼记·郊特牲》说“富也者福也”，段玉裁说“富与福音义皆同”，都是有根据的。这两个同义字结构也有相似之外：都从畐，一个在示旁，一个置宀下。《说文》把它们看作形声字：“福，备也（小徐本，大徐本作“佑也”）。从示，畐声”；“富备也。从宀、畐声”。历来各注家都无异辞。其实，这是大大的误解。从古文字考察，福与富并不是形声字，而是会意字。

如看小篆，福作福，富作富，与现在的写法相差无几，当然很难了解它们究竟“会”什么意。但若追溯一下甲骨文和金文，问题便迎刃而解了。

我们不妨先谈谈福字。甲骨文福字常见，左右偏旁可以互易，异体较多，请看：

亍或丅示即示，代表祖先的神主；示旁的酉酉酉等形，则是酒坛子的形象，口、颈、腹俱备，也就是酉字——酒的本字（用为干支的酉，属假借）。作为盛酒的器物，古代叫尊（樽）。整个字的意思是将一坛酒供在神主之前。有些字尊下还有双手捧着，表示恭敬虔诚。可见，所谓福，是双手捧着酒樽敬献于示前，祈求祖先保佑，其本义当是祝福、祷祝。祭祀总是有酒有肉，由祝福引申，祭祀的酒肉也叫福（或叫胙）。古时祭后分送其酒肉就叫致福，或归福。所以，认真讲起来，所谓"有福有福"原指有口福，有酒有肉而已。不过，福在卜辞中多用为祭名。

金文福字除何尊外，大都省去双手，示旁的酒樽形有的与甲骨文相同，有的则将腹部的两小横交叉起来，于是变成了田形：

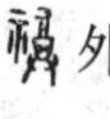

寓意也都是置酒樽于神主之前。个别字又从宀，加玉如：，分别见于钟和鼎。与甲骨文不同的是，金文福字已由祭祀的福引申为福佑、降福。前者为名词，后者为动词，如曾伯簠"天赐之福"，克盨"降克多福"（克为人名），员鼎"以降大福"，诸福即为名词，义同佑助。至如宗周钟"福余顺孙"（从郭沫若释），福即为动词，义为降福。

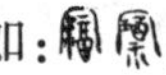

说是酒樽的形象，一般不会有异议。而且，金文独用的酒字也多不从水，如毛公鼎"毋敢湎（沉湎）于酒"，国差𦉜"用实旨酒"（用来装美酒），沇兒钟"饮酒"等等，酒字都没有三点，只作酉。至于，同样是酒樽的形象，乃是酉字讹变的结果。在其他从酉的字中也有这种情况，如彭尊与戊寅鼎的彭分别作

父乙觶、驭小卣与酨簋的酨分别作

障(尊)字所从的酉绝大多数腹部作一或二短横,但剌鼎、田农鼎、宪鼎却分别作

与福字所从相近。

富字的情况与福相似。甲骨文还没有发现这个字,金文作时代比较晚。战国古玺作等形,结构与金文同。从这些字看,屋子里面放着一坛酒,算是“富”,寓意与把玉和贝放在屋内算作“宝”(寶)颇有相似之处。在古人看来,似乎室内有酒,便是富的象征,故以宀下置酉(酒)会意。应该说,这是符合实际的。因为在人剥削人的社会里,普通人家能得温饱已是不错,哪有什么余力去做酒或买酒呢,只有富裕人家才可能美酒常备,随时饮用。从个人来说,连沽酒的钱都没有,要欠账去赊,潦倒如孔乙己,当然算不得富了。三国时好客的孔融常说:“座上客常满,樽中酒不空,吾无忧矣。”以他的地位、财富而言,“常满”、“不空”,当然是容易做到的,但对贫民寒儒来说,却只能是一种奢望了。

家居宴饮,要“樽中酒不空”,祭祀鬼神,更要如此,这样才算是富，是福。所以富和福同义通用，实在与“樽中酒”有莫大的关系。而这两个字所从的畐，实是由酉字讹变的结果：□→□→□→□继而将酒樽的口部演变为一横，颈部分离而为口，樽本身(腹及底)竟成了田地的田，于是乎酒坛子成了莫可名状的畐，同礻与宀搭配起来，也就面目全非，连文字学家们也难知其所以然了。

在长期的使用过程中，福与富的字义朝着不同的方向发展：福字向抽象的精神的方面延申；富字则主要向具体的物质的方面扩展。总的来说，福相当于“吉”，与祸相对，《老子》的名言“祸兮福所倚，福兮祸所伏”，将二者关系说得很明白，所以历来就有祸福相倚、因祸得福等说法。再由福祥、降福等义引申，举凡运气好、吉利的事物都可称“福”，如福将、福相、福星、福地等等，都是其例。至于富字，主要是指物质财富，与贫相对。语言中就有不少贫富并举的词语，如欺贫重富，贫富不均等。随着岁月的流逝，富的内涵也不断地变化、扩展，由有酒为富引申为东西多便叫富。富也指财产多。钱多意味着财产多，故凡有钱者都可叫做富。当然，也有抽象的“富”，以喻充足、充沛，如年富力强、丰富多彩等等，但毕竟是少数。各自引申再引申，本来“音义相同”的福与富，差异也越来越大，与酒坛子——樽中酒的关系也就越来越淡薄了。

漫说双轮“车(車)”

车，不论古今，都是极重要的交通运输工具，与整个社会生活有着极为密切的关系。现代的车，轮子有多有少，少者独轮，多者十轮乃至十轮以上，双轮车已不占统治地位。但在古代，车子种类虽多，却以双轮为主。这不仅已为大量考古材料所证明，而且在文字上也生动反映出车字本身原是一辆双轮车的写照。

楷书的车字(車)结构与隶书、小篆没有什么区别，双轮车的样子似乎不怎么明显。《说文》：“车，舆轮之总名也，夏后时奚仲所造。象形。”舆，是坐人的车厢，轮便是车轮。一辆车子，最重要的莫过于车厢和车轮，两者缺一，便不成其为车子。这好理解。“象形”便不太容易理解了。按照段玉裁《注》的说法，这个车(車)字应该横过来看，横了过来，就有点像车形了：中间的田代表车厢即舆，两边的一短竖，象征两个轮子，横贯车厢车轮的一长横便是车轴。这当是简化了的车子的形状，所谓象形，不过是象征性地稍稍有点“象”罢了。而且这个字形还有可能被误解为一个轮子，两个车辖(即将两短竖看作车轮外面的车辖)，误认为独轮车的形象。

小篆的车字也见于石鼓文、竹简、金文，是由商周古金文、甲骨文演变而来的。要讲象形，古金文车字就最像双轮车之形：

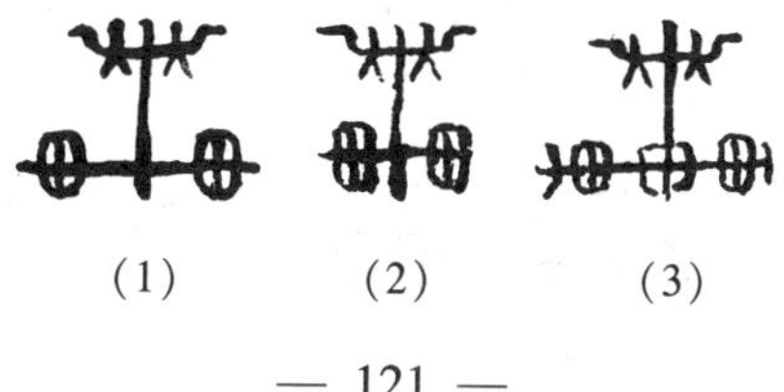

(1)　　(2)　　(3)

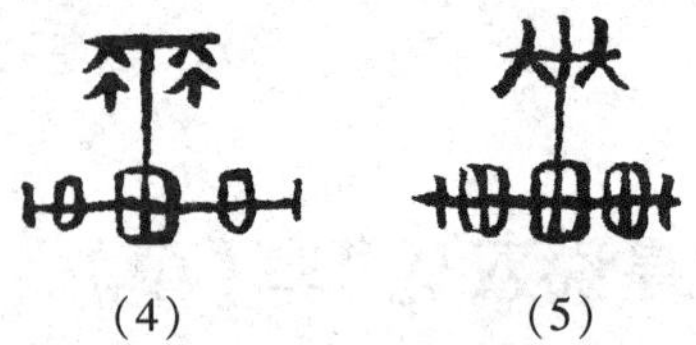

(4)　　　(5)

这些“车”分别铸于方彝、罍(léi 雷)、觚、鼎、簋上，除了中间的舆、两轮、一轴之外，还有车辀(zhōu 舟)、衡，以及衡两边的套住牛马脖子用的軛。这些都是平面图式的“车”。金文中另外一些“车”，则是侧面图式的，是竖直了的：

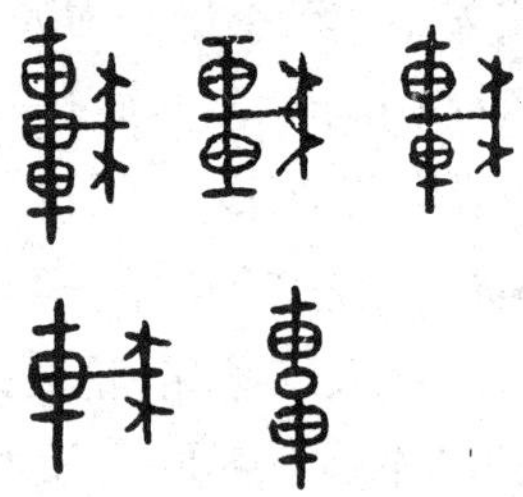

有的省去了舆，有的省去辀、衡、軛，但双轮一轴是每文都有的。第四文(见于𪏆伯簋)辀仍连接舆，两个轮子却缩简成了两小横。这些“车”之所以要竖直，是出于行款整齐，便于配置的需要。这些竖直的金文车字便是《说文》所载籀文“車”的雏形。

甲骨文车字也常见，结构与古金文相仿佛，例如：

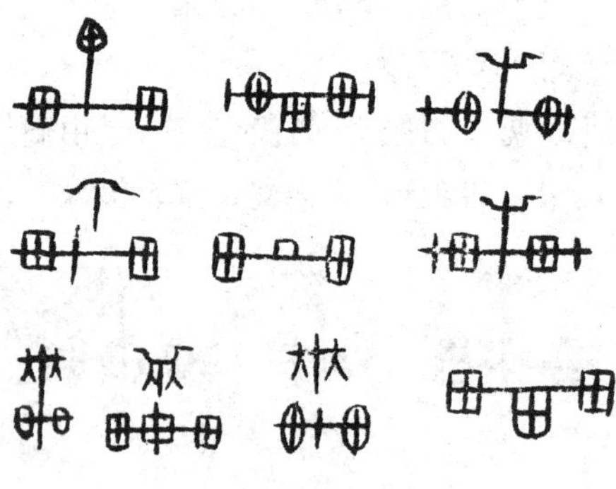

与金文不同的是，车厢即舆往往在轴的一侧，高出轮子之上，比金文更接近车形。又由于刀刻的关系，有些车轮不那么圆，甚至成了长方形或椭圆形了。但这并不妨碍其“象”车轮之形。整个字形足可引起人们对实际存在的各种车子的联想，不致使人误将其中的⊕看作田地之田或田猎之田。代表车辖的一短竖似可有可无；有的将车厢省去；但绝无省却一个车轮而成独轮车，也绝无多画一个或两个车轮而成三轮“车”或四轮“车”的。这也足可证明当时的车确是双轮车。古文字结构不稳定，笔画部件多有增损，但有些关键性的笔画部件是不能随意增损的，既不能多，也不能少。车字的双轮便是一例。

甲骨文车字横式居多，竖式极少。《甲骨文编》收“車”二十五文，只有两文是竖式的[illegible] [illegible]。第一文省去舆形，第二文省去辀及衡、轭形。不管怎样，轮子仍然是两个。

由于商周之际的车都是两轮，所以车一乘即称一两，若干乘即称若干两。据《书·牧誓》说，武王伐纣，“戎车三百两，虎贲三千(今本作三百)人”(兵车三百部，勇猛如虎的将士三千人)，与纣战于牧野。《孟子·尽心下》则说“革车三百两，虎贲三千人”，也是以两作为车的计量词 。当时一两兵车容十人，故可根据兵车的乘数推定其车战的实际兵力。为免与重量单位的斤两的两字相混，后又加车旁作辆，总称为车辆。

人类发明车，为的是便利，省力，省时。用车载物运输，免得肩挑背负，便是省力；以车代步，驱车而行，双轮快过双脚若干倍，则既省力又省时。当年孟尝君的食客冯驩之所以要高唱“长铗归来乎出无车”，发牢骚，鸣不平，确实是因为“无车”出门，诸多不便，费时费力。所以《墨子·节用中》说：“车为服重致远，乘之则安，引之则利，安以不伤人，利以速至，此车之利也。"古代尚且如此,现代更不必说了。坐车快过走路,连三岁小孩都懂得。可是,我们祖先在发明车子后创造出来的车字,依样画葫芦式的双轮"車",却是繁难到了极点,简直与绘画相差无几。车子的特点之一是快,车字写起来却十分慢!

怎么办呢? 好在我们的祖先并不认为"先王"传下来的文字十全十美,改动不得,而是相当开通的。似乎无须讨论、争鸣,改革便是! 把繁难的部分去掉,可以简化的尽量简化,这大概是古人搞"简化字"时的基本原则。体现在双轮"車"上,便是省去辀、衡、轭、辖等"附件",再将两个轮子高度简化,各用一小横来代表,于是便成了较为易写的車了。

现在通用的车字,是对"車"进一步简化的结果,总共才四笔,和最初那些繁复的双轮"车"相比,难易之间,不啻天壤之别。这个"车",来源于草书。东晋以来的书法家,如王献之、怀素、颜真卿、虞世南、苏轼、鲜于枢、祝枝山等 人所作草书独体的车字或作为偏旁的车,就有许多是写作:

可见,即使是"简化"的车,也至少有一千五百多年的历史了。用草书的车来代替繁难的双轮"車",并用以简化一切从车的字,使之书写便捷,如同将驯象的"爲"字简化成四笔的"为"一样,是符合文字演变规律的。当然,这样一来,两个轮子看不见了,但那又何妨! 自汉魏以来,车就不限于双轮,王献之等书法家写字的时候也并不牢记车与双轮的关系,他们只是拿“车”来代表各种轮子各种形制的车而已。作为一种符号，只要便于使用，得到公认，一致承认车读 chē，泛指一切靠轮子移动而远行的器物，就行了。本不必管它是独轮、双轮或三轮四轮的。

说 东 道 西

在口语和文学作品里，表示方向的“东”和“西”是关系极为密切的两个字，像一对亲兄弟。譬如说，“东奔西走”、“东邻西舍”、“东倒西歪”、“东张西望”、“东拼西凑”、“东拉西扯”、“东边日出西边雨”、“东风压倒西风”等等。有趣的是，“东”和“西”合在一起，统称“东西”，泛指物品，可说买“东西”，吃“东西”，却没人说买“南北”、吃“南北”。相传古代有个大臣祝皇帝长命百岁，皇帝答道：“百年亦何可得，止得东西一百，于事亦济。”这是把“东西”代表珍宝。而“真不是个东西！”“你算什么东西！”又用“东西”来骂人。

“东”、“西”两个字起源很早，也很形象，它们的本来意思却与方向并无关系。

先说“东”。许慎根据篆书東，说它是“从日在木中”。其实，这是误解。从甲骨文来看，东字大都像一个两端扎紧了的布袋的形状，有的还在中间捆上两道绳子，犹如现在打铺盖和包裹一样，例如：

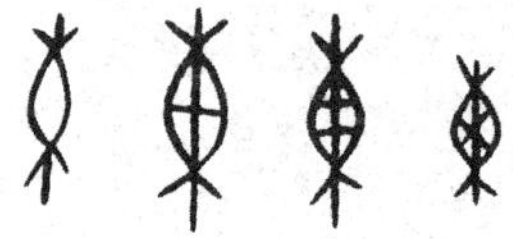

这种写法，金文里也有，第一个还更形象化，例如：

可见这字与太阳确无关系。篆书東实际上是東演变的结果。

再看“西”。这个字篆书写作西，许慎说它是鸟在巢上的象形。“日在西方而鸟栖，故因以为东西之西”。这是把西看作栖的本字。这也是误会。甲骨文西字也常见，写法多样，大致分为两种：

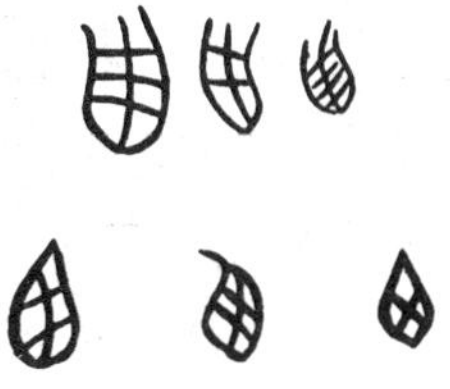

金文的西字就基本上只有后一种写法，例如：

不少人认为古文字中的这些西字是个鸟巢的形状，鸟入巢，见巢不见鸟，意味着日落西山了。又有些人认为这是人的头脑象形——与囟本是一个字。两种说法似乎都有些道理，但不论是鸟巢也罢，脑袋也罢，其与西方、西边没有必然关系则是可以肯定的。

东与西既然各不相关，何以后来竟用来表示方向，乃至合二而一，成为可以买卖吃喝的“东西”？这完全是同音假借的关系。没有表示方向的“东”和“西”，就借表示布袋和鸟巢（脑袋?）的同音字“东”和“西”来用一下。谁知一借就是几千年，除了少数人外，都不大清楚它们的底细了。至于表示物品的“东西”，那更是纯粹的记个音罢了，和它们的本来意义相距十万八千里了。正如马与虎合称“马虎”或“马马虎虎”，犹与豫合称“犹豫”一样，这些词都只能合起来解释，它们的意义是无法从各个字的本义中探求的。

乐(樂)从何来

乐,也是个多音多义字。音乐、乐曲、乐府、乐章、乐律、乐器、交响乐等“乐”读 yuè(月),皆与悦耳的声音有关;而快乐、欢乐、极乐、乐土、乐观之类的“乐”要读 lè(勒),主要是指人的一种愉快的心理状态。乐又是姓,读 yuè 。此外,乐还可读 yào,表示喜欢、喜爱之意,如“乐山乐水”,现代汉语中已不常用。由于乐在不同的语辞中音义往往不同,也不免使人为难。像词牌名“清平乐”中的乐究竟是读 lè 还是读 yuè,在读者中常引起争论,似乎两种读法都有道理。联系到词曲本是可唱的,不同的词牌实是不同的乐曲,则“清平乐”自当是一种曲调,其“乐”之读 yuè 胜于读 lè。若干年前,曾听老师讲过一则故事:某先生上课点名时发现名册上有个叫“乐乐乐”,心头一怔,不知该如何读法。他先读为 lè lè lè,无人答应;又改读 yuè yuè yuè,仍无人答应;再读为 yuè lè lè,还是无人答应。最后是学生自己站起来,说他的名字应读为 yuè yào lè。这个学生的名字,用汉语拼音记录,区分得很清楚,写成方块汉字,三个字却一模一样,难怪别人会念错了。

为什么“乐”,既是 yuè,又是 lè,还可读 yào 呢? 这就得追溯到“乐”字的本来面目和造字的初衷了。

现在的“乐”是简化字,它的繁体是“樂”,下面从木,上面从丝中间加一“白”。小篆作

《说文》的解释是这样的："五声八音总名，像鼓鞞（鼙）木，虡也。"五声，是宫、商、角、徵、羽；八音，是指丝、竹、金、石、匏、土、革、木。从意义上说，"乐"的本来意义是各种乐器和乐音的总名：——可以发音用以演奏的工具（乐器），和按旋律、合节奏而发出的音调（乐音）。此外，章节适度，宜于演唱之诗篇则为乐章。从字形上说，"樂"是个会意字。按《说文》及宋、清两代文字家学们的意见，"樂"中间的白是一个大鼓，旁边的幺是小鼓，大鼓小鼓都悬在木虡之上。这一说法，影响颇大，信之者甚多，现代学者中还有人据以立说的。但是，现在看来，《说文》对乐字所从的"丝"的分析判断，猜测的成分很大，与古文字材料不尽相符。

甲骨文的乐字中间并没有"白"，而仅作丝附木上之形：

一般认为，这是琴瑟之像。商代以前的琴瑟是何形制，因无考古实物，我们不能妄言，但木版与丝二者不可或缺则可断言。相传"舜作五弦之琴，以歌南风"（《礼记·乐记》），周代文王、武王各加一弦，乃成今之七弦琴。上古时代的琴瑟想必比较简单，甲骨文无琴瑟专字，而以上列诸形为代表琴瑟之类的乐器（以幺幺代表琴弦），又作为乐器、乐音的总名。

金文乐字屡见。乐鼎云"乐作旅鼎"，乐字写作

结构与甲骨文同。虘钟"用乐好宾"，乐字从水作

中间亦无白，其余各字皆增白，下部所从之木或讹变为火：

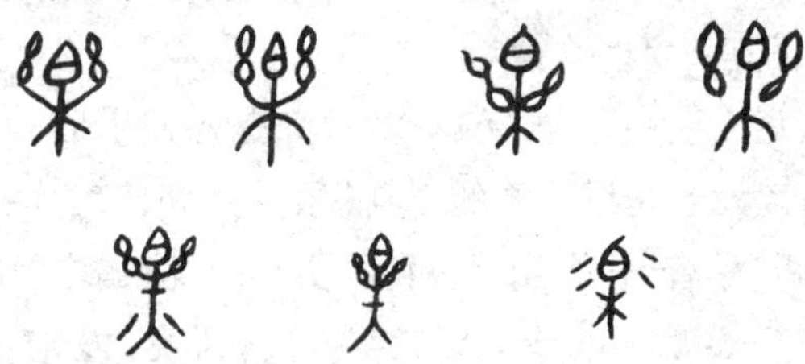

多见于钟，又数见于鼎、匜及壶。末字见于上乐鼎，所从之“丝”简省为左右各两点。

从甲骨文与金文的比较可知，乐字所从的“白”并非其必不可少部分，而是后来加上的。那么，“乐”中的“白”又起什么作用，指何事物？据郭沫若等学者的意见，Ө（白）本是拇指的象形，置于88中，代表以拇指拨弄琴瑟之弦也。也有人说，Ө像调弦之器。孰是孰非，尚无定论。笔者是倾向拇指说的，因为古文字“白”确像拇指之形，故有首、大诸义而用为伯。

《说文》对乐字结构的分析虽有不当，但其对字义的解释毕竟是正确的。“五声八音总名”，为乐之本义，自古及今一脉相承。乐是政治生活、宗教活动乃至人们日常生活中必不可少的，所以历来受到重视。历代都有专职官员管理“乐”政。《周礼·春官宗伯》有大司乐、乐师二职。前者“掌成钧（韵，调）之法，以治建国之学政，而合国之子弟焉”，以乐德、乐语、乐舞教国子，是总管朝廷音乐事宜的官员，须有道 有德者方能任此职。后者则管理具体的用乐事宜。《礼记》中有《乐记》，阐述“乐”之本原——美感、作用及与礼之密切关系，是我国古代关于音乐的理论著作。“乐”又是六艺和六经之一，皆仅次于礼而居第二位，是孔夫子当年教学的重要内容。《史记》“八书”中“乐书”居第二位。《史记》以降，历代史书亦屡见乐志或礼乐志，专门记述与音乐有关的事情。

作为姓氏的乐，与音乐有密切关系自不待言。在初，乐器或乐曲的制作者或亦称“乐”，后来乐成为掌握乐政的一种官名，久而久之，官名就成为姓氏名，这与罗、简、闻、史、祝、巫等姓相似。

乐虽有五声八音，未必每一“声”每一“音”都能使人精神振奋，欢欣鼓舞，乐不可支，也有可能使人愤怒，或悲哀，或愁苦，甚至昏昏欲睡。但无论如何，只要是乐——合乎节奏的音乐，总能拨动一些听者的心弦，调动其情感，使之得到一种美的享受。所以，总的来说，乐器、音乐是与快乐、欢乐联系在一起的。不然，古今中外怎会涌现成千上万个为群众所推崇的音乐家，怎会时时都有数以千万计的热心听众呢？音乐(yuè)给人带来欢乐(lè)，从整体说，从美学角度看，是完全正确的。人们生活中的乐趣，有一部分来自乐(yuè)，也是可以肯定的。我国古代一些钟的铭文表明，古人铸作乐器之目的，就在于使父兄宾客或先祖快乐。例如：

乐我先祖　　(邵钟)

用乐嘉宾父兄　　(王孙钟)

乐我父兄　　(余义钟)

用乐好宾　　(虘钟)

用乐嘉宾父兄大夫朋友　　(嘉宾钟)

《诗·关雎》说：“窈窕淑女，钟鼓乐之。”与金文如合符节。

以闻乐(yuè)为乐(lè)大概是春秋战国时代各国的普遍现象。《论语·述而》说孔夫子在齐国听到乐曲《韶》，如醉如痴，着了迷，竟至“三月不知肉味”。《孟子·梁惠王下》记齐宣王好乐，孟子劝他与民同乐，也从侧面反映出当时齐国上下好乐的风气。下面所录，便是孟子与齐宣王的一段对话：

(孟子)曰：“王之好乐甚，则齐其庶几乎。今之乐，犹古之乐也。”（齐宣王）曰：“可得闻与？”曰：“独乐乐，与人乐乐，孰乐？”曰：“不若与人。”曰：“与少乐乐，与众乐乐，孰乐？”曰：“不若与众。”（孟子）“臣请为王言乐。今王鼓乐于此，百姓闻王钟鼓之声，管籥之音，举疾首蹙额而相告曰：‘吾王之好鼓乐，夫何使至于此极也，父子不相见，兄弟妻子离散。’今王田猎于此，百姓闻王车马之音，见羽旄之美，举疾首蹙额而相告曰：‘吾王之好田猎，夫何使我至于此极也，父子不相见，兄弟妻子离散。’此无他，不与民同乐也。今王鼓乐于此，百姓闻王钟鼓之声，管籥之音，举欣欣然有喜色而相告曰：‘吾王庶几无疾病与，何能鼓乐也。’今王田猎于此，百姓闻王车马之音，见羽旄之美，举欣欣然有喜色而相告曰：‘吾王庶几无疾病与，何以能田猎也。’此无他，与民同乐也。今王与百姓同乐，则王矣。”

这段对话中四处称“乐乐”，都应读为 yuè lè 。从这段对话，人们清楚地看到，成语“与民同乐”原来是以听音乐为基础的，可谓乐（lè ）从乐（yuè）来也 。

人生之乐当然不限于听音乐，即使无钟鼓琴瑟之悦耳，但能赏心悦目，精神愉快者，皆可谓乐。大而言之，与天奋斗，其乐无穷，这是无产阶级革命者的乐。小而言之，文人有山水泉石诗文书画之乐，武将有挥戈舞剑使枪弄棒之乐，家庭有燕尔新婚之乐，弄璋弄瓦之乐，天伦之乐，挚友有久别重逢之乐，醉翁有“今日有酒今日醉”之乐，棋友牌友又有所谓“棋牌乐”……举凡男女老少，各色人等均有其听音乐之外的乐事在。只是这无穷的乐之称为乐，皆由听音乐之乐所引申，也由听音乐之乐所概括而已。又据《三国志·蜀书·后主传》注引《汉晋春秋》记载，蜀亡后，刘禅即刘阿斗举家迁洛阳，司马昭设宴招待他，让他欣赏蜀地的文艺节目。旁边的人都感到凄怆难受，阿斗却喜笑自若。

后来司马昭问他:“颇思蜀否?”阿斗答道:“此间乐,不思蜀。”这可谓亡国之君的“乐”,很可能是故意装出来以为掩饰的乐,也是所谓“乐不思蜀”的由来。

乐能使人快乐,乐字也特别受人欢迎喜爱。除用作姓氏外,乐还常用作人的名字、别号、斋名室名,如乐天、乐仁、乐愚、乐亭、乐年、乐民、乐彬、乐圃,以及乐稼轩、乐希堂、乐贤堂、乐斯堂、乐春园、乐笑亭、乐潜堂、乐余园,乐全居士、乐琴书处、乐静廉余斋等等,便是一些文人学士用过的别号和书斋名,也从一个侧面反映了他们所乐的内容或嗜好。“乐”又是帝王年号用字之一,如永乐、长乐、贵乐、安乐,“乐”还是常见的地名用字,大多数读 lè ,如江西的乐平、乐安,广西的乐业、平乐,四川的乐至、乐山,河北的乐亭,青海的乐都,山东的乐陵,广东的乐昌,海南的乐东(今并入琼海县)以及汉武帝时置的乐浪郡等等;个别的读 yuè,如浙江的乐清县。

世间事物总是相对的,“乐”也不例外。有乐音,也就有噪音;有欢乐,也就有悲哀和忧伤。“乐”的反面是悲、忧。“乐极生悲”,是众所周知的成语,也是生活中的客观规律之一,违背不得的。“先天下之忧而忧,后天下之乐而乐”,范仲淹《岳阳楼记》中这一千古名句,更是历代先进人物的崇高思想品德,应该成为我们的座右铭。

正如音乐、乐音以及生活中的乐趣,各种各样的乐事永存于人间一样,“乐”(yuè,lè)作为一个词在汉语中也当是永存的。但它的记录形式却是可以变化的,而且已经发生了很大的变化。现在的“乐”字才五笔,比繁体的“樂”简便多了。当然,它不太“古”,所以许多书法家至今还不喜欢写它。其实,“乐”这个字形少说也已有一千五百多年历史,王羲之、孙过庭、怀素等大书家的作品中都曾出现过。请看《中国书法大字典》著录的“乐”:

乐 乐 乐 乐

又有谁能说这些“乐”不好看呢?

前字的变迁

现在一些形音义都很清楚的常用字，如果认真考究，查起字书来，倒反会被弄得晕头转向，糊涂起来的。即如本文所要谈的前字，它是进的同义词，后的反义词，在口语、书面语中使用非常广泛，像前途、前景、前进、前行、前驱、前记、前言、前生、前世、前任、前项、前卫、前妻（夫），以及前呼后拥、前思后想、前倨后恭、瞻前顾后、惩前毖后、承前启后、前因后果，等等，几乎没有人不懂得“前”的含义。可是，打开《说文》，问题就来了。首先，字形就变得很厉害。小篆的[illegible]，除了刀外，还与舟发生关系。许慎又说：“前，齐断也。从刀，歬声。”“前”怎么不是前面、前进的意思，而是“齐断”？根据段玉裁等《说文》专家的解释，齐断实即剪断，“前”其实是刀的名称，是剪的本字；而现在前进、前后的前原来是没有侧刀形（刂）的，只是从止从舟，作止在舟上的形状：[illegible]现代前字的䒑与月两部分便是由止和舟演变而来的。

许慎说：“不行而进谓之歬，从止，在舟上。”从常理推论，止代表人的脚（详见《“止戈为武”说》），止在舟上就是人站在船头的象征。整个字的意思是人虽然不走路，但船朝前行进，人也就前进了。寓意非常明显。庄子所说“坐而至越者舟也”（能够坐着而到达越国的是船），无异是对前字的注释。

《说文》的解释与金文也相合。金文“前文人”（前代有文德之人，即祖先）的前字，见于好几件器物，结构与小篆全同。如：[illegible]可见小篆的歬直接来自金文。

把“不行而进”看作前的本义，用以解释“止在舟上”的字形，大概是春秋以后的事。《太平御览》第758卷所引《衡波传》记载的一则孔门逸事，可以作为参考：子贡久出不归，孔子与弟子们占卦，得到鼎卦，大家都说“无足”，子贡不会来了。只有颜回一个人偷偷地在笑。孔子说，颜回在笑，是说子贡会来吧。颜回道：所谓“无足”，是说乘船前来，就要到了。第二天早上子贡竟回来了，应验了颜回的推断。这则故事的可信程度当然有限，但“乘舟而来”暗寓前字，“无足者乘舟而来”的思想在当时应是有代表性的。

然而，前的本来形状是否歬，“不行而进”云云是否就是正确的解释，仍然有值得怀疑的地方。甲骨文有个字写作肯似乎是金文前字的前身。加上彳或行，就成：

似乎是从行（彳），肯声。从甲骨文分析，这个字不从舟，而是从月，是凡（盘）的古文肯，是从止在盘中，该是洗脚的意思。后代用作前进、前后的前，完全是假借的关系。古代舟和凡形状比较接近，容易写讹，把舟写成凡（盘），把凡写成舟，都是可能的。如此说不谬，则从甲骨文演变为金文，由商至周，洗脚的盘子逐渐变成了交通工具舟；“洗脚”与“乘船”，虽然都属会意的范畴，但彼此相去未免太远了。由此我也很佩服古人，字形无论如何演变，总有办法根据变化了甚至讹变了的字形作出自以为正确的解说，还把它说成是该字的本义。

我们姑且抛开甲骨文不论，那么，自金文以来，前进的前字本应作歬，和杀人断物的刀是毫无关系的；从刂的“前”原是将某物剪断、剪齐的形声字，剪刀的剪的本字。但传世的各种典籍，不论是十三经，还是二十四史，却绝不见止在舟上的歬字，凡前进、前后的前字都用本义为剪刀的前。本来已经有了刀的前又再加上一把刀变成剪。一些文字学家于是说“剪”是“俗字”，“非”。不仅如此，又把“羽初生”的翦字拉来做翦灭的翦；此外，还造出个揃字，加上一只手，以示剪（翦）灭要用力。《史记·蒙恬列传》“周公自揃其爪以沉于河”（周公自己把指甲剪下来扔到河里去），便是一证。不管怎样“俗”，怎样“非”，借也罢，不借也罢，反正已成事实，谁也否定不了，制止不了，谁也不去计较“见形知义”之类的大原则，而是只顾实用，不问其他。结果，汉字这种借来借去，重床叠架，“形声相益”，反复孳乳的“优点”使得它越益繁复、庞杂，以致陷入自相矛盾的境地而无法解脱。

附记：

和前同义的进字，则比较简单。甲骨文有从隹（鸟）从止的隻字，根据古代从止与从辵往往相通的原则，这个字可能就是进字的初文。金文进字二见，

见于召卣、兮甲盘，与小篆同。《说文》训为“登也”是正确的，但说它是“閵省声”，又令人丈二和尚摸不着头脑了。进字远远早于閵字，说閵是“进省声”倒还勉强说得过去，但绝不可能是由“閵省声”而造出进字。“前进”一词在现代汉语里属于基本词汇，使用频率极高，故因“前”而“进”，附带一谈。

想当“初”……

世间万事万物，总有个始初。“混沌初开，乾坤始奠”，是神话、传说中的天地之初；婴儿呱呱坠地，是“人之初”；“初生之犊不怕虎”，是说牛犊之“初”；“想当初老子的队伍才开张”，胡传魁“想”的是开张之“初”……那么，初字之“初”，概括一切抽象意义上的“初”又如何呢？简单说来，当初却是衣裳和刀子的结合——源于裁衣之“初”。做衣服，素称裁缝，以缝制衣服为业者也叫裁缝。裁缝裁缝，总是先裁后缝，有裁才有缝，裁布，就必需用着刀。量体裁衣，一般说来，这就是制衣之“初”了。

想当初，人类刚从类人猿进化而来时，茹毛饮血，赤身露体，无所谓衣服不衣服，当然毋需现代人的“量体裁衣”。随着毛皮的退化，生产的进步，为了保护身体，抵御风寒，逐渐产生了穿衣蔽体的需要。那时没有布帛，能够遮掩身体的，大概便是大树叶、野兽皮之类了。有的学者推测，最初的衣服，实际上是一张兽皮，当然不可能合身。若是短而狭窄，裁也无用，只得另换一张；若是长而宽阔，就可用刀裁割一番，使它较为合身，穿着较为舒服。在那个时候，恐怕裁比缝容易，甚至可能裁而不缝。一张兽皮，用刀裁剪过后，披在身上，就是最初的衣服了。这种举刀裁衣的情景，用最简单的线条画出来，再加以符号化，就是从甲骨文以来沿用至今的“初”字。

甲骨文衣字常见，但大都用作祭名或地名，还没见有用来表示衣服的。初字出现次数虽然不多，却是典型的刀与衣的形象化结合：可惜的是现存文句不完整，难以判断它在卜辞里的具体含义。

金文里“初”是常用字，不论钟、鼎、盘、匜，还是簋、簠、尊、壶，几乎各类器物上铭文稍长一点的都可见到它。《金文编》选录的初字近百个，形状虽有差异，结构却是基本一样的，都是一件衣服一把刀：

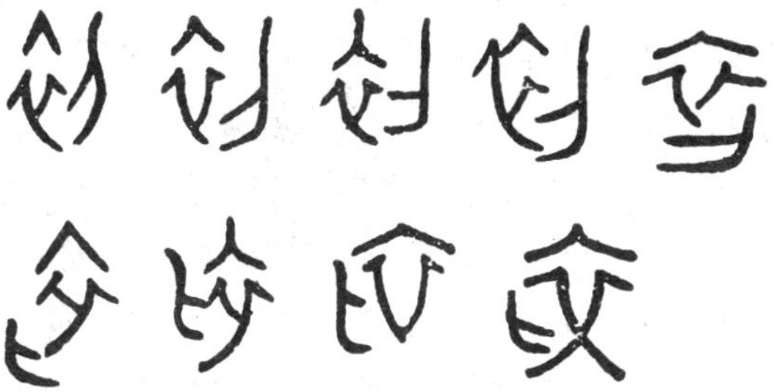

有时一把刀放在衣的下方或左侧，这固然是古文字形体特点之一，另一方面也正说明古人裁衣并无固定“程式”，反正哪里不合适就从哪里下刀便是了。用具体的裁衣之“初”来表示抽象的时间方面的当初、开初，以及概括一切的“始”，正是我们祖先的聪明处。因为裁衣蔽体，结束裸行旷野的野蛮生活，正是人类与野兽彻底“划清界限”，步入文明时代的标志之一。“初”的意义确实非同一般。所以许慎说：“初，始也。从刀从衣，裁衣之始也。”《尔雅·释诂》的第一条便是：“初、哉、首、基、肇、祖、元、胎、俶、落、权舆，始也。”一连串同义词，把初列在第一位，不是没有道理的。

小篆初字：与甲骨文、金文一脉相承，结构全同。隶变以后，刀形仍旧，衣形则缩为偏旁，规范化为衤，直至今日。汉字经过至少三千多年的历史演变，许多字已面目全非，但也仍有相当多的字是世代相传，不失初形。这里所说的初字即为一例。岂但如此，就字义论，从西周金文以来，初字的意义变化也不大，几种用法同样都继承下来了。金文除常见的“初吉”为特殊的历法用语外，初字的含义是“开始”和“当初”。如匽侯鼎：“匽侯旨初见事于宗周（匽侯旨开始在宗周任职）。”这种情况与传世文献相合。如《左传》隐公元年：“初，郑武公娶于申（当初郑武公从申国娶妻）。”《汉书·陈遵传》：“初，遵为河南太守，而弟级为荆州牧（当初陈遵为河南太守，他的弟弟陈级却当了荆州牧）。”“初”是记叙后事时为追溯前事而用于句首的时间副词。而“楚汉初起”（《汉书·蒯通传》），“诸侯初破”（《史记·秦始皇本纪》），“天下初定未久”（又《外戚世家》）等例（均见杨树达《词诠》页218引），“初”又可解释为“刚刚”、“新”，这是由始初义引申而来的。现代汉语中初字很少单独使用，大都与其他字结合为双音词。作为语素的初，其含义也仍然是“当初”，“首（始）”，以及“新”。如初战、初夏、初步、初学、初交、初会、初见、初级、当初、最初、初稿……使用是够广泛的了。不过，和举刀裁衣的“初”意距离越来越远了。

值得顺便一提的是“初”的两个同义字。一个是本文已屡次提到的“裁”。裁和初本来都是制衣的意思，但初是古老的会意字，裁是后起的形声字，可能是“初”义不断抽象、扩大之后，为表示制衣这一概念而新造的。不过，裁字除用剪裁本义外，词义也有引申、扩大。裁则断，所以又有裁判、裁决、制裁、裁定等义，而“总裁”则一切由他裁决了。另一个是祖宗的“祖”，从示，且声，也有原始、开初等义。初与祖语音相近，左边的偏旁自隶变以后便很相似，仅一点之差。在实际使用中，这两个偏旁是很容易混淆的。我们弄清楚了初字与衣服，祖字与神主（一般认为示代表神主）的关系，不仅知其然，而且知其所以然，就不会再写错了。以此类推，也就不会把与衣服有关的字跟与泛指鬼神的“示”旁的字写错了。

大路朝天，各走一边——行

对于汉字的繁难，我是有深切体会的。从小学读到大学毕业，又当研究生，又“研究”若干年，如此过了几十年，似乎不该感到难了。其实不然。正因为天天与汉字打交道，我是时时痛感其难。且不说许多甲骨文、金文等古文字至今无法辨认，就是楷书，许多字不查字典也还是陌生得很，稍一不慎便读错。又有一些所谓“人皆识之”的常用字，如果单独挑出来，摆在面前，问它读什么音，是什么意思，也常有为难之时。即如本文所要谈的行字，便属这种情况。“行行重行行，与君生别离”，一连串四个“行”，可说都是走路的意思，读 xíng；可是“三百六十行，行行出状元”，三个“行”又指行业、职业，得读 háng；而《论语·先进》的“子路，行行如也”，“行行”既不能读 xíng xíng，也不能读 háng háng，而要读为 hàng hàng，是“刚强貌”。三种“行”，音义各异。不仅如此，还有一句话里两种“行”同时出现的，如《诗·大东》“佻佻公子，行彼周行”（衣冠楚楚的公子，走在那大路上），前“行”指行走，后“行”指的却是道路。同一个行字，音义差别竟是如此之大，所以假如有人问我“行”是什么字，我只得先问他指的是什么“行”了。

像“行”这样的多音多义字，为数不少，它们的存在，便是汉字繁难的一种表现。现在不妨来谈谈——以行为例，这到底是怎么回事，这繁难的局面是怎样形成的。

从甲骨文、古金文看，行本来就是像道路之形。甲骨文行字多作：

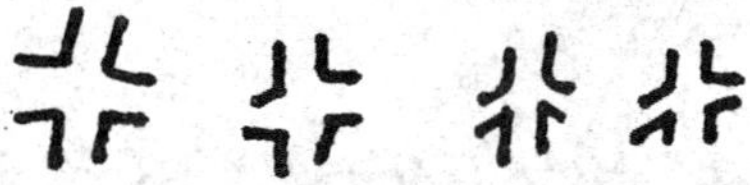

等形,稍变之则作

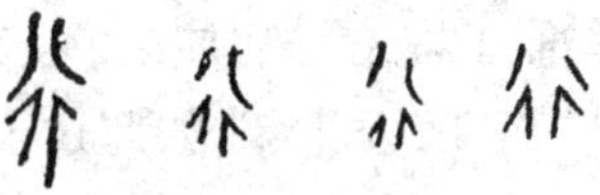

等形。商代的行父辛觶(zhì)行字作

周代金文则作

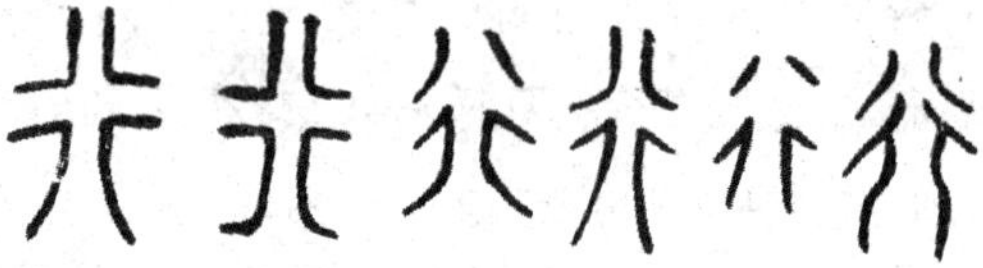

等形。最后一文见于南疆钲,当为小篆之所本。战国古玺正行亡(无)私玺之“行”作,亦像通衢形。总的看来,造字之初,“行”为道 路之象形,极为明显。当然,现实中的道路不可能条条笔直,大小一致,总是有曲有直,有宽有窄,线条化的文字不过是取其一般的形态,表示这是供人走的路。路总有纵横,有交叉,故行即取其纵横交叉之状,从“行”的中心,走向东西南北、四面八方,均无不可。《尔雅 · 释宫》“行,道也”,可谓得其本义。传世文献中“行”用此本义者不少。如《诗》,除上文所引“行彼周行”外,《卷耳》“嗟我怀人,寘彼周行”(怀念远行的人啊，我把筐子放在大路旁），亦称周行；《七月》“女執懿匡，遵彼微行”（妇女挽着深深的竹筐，走在那边的小路上），微行指的是桑林小径。至于“行有死人”，“嗟行之人”，行就泛指道路了。

行本为通衢之形，也可于从行的一些字中得到证明。如甲骨文卫（衛）字作

衍 字作 ，所从“行”的道路状也很明显。《说文》虽然根据小篆把行释作“人之步趋也”，但行部中仍有不少字与行的本义有关，如：術（术，“邑中道也”），街（“四通道也”），衢（“四达谓之衢”），衡（“通道也”），衕（“通街也”）。其街字字义与行最近。

道路称行，引申之，与道路一样齐整、笔直者也可称行（háng）。如排队的行列，军队的行伍，文字的行款、横行、直行。后世广泛使用的行业的行，可能与古代集市贸易有关。为便交易，货物分类集中，沿“行”（或曰成行）而列，故有鸡鸭行、鱼虾（水产）行、生猪行、竹木行、蔬菜行、水果行等等的区别。要买什么东西，到那个“行”中挑选便是。后来商业发达了，把专营某项物资生意的大商店，或从事某项服务工作的店家也叫行或行业。从事同一种买卖生意者称之为“同行”。再抽象点，教育、文化、医学、体育等方面又有各种“行”，所谓“本行”、“外行”、“内行”、“行家”、“改行”等“行”，当是又由行列、行业之义引申而来。

与行作通衢四达之形相应，甲骨文又有彳字，像“行彼周

行”之状：粗看有点像逛大街的样子，又有点像在十字路口徘徊踯躅的样子。但古代毕竟是古代，特别是在夏商之际，既无通都大邑，也谈不上有什么发达的商业，当时可“逛”者不多。这是真正的行走的行字，从行(háng)从人会意。甲骨文㣔行二字分得很清楚，一个是动词，会意字，一个是名词(卜辞多用为人名)，象形字。只是不知何故，行㣔的区别并不长久，㣔的生命力微弱得很，其行走义逐渐成了“行”的引申义：道 路叫“行”，在道路上走也叫“行”。金文行字便大都用作行走之行。如虢季子白盘“是以先行”，史免匡、陈公子甗“用征用行”，曾伯簠“以征以行”，等等，均是其例。又有许多器名之前冠以行字，如称行盨、行戈、行壶、行匜、行器，说明此乃征战或旅途所用之器物。

有趣的是，石鼓文也有㣔字，称“唯舟以㣔”、“省车䡴㣔”，㣔分别作：

乾嘉时代的著名学者钱大昕断言“即古行字”，其说与甲骨文暗合，令人钦佩。

通过上面的简略分析，行本像道路之形，行走之行本当作㣔，已可肯定。由此也可明白，若省去一半即成或，其义仍当是道路。古代虽无“行人靠右走”之类的交通规则，但总的来说，大路朝天，行人却是各走一边！正因如此，甲骨文“㣔”的大路也往往只有半边：

虽然少了半边，但在路上行走之意并不因此而晦，相反，除去了在大路当中大摇大摆踱方步的嫌疑，沿路向前之意倒是更为突出了。

如果把路上的人形再抽象化，仅用足趾（足迹）来代表，甲骨文又有

等形。论其造字原理，与彳亍寓意当是相同的。不过从甲骨文具体辞例看，在实际使用中，两者已有区别，征不作行走字，而有延续之义。[illegible]所从之止移于[illegible]下，即成[illegible]，便是所谓辵即辶了。

在汉字体系中，以辵（辶）为偏旁的字有行走义或与行走之事有关。《说文》辵部便有迹、邁（迈）、巡、徒、延（征）、逝、逗、適（适）、過（过）、進（进）、造、逾、逆、迎、迻、遁、還（还）、送、逮、逶、迪、達（达）、逋、追、逐等字。不仅如此，从彳的字也往往有行走义或与行走有关，如微、徥、往、徕、径、復、循、彶、䢼、徐、徺、㣙、很（"一曰行难也"），得（"行有所得也"）。古文字中从辵与从彳还可相通。其所以如此，都与行之本义密切相关。

由于字形的演变，甲骨文的[illegible]，到了小篆成了[illegible]，本来洞若观火，尽人皆知的现象或道理也变得隐晦莫晓了。《说文》以"人之步趋也"释行，以"小步也"释彳，以"步止也"释亍，是由不知"行"之初形所致。宋代的徐锴以及清代的王筠进一步把行看作是人的双足，又是由《说文》之误所致，可谓错上加错，误之又误。现在的读者如果不接触古文字，仍奉《说文》及后世注家之说为圭臬，当然无从辨其误了。

话又得说回来，像"行"这样的多音多义字，即使明白了它

的来龙去脉,其音义的差异也只有靠死记,阅读时从上下文判断其读何音,属何义。当然,如用拼音,银行、行业可拼成 yín háng、háng yè,行动、行为便拼成 xíng dòng、xíng wéi,清清楚楚,决无混淆误读之虞。但那毕竟是将来的事,目前仍用方块汉字,还是只好死记。

公 私 分 明

公和私，是人人都要碰到和处理的关系。不论在历史上，还是在现实中，大公无私，公正无私，公而忘私，先公后私，以公灭私，破私立公者大有人在，以私害公，损公肥私，化公为私，假公济私，先私后公，公报私仇者亦不乏其人。前者受人赞扬、尊敬，后者为世人所唾弃、批判。为了阐明正确的公私关系，强调“公私之分”，“去私心，行公义”，战国时代的韩非搬出了传说中的仓颉，从文字学的角度加以分析。《韩非子·五蠹》说道：“古者仓颉之作书也，自环者谓之私，背私谓之公。公私之相背也，乃仓颉固以知之矣。”照此说法，专为自己打算，什么东西都往自己身边捞，时时把手臂弯向自己，就是“厶”（私的本字），把“厶”分开来，就是“公”了。《说文》以及历代的小学家们都接受了这一说法。那么，这是正确的分析吗？

仓颉造字之说当然是不可信的。“自环为私”，“背私为公”，实际上是战国时代学者对公私两字的分析。按理，文字与私有制的关系极为密切，它是随着私有制的产生而逐渐萌芽、创造出来的，反映私有观念的“私”字应该是很早就产生了的。但在现存的古文字材料中，甲骨文和两周金文都是有“公”而无“私”。甲骨文里虽有如所示形状的字，颇有点“自环”的样子，但研究一下具体的卜辞，却与“私”毫无关系，它其实是《说文》中的㠯（以）字。而且，甲骨文公字常见，有称“多公”的，有称“商公宫”的，大多从八从口，作等形，好像嘴边两撇胡子。少数如下作正方形，寓意不明。这些“公”与“自环”全然无关，也毫无“背私”之意。金文也大致相同，只是公字的下半部作椭圆形，有些中间加一点，有些多加一个椭圆形，如：，更与“仓颉之作书也”风马牛不相及了。

现在所能看到的私字，最早的要数战国时的古玺（即印章）文了。清代程瑶田为潘毅堂《看篆楼印谱》作序时，首次考证出了古玺中的“私玺”二字，如

等例就是当时流行的“私玺”。程瑶田解释道：“夫私之言曲也，故字形曲之。私在人心，曲之无形者也，故从○而曲之，其作▽或又作者，皆其形之变焉者也。”此说别出心裁，较“自环”说似胜一筹。与此相应。古玺的公字也有作

形者，与“背私为公”说暗合。因此我想，韩非可能是根据当时的玺文立论的。“仓颉之作书也”云云不过是假托。

真正符合韩非之说的，是小篆。厶字像“自环”为私状，公字，从八从厶，“背厶为公”，

字形上也说得过去。小篆以后,隶、草、楷、行,各种书体的公字都是上面两点,下面一个三角形,少了任何一点就不成其为“公”。尽管公字的用法多种多样,有可表示对长辈或平辈的尊称的(如“某公”),有可表示动物性别的(如“公牛”、“公鸡”),但公家、公共、公心、公事、公粮、公职、公允、公论、公平、公正、公愤、公义……一类的“公”逐渐占了压倒的优势,成了私家、私心、私事、私门、私房、私利、私忿、私怨、私仇、私欲……一类“私”的对立面。公与私的对立、矛盾,从字形到字义,都表现无遗。

尽管“自环”的厶字只有两笔,很好写,历来却很少见使用,而把作为“禾也”的“私”拉过来当作了私有的“私”,亦即现在日常使用的私字。早在汉代,印章里已经都作“私”,而不见“厶”了。究其原因,可能是由于它容易与么(yāo)相混,也可能是因为它又成了“某”字的俗体吧。以孳乳的“私”来代替本字“厶”,虽说易于分辨,却把韩非以来的“公私关系”变得含糊起来,有点不清不楚了。因此,笔者倒很赞成在精简汉字的时候,把“私”淘汰掉,恢复其本来面目,“自环为厶”,从而也使公厶分明,不得混淆。不知读者以为然否?

“战”“争”漫议

人类社会何时开始有战争，应当是考古学家去“考”的问题。一些古书上说，黄帝与神农氏战于阪泉之野，三战而克之；又与蚩尤战于涿鹿之野，“凡五十五战而天下大服”云云，现既无法证明，也无法推翻，权作传说、神话看待可也。但按常理分析，到了原始社会末期，随着私有制、阶级的逐渐形成，氏族与氏族，部落与部落之间的战争——大大小小的战斗和争执也就不可避免地产生了。在初，战争的目的无非是争夺土地、牲畜、粮食之类，倘或抓到俘虏，大都要杀掉，免得养着他们，徒耗粮食，得不偿失。进入阶级社会之后，阶级与阶级、集团与集团、国与国之间的战争，作为解决彼此间矛盾的最后手段，便日见其多，连绵不断了。它与和平相对立，被称为流血的政治。可以说，战争是私有制、阶级社会的产物。但是，“战”、“争”这两个字却并非与战争同时产生的，而是要晚得多。

从现存最早的文字体系——甲骨文看，商王朝与各方国之间的战争是极其频繁的。征伐卜辞在甲骨文中占有很大的比例，仅次于关于祭祀及旬夕吉凶的占卜。但是，甲骨文关于战事的占卜，大都称征、伐、敦、璞(扑)、循，而不言战、争。甲骨文还有许多与战争有关的字，如兵、斤、戉、戌、戍、俘、擒等等，但偏偏没有战字，也不能肯定有争字。甲骨文有一个字作 形，上下各一手，似乎在“争”一样东西，已故的胡光炜(小石)、于省吾(思泊)先生都认为这便是争字，也有不少专家赞成此说。然而这个字在卜辞中是贞人之名，无一例外，没有任何文例可以证明它确具争执、争议或战斗之义。所以1965年版的《甲骨文编》仍把它列入附录；近年出版的《甲骨文字典》又把它改释为“夬”，认为 ∪ 实像玦形，为环形而有缺口之玉璧，以两手持之会意，即玦之初文，可见 [古文字] 这个字，至少目前还是有“争”议的。此外，后世常见的格斗（鬥）的斗字，甲骨文倒屡见不鲜，作二人徒手搏斗状，但卜辞中皆用作地名，并无战争之义。

那么，战、争二字究竟是何时出现的呢？它们的被创造出来究竟与客观存在的残酷战争有何关系呢？下面，我们就来谈谈这个问题。

先谈“战”。西周金文记述征伐者不少，但也几乎见不到真正的战字。𨕖鼎上有句话叫“攻[古文字]无敌”，读为“攻战无敌”，似乎最为晓畅妥帖。如果[古文字]真的是战字，那便是最早的形式了。《论语》有战字（“以不教民战，是谓弃之”），至于孔子所撰《春秋》，战字已不胜枚举。传世文献足可证明，至迟到春秋，已有战字，只是不知写成何等形状罢了，但在春秋诸器铭文中，仍无战字，战国时的蜜壶（中山国）才出现从戈从單的“戰”：

[古文字]

不过，壶铭说“惟司马赒䜣诰战怒”，按有些专家的意见，“战怒”得读为僤怒，意即大怒，此“战”所指并非战争。时代稍晚的楚王酓忎鼎，酓忎盘（楚国），铭文中皆有“战获兵铜”之语，战字便作

[古文字] [古文字]

之形，义为战争、打仗。这个战字左旁所从[古文字]乃是单的讹变，其

下之口并无意义，大概是为了匀称与美观吧。这在战国文字中是常见的现象。这种写法与三国时魏国正始石经即三体石经“战”的古文

相近，只是后者讹变得更厉害，“单”变得上下脱节了。

秦始皇时代的峄山刻石有“功(攻)战日作，流血于野，自泰古始”句，战字作

恢复从戈从單的结构。《说文》所载小篆又进一步规范化，作

许君解释道：“鬥(斗)也。从戈，單声。”古音單、战声近韵同，说“战”(戰)是以单为声旁的形声字，似乎也不错。但实际上，这是个会意兼形声字。过去之所以仅把它看作形声字，关键在于对“單”的形义认识有误。

对与“战”密不可分的“單”，《说文》作如是解释：“大也。从吅甲，吅亦声，阙(缺)。”可谓形义俱失。但许君还算谨慎，未再解释“甲”而付之阙如。早期的古文字资料表明，“單”本是独体象形字，与“干”其实是一个字。先请看甲骨文的單与干：

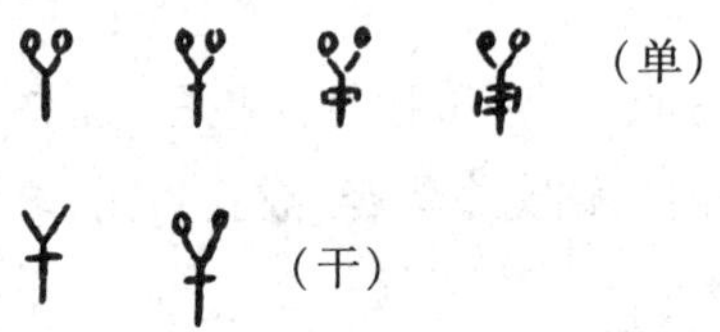

金文的单依然是独体字，请看：

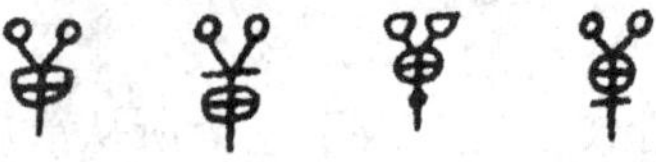

从比较可知，此字上端并非双口，而下部的“畢”实由丫—[illegible]—[illegible]—[illegible]—單演变而来。关于单的形义及其与干的关系，《甲骨文字典》有浅近易懂的解释：

> 此字初形应像捕兽之干，作丫，后于两歧之端缚石块而成[illegible]形，更于歧下缚以绳索，使之牢固，遂成[illegible]形，此即《说文》单字篆文所本。[illegible]本为狩猎工具，故狩獸（兽）之初文从[illegible]作[illegible]。[illegible]又用为武器（见该书第 121 页，四川辞书出版社，1988 年）。

正如丁山先生早年所说：“古谓之单，后世谓之干，单干盖古今字也。”（见丁著《说文阙义笺》）这样说来，“戰”——單与戈的结合，实即干戈相向，兵戎相见的意思，其本义即为交战，或云战斗，《说文》释为“鬥（斗）也”，倒是十分恰当的。

从单戈会意的“战”出现在战国或更早的春秋时代，可说是富有时代特色的一个字。春秋战国，是中国历史上战争最多的时期。一部《左传》，一部《战国策》，大量的篇幅都是记述战争或与战争有关的事件和言论的。大大小小的国家，几乎无年不战，无月不战。国与国之间全无信义可言，今日为友，明日成敌，和逆无常。孟子说“春秋无义战”，完全合乎事实。春秋以后，七国争雄，穷兵黩武，更是无时无刻不想着发动或防御侵略战争，以便吞并别人或不被别人所吞并。这个时代，对“战”也最有研究，兵家蜂起，兵书迭出。齐鲁战于长勺时，为鲁庄公出谋划策、临阵指挥的曹刿，便是当时的“兵家”之一。“战”的结构，恐怕也从一个侧面反映了造字者们对战争的认识：干戈起，战端开。

战，本是两军对阵，短兵相接，合兵血刃，你死我活，是十分残酷的场面。也许是战惯了，习以为常了，久而久之，干戈相向的“战”也不显得可怕了。人们还喜欢把它用到战争以外的事上去。战的结果总要分胜负，故后世凡决胜负、比高低的活动或事件皆可称“战”。如笔战、论战,是文人们的事,可以彼此不见面;舌战,是面对面的辩论,诸葛亮东吴舌战群儒是历史上最有名的战例;拇战,实指喝酒时的猜拳行令。儿童们还有水战、雪战、沙战……则是以水、雪、沙……为“武器”的游戏。近年报章上还屡见各种各样的“战”,诸如蚕茧大战、煤炭大战、石油大战……实指为蚕茧、煤炭、石油……而彼此间的明争暗斗,“战”几乎成了竞争的代名词,与古代的干戈可谓毫不相干了。

下面再谈“争”。金文至今还未见有单独的争字。从争得声的静字倒屡见,故可通过“静”的偏旁来考察古时“争”的面貌:

第一文见于周初的静卣,末二文见于春秋晚期的秦公镈、秦公簋。从这些字形分析,争也是个会意字。□和□即两手,代表“争”的双方,□或□便是彼此争执之物。两人各执一端,都向自己的方面拉,这在当今现实生活中依然是屡见不鲜的。最易令人联想到的,也是最形象的,莫过于拔河运动。古人当然不至于为一条绳子而你争我夺。那么,□或□又象征着什么呢?据徐中舒前辈《耒耜考》的研究,这是古代“耒”的形象,是犁地的工具。进入农业社会之后,为了各自的利益,村与村,户与户之间在农业生产中的争执——争水、争田、争禾、争农具……也是经常发生的。由于耒耜是主要生产工具之一，便用争“耒”来代表生产活动中人与人之间的争端，这便是“争”的由来。如此说可信，则“争”是人类进入农业社会后的产物了。

秦公簋“静”字所从的争，上面一只手并不紧执所争之物，当即小篆所本。峄山刻石“以开争理”，争字便作

整齐划一，规范化了。《说文》：“争，引也。从𠬪、𠂆。”徐锴指出：“𠂆，所争也。”段玉裁说：“凡言争者，皆谓引之使归于己。”都是正确的解释，而且与金文暗合。

与“战”相比，“争”字所反映的，只是徒手的“争”——引之使归己，并没有杀气腾腾、鲜血淋漓的可怖景象。但“争”的目的也在于分胜负，比高低，本质上与“战”并无二致。所以，在实际使用中，“争”的范围不断扩大，而且还由具体的物质转向精神方面。凡是力图使某种物质或某种荣誉地位归于自己者，凡带有竞争性质者，都可称“争”，与夺同义、其组词能力不亚于战。典籍中常见的“争”便有：争荣、争赢、争交、争气、争窥、争禽、争观、争看、争言、争语、争赏、争进、争先、争道、争席、争田、争地、争桑、争名、争利、争风、争光、争长、争年、争水、争珠、争权……不胜枚举。其中争言争语，有不计利害得失与朋友相争者，有与高位者乃至君父直言相争者，指出对方的错误，证明己见之正确，更需要有胆略与勇气，有时还要有不怕杀头的大无畏精神。故又有争友、争臣、争子，为与一般的“争”相区别，这类以言相争者干脆结合为“诤”而改称诤友、诤臣、诤子，诤与谏意思差不多了。

不论战还是争，究其本义，都是面对面的决高低胜负之举，

都是人与人、集团与集团之间的物质或精神方面的较量。战与争结合为双音词“战争”一语，始见于《史记·秦始皇本纪》：“以诸侯为郡县，人人自安乐，无战争之患，传之万世。”又可称“争战”，如汉刘向辑录的《战国策·赵策》：“秦行是计也，君按救魏，是以攻齐之已敝救之，而与秦争战也。”这些都是汉代以后的事了。

在阶级社会里，几千年来爆发过无数次的战争，二十世纪还发生过两次世界大战。在阶级消灭之前，在社会主义制度彻底战胜并取代资本主义制度之前，战争依然是不可避免的。实际上，在当代，战争此起彼伏，几乎没有停止过，只是由于和平力量的增长，没有酿成新的世界大战而已。当然，干戈早已为飞机大炮所取代，所“争”的内容与古代也已不可同日而语。作为汉字体系中的两个字，其变化却远无现实的战争激烈：争字几千年来结构固定，没有什么变化，现在仅将顶上的爫规范化为⺈而已；戰，则简化为战，从戈，占声，成了真正的形声字。缺点是干戈之意看不出了，但好认好记，还避免了“单(dān)”与“战(zhàn)”语音上的纠缠，对绝大多数人而言，利大于弊，是人们乐于接受的一个简化字。战争何时消灭，现在无法预言，“战争”这两个方块汉字何时退隐而代之以 zhàn zhēng，现在同样无法预言。

“止戈为武”说

“武”是有代表性的会意字之一。同“人言为信”一样,“止戈为武”几乎是尽人皆知的常识:止和戈两个独体的“文”结合在一起,就是武字了。从字形上分析,自古及今,武字都由这两部分组成,结构上没有什么变化,不过甲骨文、金文、小篆较为形象醒目,隶书以后,戈的右边一撇搬到了左上方,变为一横,不易辨认而已。下面就是各种形体的武字:

甲骨文　金文

货币文　小篆　石经古文

隶书　草书　楷书　行书

字形的变化主要在“戈”这一部分,由兵器的形象逐渐演变为完全符号化的弋。

“止戈为武”,追本溯源,完全是事实。但为什么“武”要以止与戈二者结合起来表现呢？远在春秋时代，楚庄王就作过解释。据《左传》记载，鲁宣公十二年，晋楚大战于郑之邲，“晋师败绩”。楚师大获全胜后，潘党向楚庄王建议：“筑武军（显示武功的军垒）而收晋尸，以为京观（掩埋晋军尸体成为一座高大的土山，以观示四方）。”他认为既然克敌胜国，“必示子孙，以无忘武功”。庄王于是说出了一番与众不同的话：“非尔所知也。夫文，止戈为武。……夫武，禁暴、戢兵（收藏兵器）、保大（保持强大）、定功（最后胜利）、安民、和众、丰财者也。”他把“止”解释为制止、禁止，把“止戈”说成制止干戈之事，未免有些离奇，这也许代表了春秋时代人们对武字的一般看法。东汉许慎作《说文》，承袭此说，直接以庄王之言为解释：“武，楚庄王曰：夫武定功戢兵，故止戈为武。”许氏之后，学者们解释武字也大多在“止”上做文章，有的说“止戈而不用，武之至者也”；有的还把止看作亾（亡），进而说“武”也是舞蹈，是执戈而舞的“武舞”，越说越离谱。

大凡会意字，把几个独体的“文”结合在一起，造成一个新字，“会”出一种新“意”，其各个组成部分都是取其本义，而不是用其假借义，“止戈为武”也不例外。戈是古代的主要兵器之一，止是足趾的象形，这在古文字里是非常清楚的。止既是趾，也代表足，不仅有甲骨文“疾止”一语（见《殷虚文字乙编》2206，《铁云藏龟拾遗》10·5等）为证，后世文献也时有所见，如《汉书·刑法志》“当斩左止者”，颜注：“止，足也”。而且，在其他一些会意字里，“止”都代表足趾，也就是人的足迹，几乎都有前进、进取之义，而绝非中止、制止。如甲骨文逐字作（1），追字作（2），出字作（3），步字作（4）等等，就是有力的说明。明白了“止”的含义，“止戈为武”就可得到合理的解释了：戈是武器的代表，表示威武，止是足趾的象征，表示行进，整个字的含义就是征伐、征战，乃是勇武的象征。《春秋繁露·楚庄王》说“武者伐也”，倒是一语中的，得其本义。

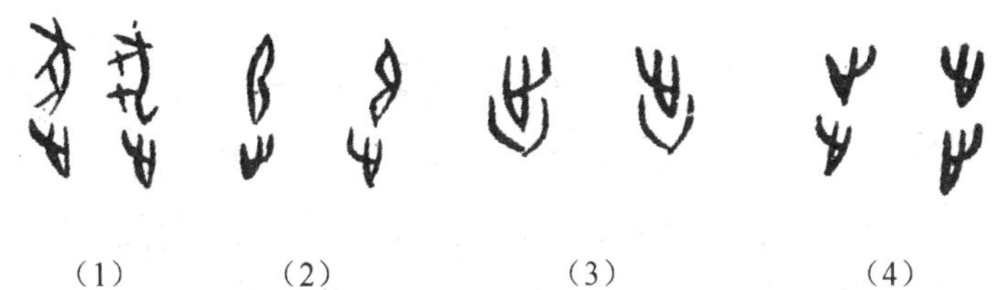

（1）（2）（3）（4）

几千年来，武字一直是勇武、威武的代名词，和“文”相对应，且可泛指武功、武力及军事。据古代“谥法”的说法，“刚彊（强）理直”、“威彊睿德”、“克祸定乱”者都可谥“武”。殷有武丁、武乙，周有武王，汉有武帝、光武帝，都是以赫赫武功著称的帝王。在社会生活和语言词汇里，武与文犹如一对孪生兄弟，是“对立统一”的矛盾双方，例如：文庙、武庙，文场、武场，文库、武库，文艺、武艺……都是有文必有武。再如文官武将，文治武功，文恬武嬉，文人武士，讲武习文，能文能武，文武双全……则都是文武并列或前后对称的。虽然人们未必知道什么“止戈为武”，但对上述种种“武”的含义却是绝不会弄错的。

现代的武字已非止戈之形，一般人已很难“见形知义”，但文和武的区别依然判若泾渭，绝不相混，这完全是有声语言的力量。从这个意义上讲，武和 wǔ 的价值是一样的，至于二者之中何者易写易读易记，我想，只要不存偏见，都可作出公正的回答的。

败北与南北

败北一语,见于《史记·项羽本纪》:“身七十馀战,所当者破,所击者服,未尝败北。”这是项羽兵败乌江,回忆起兵八年的经历时发出的慨叹。败北犹言败走,打败仗,逃跑。也可以单称北,如《左传》桓公九年“以战而北”,文公十六年“七遇皆北”,《吕氏春秋·决胜》“怯则北”,《荀子·议兵》“遇敌处战则必北”,《国语·吴语》“吴师大北”。“大北”,意同“败绩”,大败。这些是从失败者方面立论的。从胜利者方面说,乘胜追击,就叫“逐北”。《韩非子·解老》:“上不事马于战斗逐北,而民不以马远通淫物。”《庄子·则阳》:“逐北旬有五日。”《史记·田单列传》:“齐人追亡逐北,所过城邑,皆畔燕而归田单。”《汉书·高帝纪》“乘胜逐北”,《三国志·蜀书·李恢传》“追奔逐北”,都把“北”当作战败逃跑者。人们难免产生疑问:“北”为什么是失败逃跑的象征,只称败北、逐北(或追北),而不称败南、逐南?难道打了败仗就必定向北逃跑吗?

打仗胜负,当然与方位没有固定关系。失败逃跑,东南西北任何一方都可以,只有傻子,才会只认定一个方向逃跑,或认定一个方向追赶。之所以历来不称败南、逐南,而称败北、逐北,只是因为北字本来就是违背、相背的意思,败北、逐北的北字本来就不是东南西北的北。一言以蔽之,此北非彼北也。

那何以见得北的本义是违背、相背呢?这倒不难,从北字本身就可以明白的。

现在北字共五笔,两边都不像“人”,新版《辞海》把它归入匕部，当然看不出任何“相背”的痕迹了。但是一看古文字，“北”的原形便十分清楚，一目了然，即使“外行”也能明了其“背”之所在了。下面所列，便是从《甲骨文编》和《金文编》中摘引的有代表性的各种姿态的“北”：

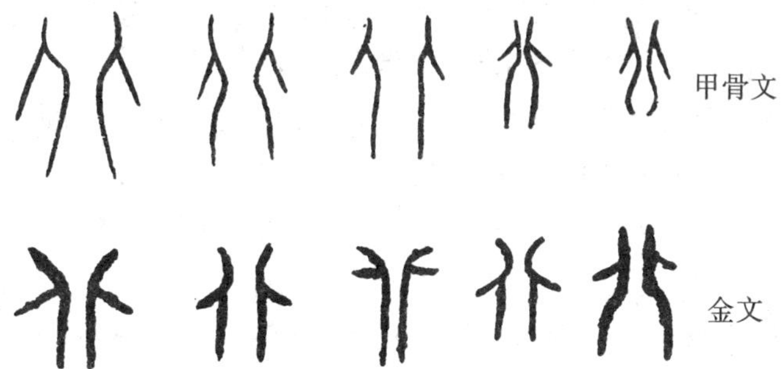

每个字都由两个侧立的“人”组成，这两人既不并列，也不相对，更不相随，而是相违相背——无一例外地背对着背。小篆把它们规范化了，北也仍然是两人相背而立的形状，与匕并无关系。只是隶变以后，右边一人逐渐成了匕，左边一人成了莫名其妙的ㅋ，原形全失，本义遂晦。

《说文》：“北，乖也，从二人相背。”说字解义都正确，与甲骨文、金文相合。“乖也”，通俗点说，就是不协调、矛盾。可见两个人以背相对，“违背”应是北字本义。打了败仗，相背而走，四散奔逃，拿北字来形容、概括，应该说是恰切不过的了。

甲骨文、金文的北字固然是“二人相背”的会意字，然而，在具体的卜辞和铜器铭文中北字不见用其“乖也”之义，更不见“败北”、“逐北”一类的用法。甲骨文北字几乎都用作方位词，且常与东、西、南诸字并见一版或共见一辞。如著名的占雨之辞：“癸亥卜，今日雨？其自西来雨？其自东来雨？其自北来雨？其自南来雨？”（《卜辞通纂》第375片，大意：癸亥日卜问：

今天会下雨吗？如果下雨，又是从东西南北哪个方向而来的雨呢？）"北"便与"南"相对。在有关祈求丰收即求年的卜辞中，屡见"北土受年"的占问，北土即北方，与南土即南方相对。如有一块牛胛骨上便刻着这样一组卜辞："己巳王卜，贞：今岁商受年？王占曰吉。东土受年？南土受年？吉。西土受年？吉。北土受年？吉。"（《殷契粹编》第907片，大意：己巳这天，王亲自卜问：今年商地丰收吗？东、南、西、北四方丰收吗？卜问之后，王又根据卜兆判断吉凶，除东土外，都称"吉"，意思是会丰收的。）在有关逐麋的田猎卜辞中，还有三面合逐的辞例，如："其逐沓麋，自西、东、北，亡灾？自东、西、北逐沓麋，亡灾？"（《甲骨文合集》第九册第28789片，大意：从西、东、北三面围逐沓地的麋鹿，没有灾祸吧？）此外，还有北麓、东北、西北，以及禘于北、尞于北等等，北也都是南北的北，与败北之北无关。可见，在很早很早以前，北字已经假借为方位词，广泛使用了。金文"北向"一语常见（如吴方彝、师虎簋、休盘、柳鼎等器上均有），多用于君臣相见之时。北向实即向北、朝北。周天子南面而坐，立在"中廷"的诸侯群臣当然只能"北向"了。吕行壶有"白懋父北征"一语，北也是方位词，北征即征讨北方。北字又可用作地名、方国名。甲骨文有"在北"，金文有"北伯"、"北子"，北实即邶。

为什么甲骨文、金文为数众多的"北"不见其相背、败逃之义，而这种相背、败逃之义却见之于时代晚得多的传世文献之中？这一现象又说明了什么？这是个很耐人寻味的问题。当然，可以继续研究探索，争取在古文字材料里找到"北"用其本义的例证。但即使在现存资料中找不到这样的例证，也不能断言商代及西周语言中北没有败北、逐北一类用法。因为甲骨文只是商代文化的一部分，现存的甲骨文只是原有甲骨文的一小部分，它是商代语言的记录，是商代文化的代表，但不是商代文化的全部。现存西周铜器铭文亦然。所以，对古文字材料也得有个正确的认识。不能无视它的存在，要重视它的确切可靠性，这是首要的；其次，不能过分夸大它的作用，以为它能解决所有问题，而摒文献材料于不顾。正确的态度是，将地下出土的材料（即实物上的材料）同传世文献材料（即纸上的材料）结合起来进行研究，取长补短，互为补充。这里所谈的北字便是个小小的例证。北字的本义寓于古文字字形之中，无古文字即无由明其本义；但具体的例证则仅见于传世文献，无传世文献亦无由证明其本义。南北之北，最早见于甲骨文，败北之北，至战国才出现。但前者不过是北字的假借，后者才较接近北字的本来意义。孰早孰晚，不能草率作出判断。败北与南北，两“北”不可同日而语，混为一谈，这是肯定的；而前“北”先于后“北”，今后在新出土的古文字材料中还有发现之可能，以常理推之，似乎也是可以期待的吧。

砍头——伐

幼时读《隋唐演义》、《三国演义》之类章回体小说，每读到“推出午门斩首”或“推出帐外斩首”，总不免为被斩的文官武将婉惜。待到有人高喊“刀下留人”，知道有人来解救了，再看下去，心情又会好些。当时也不明白“斩首”是怎么个斩法，以为反正一“推”出去，便手起刀落，简单得很，故而也并不可怖。近年来兴演历史题材的电影、电视连续剧，则常把斩首的场面再现出来：被斩的文武官员或罪犯通常是裸露上身，缚于齐头高的木桩上，脑袋一歪，正好放在木桩顶端，犹如砧板上待砍的禽畜。刽子手通常是彪形大汉，满面通红，手执大刀站立一旁，只等一声令下，便双手举刀，用力朝下砍去……明知这是做戏，假的，但看到这些镜头，总会不由自主地紧张起来，有时还以为屏幕上的人真的身首异处了。这种感觉，是看章回小说所没有的。

电影、电视剧关于斩首的这些描写又常使我联想起古代斩首的情形。斩首，古称大辟，被斩者是否绑在木桩上，已无法考证；但行刑者使用的是斧钺或戈，不是大刀，倒是可以肯定的。传世的古金文便保存了不少砍头式的图形文字，例如：

第一、二文显示斧头砍掉了圆圆的头颅，还剩一截颈；第三文则似齐颈砍断，“首领”无存了。若论被砍对象，恐未必是犯官罪民，也可能是战争中的俘虏乃至敌方酋长。若系后者，便属胜利标志，威武象征了，故铸之于器物，以为装饰且资纪念。

甲骨文也有类似的写法，如[illegible]，不过很少见。甲骨文关于砍头的常见字形是一人侧立而以戈断其颈：

戈是古代常用的兵器，与干合称干戈，为战争象征。加戈刃于人颈，战场常见，刑场亦不足奇。这种结构形式，西周金文亦常见：

而且基本上是左人右戈，定型化了。这些都是戈已及于人颈之形，也有少数是作戈将及于人颈之状的：

毋须多言，读者诸君都能作出判断：这便是小篆以来字形结构未再改变的"伐"字。

从卜辞知道，在商代，被砍头并不一定是犯了罪的缘故；而商王之所以经常要"伐"若干人，是为了祭祀的需要。以人为牺牲品，与牛羊豕无异，同祭于天地神祇或祖先之灵前，可说是奴隶制社会里统治者们的价值观。当然，这"人"不会是奴隶主们，而是异族的俘虏、奴隶或平民们。最倒霉的是羌人，被俘获后，即多被"伐"掉。

砍人之颈，是伐；颈被砍，是伐；征伐，讨伐，其胜负均以兵器加于人身之多寡为象征。伐，本是脑袋搬家，鲜血淋漓的惨烈场面的浓缩。明乎此，也有助于对我们文明古国之"文明"的了解。

面对被伐——砍头的现实者，有懦夫，有硬汉；或恐惧股栗，或视死如归，古今均不乏其例。“砍头不要紧，只要主义真，杀了夏明翰，自有后来人。”这是革命烈士诀别人生。“断头，至痛也；籍家(抄没家产)，至惨也，而圣叹(金圣叹)以不意得之，大奇！”这是蒙冤文士“一笑受刑”。二者都体现了硬汉不怕死的精神，而前者尤令人钦佩。

但是，话得说回来，砍头毕竟是要紧的。人不同于韭菜，韭菜割掉半截还可再长出来，人首一断却不能再长一个脑袋出来。故从量刑的角度论，“判处死刑，立即执行”是要慎之又慎的。在通常情况下，历代死刑的最后审批权都在朝廷——中央政府，如明清两代即归刑部。地方官无刑部批文，不得擅自处决人犯。否则，清末大冤案中的杨乃武早被知县砍了头，哪里还轮得到杨姊去告御状。

在当今社会里，死刑不再是砍头，而改为枪毙，一颗子弹解决问题。刀斧易为枪支，刽子手这一职业也不复存在。然而，“伐”字还在被人使用着：采伐、伐木、伐区、伐罪、笔伐，等等。不过，伐的对象由人首而变为植物乃至思想——虚化了。当然，这样虚化也可追溯到《诗经》时代，《伐檀》、《伐柯》、《伐木》诸篇便是明证。

枭首——县(悬)

我国古籍中有不少关于枭首的记载。所谓枭首,就是把罪犯或仇敌的首级挂在木杆上,让大家有目共睹,以示他罪有应得。相传上古时黄帝与蚩尤大战,斩了蚩尤后就把他的头挂在辕门前,这大概是枭首的起源吧。春秋时代鲁国的阴谋家竖牛用计将两个哥哥孟丙和仲壬杀死的杀死,赶走的赶走,又把病重的父亲穆子活活饿死,做尽了坏事。后来鲁人要杀他,他想逃到齐国去,却在齐鲁交界处被孟丙、仲壬的儿子追住杀掉,首级就悬挂在齐地的荆棘上。秦始皇平定嫪毐叛乱后,将其党羽二十人统统枭首示众。秦汉以后,枭首这件事更是史不绝书,在历史演义之类小说里描写就更多了。

无独有偶。现实生活中的这种严刑,在铜器铭文里,也有一个相应的极形象化的字——一根木头,木头上系着绳子,绳子上绑着一颗脑袋:

这个字也是古代“悬首木上”的一个有力佐证。这其实就是县(縣)字的最初的写法。在篆书里,县字写成縣,左边県是倒书的首,系就是绳子(系),整个字还保留着悬首的意思。与金文不同的是,篆书省去了木,就不及金文形象了。

由此看来,县的意思本来就是枭首示众,引申开来,凡悬挂物品也可称县。邵钟铭说“大钟既县”,便是大钟已经挂好之意。《史记·伍子胥列传》所说“抉吾眼县吴东门之上”，意思就是“把我的眼睛挖出来挂在吴国的东门上面”。可是后来县都假借作州县的县，久借不归，成了一个代表行政区划的专字，于是在县下又加个“心”变成悬（懸），用以表示悬挂、悬念等义。这样一来，会意字变成了形声字，县字的原义就逐渐模糊，不为人们所注意了。

要斩与要领

在古代，犯了大罪，或触怒了君主，违抗了军令，是要被“斩”的。斩有两种，一是斩首即砍头，一是腰斩即杀身。这里谈谈腰斩。

腰斩，拦腰斩为两截，是比斩首更严厉的极刑，古书常见，但有些书写作“要斩”。如《汉书·武帝纪》便有多处言“要斩”：“乐通侯栾大坐诬罔要斩”（坐：因）；“御史大夫暴胜之、司直田仁坐失纵，胜之自杀，仁要斩”；“丞相屈氂下狱要斩，妻枭首”。这些“要斩”，不是将要“斩”，而是“腰斩”。那为何这些“腰”字可以不写月（肉）旁呢？许多读者不免有此一问。

“腰”字写作“要”，是因为“要”本来就是指人体的腰部即身之中，它是“腰”的古本字。“要”小篆字作：

《说文》解释道：“身中也，象人要自臼（jū，音掬）之形。”就是说，“要”是人体的中间部分，从，表示两手叉腰。这种形象不仅人人都经常见到，而且人人皆可为之。这本是保护腰部的一种动作，对某些人而言，不失为一种风度；但对另一些人而言，却是一种耍威风的姿态了。

《说文》所载“要”的古文作，下面从女。金文作，铸在一只盛食物的簋（guǐ，音鬼）上，下面也从女。两个字形可谓异曲同工，中间的代表人的躯干部分，左右两手，也是叉腰的姿态。秦汉之际竹简、帛书上的“要”双手与躯干部分合而为[illegible],下面仍从女。后来再逐渐演变成上西下女的“要”,双手叉腰之状便不见了。

明白了“要”的来历,不仅不会误解“要斩”一语,而且对古今汉语中有关“要”的文句或词语也可正确理解。最著名的例子莫如《墨子·兼爱》所言:“昔者楚灵王好士细要,故灵王之臣皆以一饭为节。”楚灵王不喜欢膀圆腰粗或虎背熊腰式的武士,而喜欢细腰武士,结果其臣下拚命节食减肥。“细要”便是“细腰”。再如贾谊《治安策》云:“一胫(jìng,径,小腿)之大几如要。”(一条小腿几乎像腰一般粗)“要”亦用其本义。由于“要”是人体中间部分,又是极重要的部分(肾),故事物之中间部位或重要部分皆可称要(腰),如山腰、要冲、要害、要津、大要、纲要、要目、要人、要职、要员等。再引申而为要束、要约、要求、需要。

由于字形的演变、字义的引申,而且引申义使用日广,为了便于区别,乃在“要”上再加形符月成“腰”,作为表示“身中”的专字。“要斩”一语也改为“腰斩”。

与“要斩”之“要”相似的还有“要领”一语。要领,本指人体的腰及颈,古书所谓“全要领”意即保全性命免于刑诛;“要领不属”意即身首不连,死无全尸。脖子与腰,代表人体中两处重要之点,为刑颈腰斩之着刀处。故要领可引申为要点、重点。如某人演说,讲了一大通话,而听者“不得要领”,至少说明他讲话啰唆平庸而无重点。当然,在现代,如非特别指出,一般人也不易明白“要领”的本来意义了。

不顺的由来——屰和逆

段玉裁说“逆”的本字是屰，“逆行而屰废”，这话是不错的。但“屰”为什么是“不顺也”呢？许慎的“说解”，段氏的“注”，都使人摸不着头脑。因为他们根据的是小篆，“从干下凵”，所以无论怎样都说不到点子上。其实，从古文字的角度看，问题很简单，屰字本来是一个人头顶着地手脚朝天的“倒悬”形象。甲骨文是线条化的，金文是填实的，屰字的写法都一样：

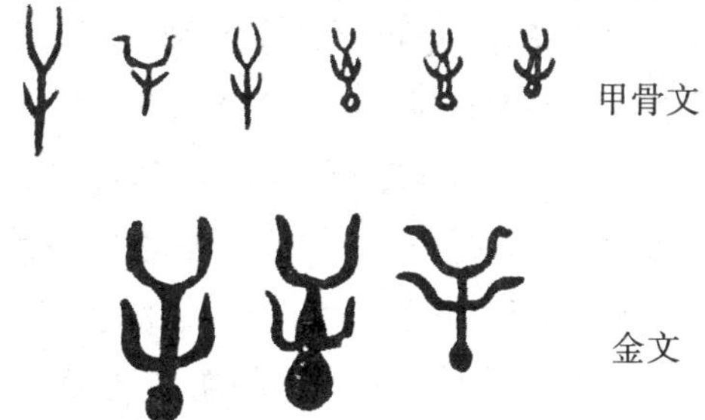

这些字，读者初看也许还不大清楚其含义，但如倒过来一看，就洞若观火了：一个个都是“大”或“天”的形状，也就是正面而立的人形！

凡是正常的人都喜欢做顶天立地的好汉，自由自在地站立、生活，谁愿头倒着走路、生活？但在古代，倒悬恐怕是经常发生的现象，奴隶、俘虏，或是犯了法的自由民，总有一部分人不免要处于倒悬的困苦状态。正因为这样，才有解民倒悬之类的伟业和比喻。在商周之际的一个名叫觚(gū)的酒器上，有一个图形文字作，中间一人正面而立，一手执大斧，另一手倒曳一人。

图中被曳者即处于倒悬状态，他是战场上的俘虏呢，还是即将作斧下之鬼的囚犯、祭祀的牺牲品？现已不得而知。但正立与倒悬的天差地别，倒悬者的凄惨之状，却清楚地显示出来了。这个字含义明显而难解，不知究竟相当于后世何字。如一定要楷化，我看也不妨“化”成皴。

许多古文字在某种意义上是古代生活某些侧面的缩影，屰字便是其中的一例。聪明的古人把当时司空见惯的倒悬现象线条化、抽象化，凝聚而为文字，用以代表人生中最困苦、最倒楣的事情，表示“不顺”这一难以具体表现的概念。《说文》“说”对了屰字的本义，“解”错了屰字的结构，可谓知其然而不知其所以然，正误各半。

屰字本为倒立的人形，还可从逆字的结构得到证明。从现有的古文字资料看，逆字所从的“屰”绝大多数正是倒立的人形，不论甲骨文、金文，大都从辵，有的省为从彳或止，但其主干部分则一律是倒写的“大”。稍有不同的是金文中的一些“大”（或“天”）已把双手拉平，成为一横，与小篆的屰相接近了。不过，也有例外，甲骨和铜器上也有个别的逆字，中间一竖出了头，于是变成了从牛 ，这是文字使用过程中出现的讹变现象，虽然有违造字初衷，只要不是根据它来强说字义，也就不必厚非。

由此看来，逆确是屰的后起字，它的本来意义也应该是不顺，是顺的反义词。古书中常见逆与顺并用之例。如《史记·陆贾传》："汤武逆取而顺守之，文武并用，长久之术也。"口语亦有"逆来顺受"、"逆水顺风"等说法。而且，典籍或口语中的许多"逆"，究其本义，也依然是不顺。如不顺耳的话称"逆耳之言"，不孝顺的儿子称"逆子"，方向不顺的鳞片称"逆鳞"，不顺天意为"逆天"，不顺心则为"逆心"。由不顺而引申为抗拒，如《战国策·秦策》"故专兵一志以逆秦"，《左传》昭公四年"庆封唯逆命"。又由抗拒而引申为叛逆之逆，如称逆臣、逆贼、逆党、逆谋、逆凶、篡逆等等，都是古书中常见的词汇。

但是，《说文》、《尔雅》、《方言》等书说"逆，迎也"，也有对的一面。它说的虽是引申义，倒颇适用于古文字材料和若干先秦典籍。甲骨文、金文中的"逆"，除用作人名、地名外，用为动词者都可解释为"迎"。卜辞有"王逆伐""王其逆羌"等语，金文则有"艮子迺遣间来逆邵王"（宗周钟）等文例，逆均可训迎。而《书·禹贡》"同为逆河"，《顾命》"逆子钊于南门之外"，《吕刑》"尔尚敬逆天命"，《周礼·春官·小祝》"逆时雨"，《国语·周语上》"上卿逆于境"，"逆"也都应训迎。所谓迎，与被"迎"者的方向是相反的，是不顺的，因为如方向一致，"顺"了，也就"迎"不成了。

断　足

甲骨文有一个极富图象性的字：

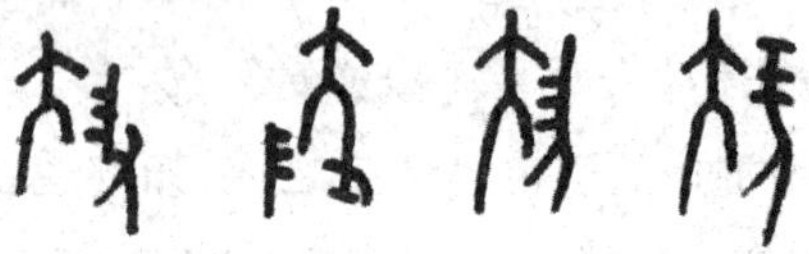

一些前辈学者曾把它认作“陵”的初文，以为是象征人据梯登高，一足在地，一足循级而登。现在看来，这个解释明显不妥。像人登高之形者，甲骨文另有陟字，与降相对（详见《过河与登山》）。而这个字，分明是一个正面而立的人被锯掉了一只脚的形状。第一文作手持锯断人之足，尤为形象；其余三文省去手形，但锯子仍在被锯者的腿旁。

锯足，乃至截肢，现代外科手术中并不鲜见，乃是万不得已而为之的下策。只要有一丝希望，医生总会想方设法保全病人之腿足；病人也会苦苦哀求医生不要行此手术。谁都知道，截肢断足，便成终身残疾，抱憾一世，无可挽回了。无论如何，作为手术，这是在紧急情况下救死扶伤的一种手段。但甲骨文所显示的，却并非外科手术，而是一种非人道的酷刑——古代刖（yuè）刑的象征，这个字实是“刖”字的初形。

据已故的胡厚宣教授研究，商代的刖刑既施之于战争中的俘虏，也施之于逃亡抓回来的奴隶，而且成批成批地把他们的脚锯掉。卜辞常有刖若干人的占卜，多的甚至达百人之数，大都施之于奴隶。可见，在商代，作为五刑之一的刖，是经常执行的。

这样，势必有一些人是专司刖刑，断人之足的。商器旻簋(yàn guǐ)上有一族氏文字作(《商周金文录遗》133)，为手执锯形，与本文所引甲骨文第一文可相参证，很可能便是刖刑执行者之标志或象征。又据《韩非子·外储说左下》等书记载，孔子相卫，其门人子皋任卫国狱吏，便是专干“刖人足”之事的。

商代的刖刑除了卜辞的证据外，近年还为考古资料所证实。1971 年中国科学院考古研究所在安阳后冈发掘，在一长方形土坑竖穴墓中发现了一个殉葬人，骨架保存较好，但少一下肢骨。这是极重要的发现，其重要性便在于它提供了新的史实：以刖者殉葬。

据《周礼·司刑》所言五刑次序，刖罪仅次于杀罪，是一种很重的刑法。这种酷刑，一直到春秋战国时代，还普遍使用。齐景公滥用此刑，致使市面上正常人穿的鞋子很便宜。而受过刖刑者所用的鞋子“踊”反而贵得很，晏婴乃有屦(jù)贱踊贵的讽谏。楚国的和氏得了一块璞玉，献给楚武王，武王叫治玉专家鉴定，说是石头不是玉。武王以为和氏有侮慢罪，把他左脚锯了。后来文王即位，和氏又把璞玉献上，文王又叫人鉴定，又说是石非玉，于是把他的右脚锯了。一片忠心献玉，反被诬为骗子，好端端的一双脚竟被活生生的锯掉，你说这个和氏是何等的冤枉！何等的不幸！他抱着宝玉在荆山之下痛哭了三天三夜，哭到泪尽血出。

甲骨文左半缺一足的人形，便是小篆字，隶定之即为尢(尣，wāng)。《说文》：“尢，尲(bǒ)，曲胫也。从大，象偏曲之形。”徐锴说：“尣，一足跛曲也。”右边的锯形讹误为王，又误为㞷，便成了《说文》尢的古文尪(wǎng)。形又可作兀，兀再加足旁即为跀，同声假借又可写作跀。又由跀而改造为从刀月声的刖,为传世典籍所通用,以迄于今。《说文》:“刖,绝也。”尚存古义。

到了汉代,刖刑还分为斩左趾(趾:脚)与斩右趾两种。《汉书·刑法志》说,孝文帝刘恒即位十三年(公元前167年)下令除肉刑。丞相张苍、御史大夫冯敬又议请制定法律,以其他刑罚代替肉刑。其中“当劓(yì)者(割鼻),笞(chī)三百;斩左止(趾)者,笞五百;当斩右止,及杀人先自告……皆弃市。”表面上刑罚轻了,实则杀人更多。斩左止即左脚固然痛苦,毒打五百鞭难道就易受么?而且,当斩右脚者改为死刑并暴尸街头。故班固评论道:“外有轻刑之名,内实杀人。”后来景帝即位,减少了“笞”的数目,规定了“笞”的标准,而且“当笞者笞臀”——只许打屁股;“毋得更人”——举鞭者不能换人,这样,被笞致死者大概少一些。但“杖毙”者仍然史不绝书。

现在锯足之类的肉刑彻底废除了,笞刑也彻底废除了,作为历史的陈迹,汉字体系中还保存了㓼、刖以及劓、笞等字,对现代读者而言,它们不仅不是常用字,而且是容易读错的生僻字了。

附记:

胡厚宣先生著有长文《殷代的刖刑》刊于《考古》1973年第二期,对于甲骨文刖字及古代刖刑论证至为详尽,征引材料甚为丰富,读者可参看。

脖子上的绳索——说“係”(系)

“文化大革命”之后吹起一股语文复古风,滥用繁体字是其重要标志之一。影响所及,连某些本来不是“简化”的字也被当作简化字而摒弃,再另找一个字充作其“繁体”。这样以甲易乙,繁是繁了,却不免张冠李戴,闹出笑话。如本文所要说的“係”字可简化为系,但系与係并不完全相同,在许多场合下,系并不是係的简化。好古之徒盲目复古,把系一律写为係,于是高等学府里凭空多出了许多“係”。某系开运动会就有“某某係运动会”的横额,醒目大字悬诸场中,观者瞠目;各行各业各条战线也成了各个“係统”。还有人为这些“係”辩护说,这是繁体字,你懂吗?不知底细者固然被吓退,稍知“係”之来历者却不免哑然失笑。

就“係”而论,意义与“系”本不相等,两字有相通处,但“係”并不能代替“系”。换言之,“係”可包容于“系”而不能包容“系”。这种区别,历来很清楚,可以一直追溯到甲骨文时代。系,卜辞作

从爪从絲,金文作

寓意同;小篆省[illegible]为[illegible],遂成

《说文》:"系,县(悬)也,从糸,丿声。"是误会意为形声,"系"指手中之丝,是一般的"悬",是"垂统于上而承于下也"(段玉裁语),故而引申为系统、世系、系别等等。而係,甲骨文作

诸形,乃是人颈上套以绳索之状,其本义当为对俘虏(或奴隶、罪犯)的缚系。这个字与"羌"的异体字

相似,不过后者特指缚系羌奴,"係"为泛指对"人"的缚系罢了。于省吾先生说:"係字的初形作,是古代统治阶级令其爪牙用绳索绑在俘虏或罪人的颈上牵之以行的一种很残虐的作法。"(见于省吾《甲骨文字释林·释係》,中华书局 1979 年 6 月第 1 版,第 296—298 页)这是对"係"的正确解释和精辟分析。

金文未见"係"字。战国古玺作

诸形(见徐中舒主编《汉语古文字字形表》所引),人形与绳索已呈分离之状。小篆作,人形与绳索完全分离,以其形似,绳索状的又讹作系。这样一来,对字义字形的分析也成了问题。大徐本《说文》云:"係,絜束也。从人,从系,系亦声。""絜束"——围而束之,实际上是"係"的引申义,以引申义充本义,是许氏失察所致,但仍把它看作会意兼形声字。小徐本则作

"从人,系声",直把它看作形声字了。清代的《说文》家如段玉裁、王筠等均以小徐本为是,只有田吴炤《说文二徐笺异》认为"宜从大徐会意兼亦声为是"。今证以卜辞及古玺,知大徐本对字形结构的分析基本上还是正确的。

用绳索束缚他人的脖子是"係",脖子上套着绳索被人牵着走的人也是"係"。从卜辞起,"係"就兼具动词与名词两种性质。卜辞之"係"用作动词者如:"勿係"(《南北·明》310),"十羌係"(意即系十羌,《簠·杂》59),"我其係"(《铁》100·3),都是用其本义。其用作名词,则指被束缚的俘虏。如《乙》4604(《丙》354)是两条对贞的卜辞(即从正反两面设问的卜辞):"辛亥卜,宾贞:□正化氏(读作致)王係? 辛亥卜,宾贞:□正化弗其氏王係?"(卜辞大意:辛亥这天占卜,贞人宾问;□正化〈人名〉会不会给商王送俘虏来?)在当时,"係"似乎是俘虏的泛称。与此相应,典籍中"係"用其本义之例亦屡见,如《战国策·楚策四》:"不知夫子发方受命乎宣王,傒己以朱丝而见之也。"《汉书·贾谊传》:"人有告勃(按指周勃)谋反,逮係长安狱治。"《左传》僖公二十五年:"秦人过析隈,入而係舆人。"《易·坎》:"係用徽纆。"或直称係颈,如《史记·秦始皇本纪》引贾生言:"百越之君俯首係颈,委命下吏。"同书《高祖本纪》:"秦王子婴素车白马,係颈以组,封皇帝玺符节,降轵道旁。"主动係颈——把绳索往自己的脖子上套,便是投降的标志。又或称係虏,同上文:"楚因焚烧其城郭,係虏其子女。"(其,指齐)《战国策·秦策四》:"父子老弱係虏,相随于路。"陆机《辨亡论下》:"拔吕蒙于戎行,识潘浚于係虏。"係虏又称係累,《孟子·梁惠王下》:"若杀其父兄,係累其子弟,毁其宗庙,迁其重器,如之何其可也。"又或称係获,桓宽《盐铁论·本议》:"先帝哀边人之久患,苦为虏所係获也,故修障塞,饬燧燧,屯戍以备之。"义同俘虏、俘获,係仍为捆绑、束缚义，与卜辞之係用法无异。可证秦汉以还，字形虽变，其义尚存，也可想见对待俘虏或罪犯，还是少不了绳索的捆绑。

由对人的束缚之义引申，“係”亦可用之于物。如《左传》襄公十八年：“以朱丝係玉二瑴。”《国语·吴语》：“係马舌。”《庄子·马蹄》：“是故禽兽可係羁而游，乌鹊之巢可攀援而窥。”又可用之于无形之事物，《汉书·郊祀志下》：“……求之荡荡，如係风捕景，终不可得。”苏轼《答谢民师书》：“求物之妙，如係风捕影。”喻其事之办不到或不可得。或称係念——思想犹如绳子係于某事某物或某人，今人书信中还常用到；由係念进一层则称係仰，如杨修《答临淄侯笺》云：“不待数日，若弥年载，岂由爱顾之隆使係仰之情深邪？”这些“係”都是绳索缚颈的引申。由此再引申，“係”又有联系，关系等意思，则与系同。

现代汉语“係”既不用其係颈之本义而只用其引申义，“係”的人形与系也已无多大关系，可有可无，故把它归并于“系”，是不会产生歧义的。但若要“复古”，再易系为“係”，那就得慎重从事，视具体场合而定了。

盲目地把系写成係，犹如不问情由，拿绳索往别人脖子上套，其荒谬与可笑是明摆着的。有些人据此指责汉字简化工作，说都是简化字不好，使汉字有了繁简二体，加重了群众的认字负担，更不易掌握了。这种指责当然是毫无道理的。汉字简化，便于使用，谁叫你舍简就繁，乱写一气？此其一。化繁为简，本可以减轻负担，你自己却把本已丢下的包袱捡起来驮在背上，对它又缺乏认识，以致错误迭出，正所谓咎由自取，又怨得谁来？此其二。可见问题不在于汉字简化工作，而在于盲目“复古”，且又对所谓的“繁体字”缺乏正确的理解，以致糊里胡涂地写去还自以为是。这里，不妨顺便向特别喜爱繁体字而欲复古之士进一言：请下点功夫认识一下所要复的“古”罢！对“古”一知半解，稀里胡涂，又怎能“复”呢？

奴隶的形象

什么叫奴隶？他们是怎样生活的？在社会主义时代过着幸福生活的青少年们是很难一下子回答这样的问题的。让我们先看看下面这几个甲骨文：

第一、二字像一个人正面而立，他的头发（辫子）被一只手揪着；第三、四字是一个人侧立，也是被人揪着辫子；第五、六字是一个人侧立，两手被缚，辫子被揪；第七字是一个怒目而视的女人跪在地上，两手反剪，辫子被人用双手抓住。这几个字的共同点是一个人的头发被别人揪住，无论正立也好，侧立也好，站着也罢，跪着也罢，头发始终掌握在别人手里，必须听从别人的指挥。与此类似的字在金文里也有，请看：

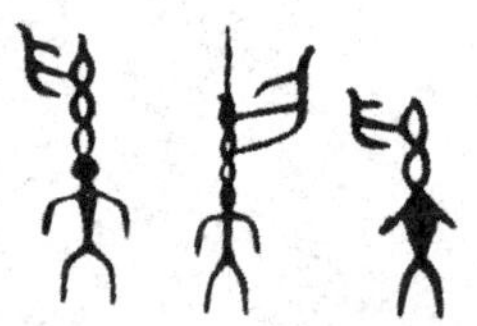

这三个字都是一人正面而立，头发被人揪住的形象，同样是没有自由的象征。甲骨文、金文中的这些字可说是古代奴隶的一种形象，是奴隶悲惨生活的一个侧面的写照。那么，这究竟是什么字呢？

这就是《周礼》中所谓“奚隶”的“奚”字。把“奚”和上面那些古文字相比较，可以看出，古今字形的变化还不算太大。古书所说的“奚四人”、“奚三百人”，以及“奚隶”，指的都是奴隶，男奴、女奴都包括在内。古代自由民犯了罪，被拘入官府为奴的，也称“奚”。

和奚字相仿佛的是羌字。甲骨文里的“羌”，是商代西北部的一个少数民族；羌人在战争中被商俘获后，便成了奴隶。祭祀时被作为殉葬品而杀害的奴隶中，羌奴占了大多数。甲骨文的羌字大部分写作一个人侧立而戴羊角之状；还有一小部分的羌字则是脖子上套着绳索的形象：

所异于奚字的，只是没有强调抓住绳索的手罢了。这种结构的羌字在金文里也出现过。甲骨文里还保存着砍杀奚奴的形象化的文字：

是斧钺的象征，一斧砍去，奚奴身首异处，鲜血四溅，其惨烈之状可以想见。

奚字的本义到了秦汉便大概很少有人知道了。许慎把它解释成“大腹也”，便完全掩盖了这个字本身所反映的阶级内容。随着奚字的假借为虚词，又造出了女字旁的“嫨”，作为“女隶”的专用字；还在奚字左侧再加一个人旁，造一个傒字，意思却与囚系的系差不多，真是重重复复，画蛇添足。今天归并汉字，若把嫘和傒归并掉,我举双手赞成。

抓住奴隶的辫子,强迫他干活,这固然是古代奴隶社会的现象;但其影响所及,却十分深远,甚至到今天还可看到它的遗迹。现在"奚"还用作姓,是否与古代的奴隶有关,可存而不论。

剔骨——说“别”

《汉字古今谈》问世后，笔者陆续收到一些读者来信，问字质疑。有的读者提问之后，还希望我写成文章谈一谈。如本文所要说的“别”字，便是被一位读者问出来的：“离别、分别和辨别、鉴别以及别人、别字的‘别’，右边为什么是侧刀形？这些‘别’与刀又有何关系？左边的另(呺)又是什么意思？”

纠正错别字是汉字规范化的重要内容之一，而“别”又是常用字之一，是人们几乎天天要接触到的，把它的结构及来历弄弄清楚，认真考察一番，确是很有必要的。

从楷书看，刀(刂)与另相结合何以有离别、辨别诸义，确是费解。但若从篆书分析，这个“别”字却也不难理解，别，小篆作

《说文》的解释是：“分解也。从冎，从刀。”这样看来，刀是用以分解的工具，那么，冎又当作何解？冎，是剐(剮)的古字，《说文》：“剔人肉置其骨也。象形。头隆骨也。”是冎乃将人肉剔除以后一根骨头的形状。这些解释，不禁使人联想到一幅可怖的画面，人死之后再加分解(今云解剖)，而且剔其肉而“置其骨”，使之骨肉分离！“别”字里面竟包含着如此残忍的手段，惨不忍睹的场面，可说也是古代某一社会生活的缩影。

对于许慎的解释，宋、清二代的文字学家都是相信的，如段玉裁为“剔人肉……”句作的“注”说：“剔当作鬄，解也，其《周礼》‘膊之、焚之、辜之’之刑欤？《列子》曰：炎人之国，其亲戚

死，冎其肉而弃之。”据段注，冎（剐）既是酷刑，又是葬礼。前者实即凌迟，一直延续到清代，人们不难接受。至于后者，“炎人之国”的风俗，在古代竟有普遍性，而且反映在汉字字形上，在今日之读者看来，确有点不可思议。其实，联系到现代藏族仍普遍存在的天葬习惯，也可证明许、段所言不诬。所谓天葬，是人死后，亲属将其尸体抬到专设的天葬场，先肢解，将肉剁碎喂鹫鹰，最后又将骨头剁碎喂之。尸体为飞鸟食尽就算吉祥，皆大欢喜，死者亲属亦引以为荣，绝无残忍凄惨之感。在民主改革之前，藏族农奴主将奴隶杀死后，“剔人肉置其骨”更是司空见惯的事，还有将奴隶的头盖骨当作生活用品的。殷墟甲骨文中有人头骨刻辞，也足证明，我国古代之有“冎”是确确实实的，当时或许并不算什么惨烈；冎旁再加一把刀，以示用刀将骨上的肉剔除干净，就算是“别”的景况了。

可以说，“别”是奴隶社会的产物，它所概括、集中反映的本是人体骨肉的分解，是生者的酷刑，死者的礼遇。但颇为奇怪的是，这个字不见于商周铜器铭文。甲骨文仅一见，作，契于武丁时的一个腹甲。从上下文看，似乎是个地名。出土竹帛文资料中“别”字出现较早而有文义可考者，当推云梦睡虎地秦简，作，辞曰：“计禾，别黄、白、青。”（《秦律十八种》）

以刀剔骨的“剮”演变为“别”，是在汉代，下列字形代表了“别”字隶变的过程：

→ → →

《老子》帛书本　　居延汉简　　武威汉简　　三公山碑

（参见徐中舒主编《秦汉魏晋篆隶字形表》）

“别”既是使骨肉分离的一种行为，则操刀而“别”者必得有熟练的技术，非经专门训练不可的。古代或许有“别人”或“别氏”一职专司此事，但《周礼》无之，而只有“掌供六畜、六禽”的“庖人”和“掌割烹煎和”事的“内饔”稍稍近之。《庄子·养生主》有庖丁（厨师）解牛的描述。这位丁师傅身怀绝技，解牛之时以神遇而不以目视，十九年间解牛数千而所用的刀仍锋利无比，好像刚刚磨过的一样，称得上是解牛专家，或云“别”专家了。作为姓氏的“别”，最初或许就是“解牛”或“解人”的职业，久而久之竟变成了姓。

除了庖丁善“别”之外，外科医生也是擅长此道的。《三国演义》第七十五回叙华佗为关云长刮骨疗毒：“佗乃下刀，割开皮肉，直至于骨，骨上已青；佗用刀刮骨，悉悉有声，帐上帐下见着，皆掩面失色。公饮酒食肉，谈笑弈棋，全无痛苦之色。”“用刀刮骨悉悉有声”，无异是对“别”字的一个注解。至于在现代医院的解剖室，大大小小的猪（牛）肉铺，以刀刮骨式的“别”更是习以为常，不足为奇了。只是许多解剖者以及终年操刀解猪（牛）者未必知晓自己之所为与“别”字的关系罢了。

“别”字隶变、楷化后，字形与字义的关系隐蔽起来，鲜为人知。典籍中之“别”虽有用其本义者，如《淮南子·齐俗训》“宰庖之切割分别也”，但不多见。由骨肉之分解引申，别又有辨别、离别、分别、区别、类别、特异、特别、另外、个别等义。现代口语又可假借为副词，义同不要；用作动词时义与佩、插相近，如说“裤带上别着一支枪”之类，与其本义正好相反。此外，一些名词凡含“另一个”或“特异”之意而区别于本身事物者皆可冠以“别”，组合为复合词。据《辞源》等工具书所列，便有别子（诸侯嫡长子以外诸子）、别本（副本）、别史（正史之外的另一种史）、别传、别名、别材、别兵、别派、别室、别致、别径（小道）、别将、别第、别集（相对于总集而言）、别殿、别号、别业（别墅）、别解、别调、别趣、别墨(墨家学派的分支)、别体(书法的变体)、别字等条目,作为词素的"别"颇有点形容词的性质。其中须要附带谈一谈的,是"别字"。

"别字"常与"错字"相并列而合称"错别字",其实二者是有区别的。错字是指该字结构或笔画的错误,如"恭"字下面的"心"多写一点而成"水","贼"字的偏旁"戎"多写一竖而为"戒"之类,别字是相对于正字而言的,如把舞写成午,代写成待之类。也有是因字形相似不易分辨而误用的,如己已巳、戊戍戌、茶荼、壶壸之类。"别字"的"别"也是另一、另外之义,与操刀分解的本义相去甚远。

别字,口语称为"白字",写(念)别字就叫"写(念)白字",无论过去或现在,都是很不光彩的事。若被群众称为"写(念)白字先生",则这"先生"的声誉必然不佳。其实写别字现象可一直追溯到商周时代。古人——古之名人又何尝不写别字,不过,说得好听些,体面些,一般说是假借或通假而已。如1973年底长沙马王堆三号汉墓出土的帛书《战国纵横家书》,"假借"、"通假"现象便十分突出,诸如梁写作粱,谓写作胃,赵写作勺,憂(忧)写作夏,攻写作功,待写作侍,争写作诤,辱写作蓐,苟写作句,常写作掌等等,可谓俯拾皆是,不胜枚举。这样说,绝不是为了给当代之写别字现象提供"根据",使之合法化。古是古,今是今,古人错了,不必苛求,但决不能效法。我们今日如像古人那样"通假",你"通"我"假",势必别字满天飞,天下大乱,无法交际。所以应该分清楚:"别"字今日仍常用,亦得常写,但正字之外的"别字"却是规范化工作的"对象",万万不可乱写也。

“我”算什么形象

“我!”“是我!”“我的!”“该我了!”“我姓……”“找我?”在日常生活中,每当听到这许多“我”的时候,总可见到千姿百态、变化无穷的“我”的形象;或虽未见到,却可从熟悉的“我”声中想象出“我”的容貌。自从“我”用为自称代词后,它总是和具体的人物形象连系在一起的。但作为汉字之一的“我”,其字形结构却与人体形象毫无干涉,随便哪位喜欢自称“我”如何如何的人也休想从“我”字上看出分毫相似之处。“我”字既与人形无关,那么,它又算什么形象呢?

这个问题,在汉代已不甚了了。我,小篆我,古文我,寓意何在,《说文》的解释便令人不得要领:“我,施身自谓也。或说我,顷顿也。从戈手,手,古文垂也。一曰古文杀字。”说手为古文垂,毫无根据,即便如一些学者所强调,承认其为“古文垂”,也不能回答为何“施身自谓”要写成我:左垂右戈,并不能得此义。顷顿与垂戈也无干。“一曰古文杀字”,似有戈义,但手非义非声,也很不好说。许慎大概也未能确知“我”是何形象,只好将三种说法并列,让后人来判断了。许氏之后,历经一千六七百年,以迄清代戴(震)、段(玉裁)、桂(馥)、王(筠)、朱(骏声)等《说文》大家,“我”好像是个解不开的谜,仍然弄不清它的本来面目。像段氏于“从戈手”下注道:“合二成字不能定其会意形声者,以手字不定为何字也。”于“一曰古文杀字”下注道:“我从杀,则非形声。会意亦难说也。”(“古文我”下无注)从这些注语看,与许君心心相印的段玉裁对“我”的结构也是看不透,说不清，真是"难说"。

清末甲骨文出土后，"我"便显出了庐山真面目，联系古金文中的许多"我"一考察，学者们终于发现，"我"原来是种兵器的形象，和"施身自谓"并无关系。

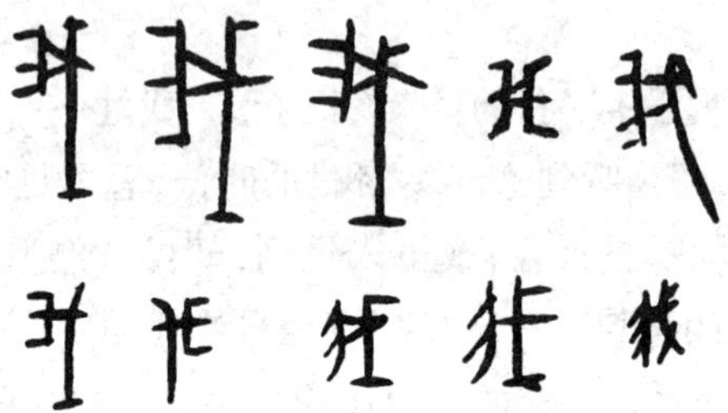

甲骨文

这些甲骨上的"我"，直觉地告诉人们：我是一种长柄（柲）武器，像戈，但又不是一般的戈，它比一般的戈还多着几把匕首形的东西。青铜器上的"我"结构与甲骨文大体相同，只是"戈"的柄常微弯，其中第五文见于弔（叔）我鼎，实即《说文》古文之所本

青铜器

（《魏三体石经》古文我作[illegible]）；第六至八文分别见于歬伯簋、不𡢁簋和宗周钟，这三个"我"便与小篆差不多了。甲骨文、金文中这些"我"本身便说明了"我"是不可分割的独体象形字，小篆以来我的左半部分扌乃是逐渐演变而来的，它与花木下垂的

"垂"确无一丝一毫的关系：

根据这些古文字材料，"我"为长柄兵器是没有疑问的了。

但是，"我"究竟是怎样的兵器呢？大家各自凭字形及有关文献猜度、分析，意见仍难免有分歧。有的先生认为，"我"是一把锯子形的武器，古代的刖刑便是用"我"去锯腿（足）的。有的先生则认为"我"是长柄而有三齿之器，为锜之初文，亦即耕具鉏（锄）。又有的先生认为"我"是多刺兵器。

1978 年湖北随县曾侯乙墓出土器物中有一种三戈戟（或当称多戈戟），为解决"我"的形象问题提供了实物依据。这种三戈戟，完整的有三件，据考古工作者记述，"通长约 3.43 米，三戈一矛同装于一柲上；矛装于柲（即长柄）的顶端，往下为一件有内的戈和两件无内的戈。戈之间的距离 4.7 至 5.3 厘米，三件戈援长略有差别，自上而下依次递减。"（随县擂鼓墩一号墓考古发掘队：《湖北随县曾侯乙墓发掘简报》，见《文物》1979 年第七期）把这种三戈戟线条化，凝缩为象形字，将三戈之胡与内再加概括，规范，也就是甲骨文以来的"我"了。古代这类兵器大概还不限三戈，还有四戈、五戈的，所以甲骨文、金文有 等形，并非故意多写一二横笔，实是现实中的"我"在字形上的反映。

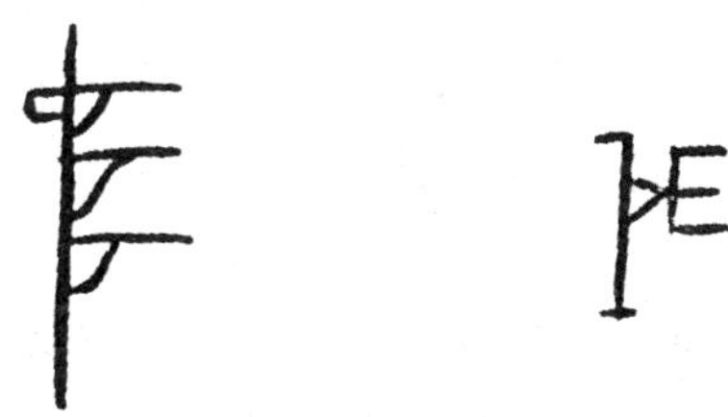

由此说来，几千年来作为第一人称代词（兼指复数）的“我”，实在是一种多戈戟的形象，是很有杀伤力的武器，乃“凶器”也。奇怪的是，我字在出土文物上或传世文献中绝不见用其本义，而只见用其假借义。假借后，“我”的形象便因人而异了。不仅如此，凡以“我”为声符的字，如莪、诐、饿、俄、峨、硪、骁、蠡、鵞（鹅）等等，“我”也仅起一个记音表声的作用，与其本义毫无干涉。所以，强调“右文说”，认为“声中有义”、“同声旁者义必近”等等，在“我”面前，便全失去了意义。值得一提的倒是，甲骨文“我”除用作第一人称代词外，又是方国名、地名，还是武丁时的贞人名（详拙文《甲骨文所见第一人称代词辨析》，《学术研究》1984 年第 4 期）。战国时有我子，见《汉书 · 古今人名表》，《汉书 · 艺文志》著录《我子》一篇。作为方国名、地名、人名的“我”是否与当时的多戈头戟武器制造有关，“我”是否便是该地、该氏族的标志？在目前情况下，既不能肯定，又难以否定，只好存疑以待异日了。

附记：

此文盘旋脑际多年，迟迟未能下笔，因据甲骨文，只知“我”为兵器，苦无实物为证，难以确指。去年春夏间，与曾宪通兄闲谈及此，宪通兄谓曾侯乙墓有多戈戟，当为“我”形。乃急取《文物》所载照片观之，诚“我”无疑。此文之作，实赖宪通兄一言启迪。因记之以为纪念焉。

又，在曾侯乙墓发掘之前，1975 年陕西扶风县庄白村出土的西周伯㦰诸器中有一件三齿两銎（qiōng，刀斧上安柄的孔）的特殊兵器，长 24 厘米，最宽处 8 厘米，重 300 克。由刃、体、銎三部分组成。刃作三齿形，与体相连。体背有两个桃形銎孔，銎上钉孔对穿，以便固定木柄。1976 年春，该村又出土了一件同形之器。这两件兵器与曾侯乙墓出土的多戈头戟有异曲同工之妙，罗西章同志认为是“我”之本形。他说：“三个齿就像三戈贯串一起，有勾啄的效用。由于它齿多如锯，齿尖锋利，啄得深，啄入敌体后，再经一拉，宛如锯子锯物一样，有较大的杀伤力。这两件锯齿形兵器，笔者以为就是甲骨文和金文中的‘我’——一种古代的砍杀武器。”（罗西章：《我字试说》，中国古文字研究会第五届年会论文）罗说亦不无道理，特记之以资参考。

矮子与射箭

射箭，在古代既是一种武功，又是一种生产手段，打仗，狩猎，总少不了“张弓注矢”这件事。古籍和文学作品中有关这方面的传说和描写也很多。上古有“射日”的后羿，把十个太阳射下九个，只剩一个来照耀人间；商末有“射天”的武乙，“为革囊盛血，仰而射之”（《史记·殷本纪》），结果在一次打猎中被暴雷震死。汉代的飞将军李广，唐代的薛仁贵，都是百步穿杨的神话式人物；元代的成吉思汗则是弯弓射大雕的“一代天骄”。此外，还有射虱的纪昌，能够把虱子悬挂在窗户上，远远一箭射去，正中虱心而悬虱之绳不绝……这些传说和记载都可说明，这“射”确是壮夫之所为者。验之当代，运动场上弯弓执矢的运动员，男的固然多彪形大汉，女的也均是身强力壮或飒爽英姿的健妇，未见有武大郎或林黛玉式的人物登场。可是，我们仔细看看这射箭的射字本身，却不免哑然失笑，左边一半是“身”，右边一半是“寸”，这两个偏旁合起来，既不“象形”，也不“指事”，又谈不上“形声”，算什么意思？寸身之人谁见过？倘说是“会意”，只能“会”出个“矮子”的意思来，可这与名列六艺之一的射箭事又有何涉？莫非古代擅长射箭者都是矮子不成？就字论字，这形义之间的矛盾委实太大，太难理解了。

那么，请教请教文字学家吧。今日之射，小篆作

打开《说文》，许君是这样解释的："从寸，寸，法度也，亦手也。"寸代表"法度"，也是"手"，姑且承认是对的吧，但与身合在一起，虽非寸身之人，亦当是"合法度之人"，何以必是射箭的射呢？此惑仍未能解。号称《说文》大家的段老先生注解道："说从寸之意。射必依法度，故从寸，寸同又，射必用手，故从寸。"心思不可谓不缜密，解释不可谓不圆满，但古人做事"必依法度"、"必用手"者又岂仅射而已哉？反之，从寸或从又之字又难道都与法度相关么？所以段氏之言同样不能解惑释疑。再看《说文》所列射之"古文"，作

䠶

许氏说道："弓弩发于身而中于远也，从矢从身。"这倒还有点"谱"，射当然离不开箭（矢）。但仔细推敲，也有问题，矢在身旁，代表的何以必是"发于身而中于远"，却不是"发于远而中于身"呢？如果我们也来"说"文"解"字，这个䠶岂不可说解成身为飞矢所中乎？

幸好我们现在还能看到商周时代的铜器铭文和甲骨文，找到这寸身之射的老祖宗，才算解开了这个谜。不论甲骨文或金文，射字都屡见不鲜，不过都是弓与矢之结合，"会意"，也有附加一个手形的，但都与后世大肚子的身无关。下面是从《甲骨文编》和《金文编》中选录的各种形状的射字：

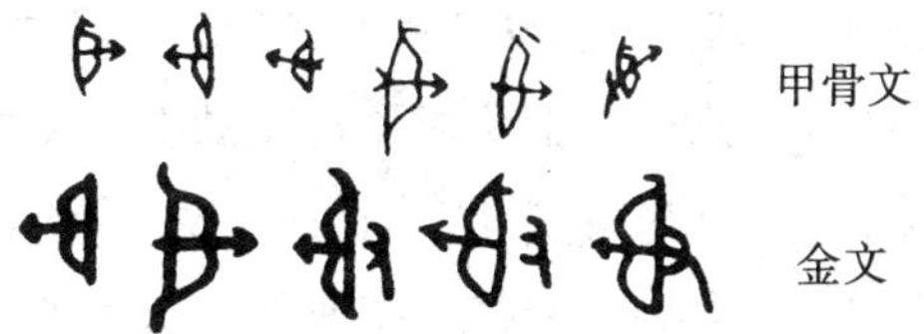

这才真正是张弓搭箭的射字。一张弓，一支箭，结合在一起，而且是箭在弦上，待机而发，这正是射箭者瞄准的姿势，最富有代表性、最引人注目的镜头。可以说，造字的先民确是抓住了“射”的关键，从而形象、生动地再现了射的行为。甲骨文、金文中的这些射字，在古代典籍中也可得到佐证。如《礼记·月令》说在季秋之月“天子乃厉饰，执弓挟矢以猎”，到孟冬之月“天子乃命将帅讲武，习射、御、角力”；《诗经·吉日》说“既张我弓，既挟我矢”，都是弓矢并举，以喻射箭田猎事。甲骨文田猎卜辞中经常见关于“射”的占卜，或问王是否亲自去“射”，或问派哪个官员去“射”，是否有所猎获；许多甲骨上，还有射鹿、射兕、射麋、射狐、射犬等具体的记载，如有一片甲骨上就明白记着：“射鹿，获一。”（《殷虚书契后编》卷上第三十页第十三片）

那么，“古文”、小篆的射所从的“身”又是怎么来的呢？显然，它是由弓形讹变而成的。本来，甲骨、金文中的身字从人而隆其腹，像妇女怀孕之状：

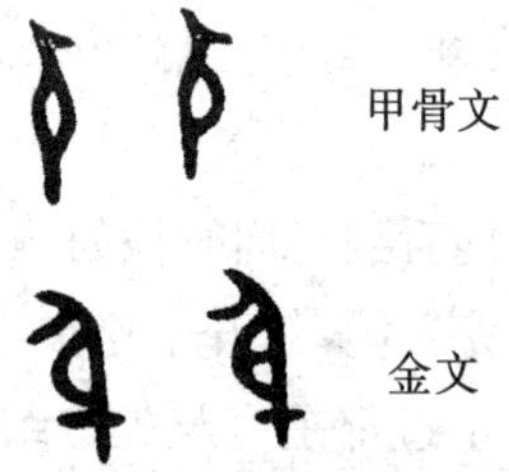

与射箭用的弓虽有别，亦颇形似。文字在使用流通过程中难保不有写错，笔误，乃致以讹传讹，失去原貌，这个射字亦可为一例。大概先由弓矢结合的形状变而为二者分开呈左右并列之形[illegible]，而后弓形又误为身，于是就成了古文的䠶。篆文的射则又遗忘了箭而把手（又）变成了寸，于是成了无法解释的矮子，逼得文字学家也要费尽心思去说解，搜索枯肠作注释。假若许、段诸公见到这些古文字材料,也肯定不会再那样说、那样注了。

颇为有趣的是,“射”在古代还是个官名。在上古崇武的时代,大概未必是“学而优则仕”,倒有点像“射而优则仕”。《礼记·射义》说:“古者天子以射选诸侯、卿大夫、士。”所以,射箭出众,箭法高超——亦即武艺高强者也有高官做,得随侍皇帝左右。甲骨文中常见的“射畄”,即是一员大将,南征北讨,许多重要战役都有他的份。《周礼·夏官》有射人,主管射法、射仪。此外还有射正、射生将,也是与射有关的官名。至于秦代设置的仆射,汉献帝时设置的左右仆射(至唐改为左右匡正,又改为左右相),权位已与丞相差不多,与“射”本身恐怕就没有什么直接关系了。

从“运斤”说到“丘八”

《庄子·徐无鬼》记有一则匠石“运斤”的故事。大意是说，楚国郢都有个人鼻尖上沾了一点白粉，请匠石给他砍掉。匠石于是“运斤成风”，把“斤”挥舞得呼呼作响，结果把白粉砍得干干净净，鼻子却毫无损伤。那个郢都人胆子也大得很，站在那里动也不动，毫无惧色。匠石“运”的斤和我们现在常说的公斤、市斤，几斤几两的斤，字形字音都一样，字义却天差地别。

古代的斤本是像锄头一般锋利的器物，斤字本身正好是这种器物的象形。考古材料证明，斤起源很古，斤字也在甲骨文以前就出现了。近年来在山东莒县陵阳河遗址出土的灰陶缸上，刻有一个图象文字：，好像横写的阿拉伯字7，这就是斤的初文。它与甲骨文、金文以至小篆字形上的联系是很明显的。甲骨文是陶文的缩影，金文是陶文的简省，小篆则又源于金文。

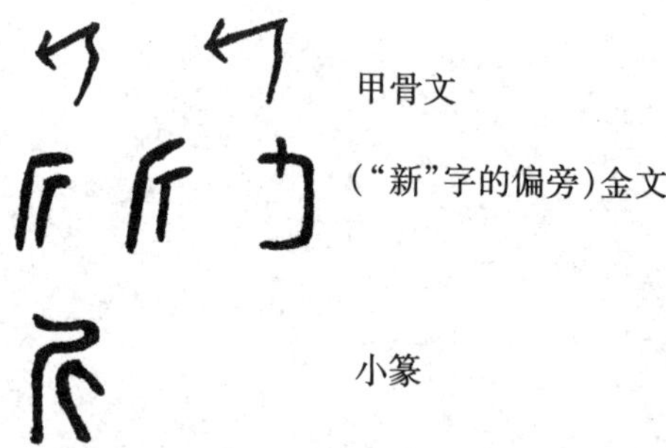

当初，斤和斧头是有区别的；《墨子·备穴》“斤、斧、锯、凿、镢”五者并列，也可见斤与斧确有不同。不过由于斤和斧头配

合着使用，故常合称“斧斤”。如《孟子》说“斧斤以时入山林”（斧和斤按时进入山林），“斧斤伐之”（用斧和斤去砍伐它）。久而久之，斧斤的区别逐渐淡薄，乃至成了同义词，斤也被看作是斧头了。《说文》说“斤，斫（zhuó）木斧也”（砍木的斧头）；《庄子》里匠石所“运”的斤，实际上指的也是斧头。

古代的斤作为一种生产工具，它的主要用途大概便是砍木了。从原始森林里伐取木材，上山找柴火，把整条大块的树木劈成细条小块，都要用到斤。正因为如此，表示砍木劈柴这一概念的字（词）也常带着斤旁。最明显的例子便是析与折两个字。

析是正在砍木的象形，甲骨文等形，作斤加木上，但木还未断。

甲骨文

看到这些字形，很容易使人联想到《诗经·魏风》的《伐檀》，联想到伐木者奋力劳作的情景。金文的第一文，

金文　　　　小篆

见于格伯簋，或易木为禾，即第二文，见于鄦侯簋。斤与木并列，是小篆的前身。另外，商代的父丙卣有一个字作[illegible]，于省吾先生认为乃是析字初文（见《甲骨文字释林·释斤》），右旁的斤作[illegible]，由尖刃变为窄刃，手执利斤，伐木的意思非常明显，和甲骨文的结构是一致的。由此可证《说文》以“破木也”来解释析的本义，是完全正确的。破木又叫析薪。《诗·南山》说“析薪如

之何，匪斧不克”，没有斧头便劈不了柴，这句诗可说也是对析字很好的注脚。后来的分（析）、解（析）等义都是破木义的引申。析的对象也不断扩展，由具体而抽象。如《公羊传》宣公十五年“析骸而炊之”，《淮南子·俶真》“析才士之胫”，所“析”的是尸骨和小腿；而陶渊明的诗句“奇文共欣赏，疑义相与析”，“析”的却是奇文中的疑义了。

折字与析相仿，所不同的是，“折”的木已经被斤砍断了。甲骨文有诸形，除第三文从艸（草）外，都是作从斤断木的形状。大概是（木）分离为二后容易与（艸）相混的缘故罢，个别折字不从木而从草（艸）。甲骨文从草与从木往往相通，这也是一例。金文折字则都从草，小篆作，与金文同。大抵西周以后，由于折字改从断草，人们对它的来历就已不大明白，所以许慎采取谭长的说法，把它解为“从斤断草”了。其实，杀鸡焉用牛刀，除草何须“斫木斧”，只有折树断木才非用斧斤不可，谭长说的错误是很明显的。而且，这样一来，和真正“从艸，斤声”的芹字就混淆起来了。后来又将误连为，再讹为，于是便成了隶书以来手字旁的“折”了。尽管砍断的木头变成了挑手旁，但锋利的斤却始终存在，没有什么大变化。折的本义依然存于典籍，如《诗·将仲子》“毋折我树杞”、“毋折我树桑”、“毋折我树檀”（不要把我的杞树、桑树、檀树弄断了），即是一例。至于折骨、折腰、折狱（即断狱），以及折扇、折叠、折服、夭折……都是“断木”义的引申或扩大。

除了析、折二字外，还有不少从斤的字，含义都与运斤砍木有关，或与斤有密切关系。下面是选自《说文》斤部的一些字例：

新（取木也），斯（析也），所（伐木声也），

斷（断）（截也），斧（斫也）。

这些字有的属会意，有的是形声，有的现在还常用，有的已不大用了。许慎的解释都明白易懂，足以说明斤的功用在于砍伐。其中斯字也很有趣。它是个形声字（其、斯古音同韵部），本义是“析”，但典籍中很少见用，多数是用作指示形容词，义同“此”（如斯人、斯言、斯世即此人、此言、此世），后又假借为关系词、语气词。于是又加个手旁，造一撕字，来表示“析也”的意思，如撕裂、撕开、撕破、撕毁……

斤既然可用来砍木头，当然同样可以用来锄地，砍人头。它不仅是生产工具，又可用作武器。古代生产工具和武器本无严格区别。斤用于战争，和戈矛剑戟起着同样的作用。这就牵涉到另一个常用字：兵。

现在的兵字，粗粗看去，似乎上半部分是丘，下半部分是八。过去，出于对旧军队士兵横行霸道、欺压百姓等行为的不满，人们常把兵说成“丘八”。显然，这完全是对“兵”字的误解。事实上，兵的上半部分是斤，下半部分是六，和具、共等字的下半部分一样，是由𠬞（廾）演变而来的，与“丘”和“八”根本毫无关系。这个兵字，从甲骨文以至小篆，都作双手举斤的样子，也是个会意字：

个别金文中间偶增短画，为《说文》籀文所本。《说文》古文从人双手持干（干，古代武器），作𠈃，是异体字。组成这个字的斤，实际上已泛指各类武器了。双手举着它，冲锋陷阵，杀敌致胜，这就是“兵”。所以，在历代典籍里，凡武器都可叫做兵，使用武器的人也叫做兵。甲骨文有“锡（赐）兵”的占卜，金文有“战获兵铜”的记述，“兵”都是指兵器，其余如厉兵秣马、短兵相接等等，“兵”也是指各种武器；至于兵强马壮、出兵、士兵，以及老兵、新兵等词语中的“兵”当然是指手执武器的勇士了。

可见丘八不成兵，双手举起了斤才算真正的兵。在兵字广泛用为武器的总名之后，斤仍然保持其原义，以与兵相区别。《左传》哀公二十五年记卫国的三匠造反，“皆执利兵，无者执斤”（人们都拿着锋利的武器，没有武器的人就拿斤），说明当时斤仍然是工匠们用来砍削的工具，必要时就当武器使用。

自从斤被假借作计算重量的单位词（量词）之后，使用极为广泛，几乎无人不知，但它的本义却逐渐从口语中消失了。如果不是古文字中保存了它的初形、本义，典籍里的许多“斤”以及若干从斤的字就很难理解了。我们既不能欣赏匠石运斤的绝技，更无法理解兵的本质，甚至还会以讹传讹，把双手举斤的“兵”误解为毫无意义的“丘八”呢。

由贱而贵的“御”

在封建时代——秦汉以来的两千余年中,“御”是个很特殊的字眼,在许多场合下只能用之于皇帝,而与平民百姓无缘。如皇帝的座位即皇位称御极,皇帝的容貌称御容,皇帝写的字、文章或批语称御书、御题、御札、御制、御批;为皇帝弹唱的艺人称御瞽 ,为皇帝看病的医生称御医、御师,保卫皇帝的军队称御林军。皇帝看东西叫御览,著名的《太平御览》便是宋太宗下诏编纂、命臣下进呈以备“乙夜之览”的。皇帝亲自主持的殿前会议叫御前会议。打起仗来,皇帝亲临前线,则叫御驾亲征。此外,还有御刀、御剑、御几、御衣、御膳、御宴、御筵、御壶、御酒、御道、御寝、御厩、御舟、御床、御榻、御辇、御玺、御花园、御沟、御史……总之,“御”大都与皇帝有关。即如粗粮玉蜀黍即玉米(或称苞谷),只因某个皇帝吃后说了声好,即身价倍增,称之为御麦,现在吾乡江南一带民间仍沿用此语,只是一般人不知其来历而已。“御”与皇帝、皇室关系之密切程度,几与“圣”字相等,真是高贵得很。

但是,就“御”本身而言,它与其他字一样,并无什么特异的高贵之处。“御”字也并非专为最高统治者所造,恰恰相反,倒是为底层的奴仆之一的车马夫所造,它所反映的正是驾车驱马之类的“贱役”。《说文》说得很清楚:“御,使马也。从彳从卸。驭,古文御,从又从马。”(大徐本)御的古文“驭”以手牵马(抓马?驯马?)会意,与“使马也”之训正相吻合,很好理解;但“从彳从卸”的“御”又是如何会出“使马”之意的呢?

从商周古文字资料可知,御的初文仅作卸。甲骨文御即多作

诸形,以跪跽之人(即卩)与缰绳会意(或为交午之绳,像套于马颈的绳索之形)。或增彳为

或又增攴为,驱马之意益显。不过,甲骨文御多用作祭名、地名、方国名,或假借为禦,尚未见用其"使马"之本义。金文御的结构与甲骨文大致相同,而绳索更为形象:

或增辵,作

之形,西周中晚期以后,演变为,御乃作

诸形,为小篆

之所本。严格地说,“御”是从辵从卸,只是小篆止与午结合得较紧,许君竟把它析为“从彳从卸”了。

金文御又有从马之异体,如:

直像举鞭驱马之状,当是《说文》古文

之所本,后者是前者的简省。金文御有用其本义者,如令鼎“王御,溓仲仆”;禹鼎“御百徒千”,一指驾车马,一指驾车马者。驾车马,虽然有时王亲自为之,但毕竟是贱役,一般皆奴隶为之。故西周金文之“御”又是奴隶的一种。如盂鼎云:“赐汝邦司四伯,人鬲自御至于庶人六百又五十又九夫。”管理“御”者则称御正,如卫簋:“懋父赏御正卫马匹。”

从文献资料看,许慎对“御”的解释也是完全正确的。“御”作为古代“六艺”之一,指的便是驾御车马之“艺”,并且是当年孔门弟子的必修课。据《论语·子罕》、《史记·孔子世家》记载,孔夫子曾对弟子们说:“吾何执?执御乎?执射乎?吾御矣。”(我干什么好呢?驾车吗?射箭吗?我驾车好了。)《孔子家语·致思》记子贡问治民于孔子,孔子说:“懔懔焉若持腐索之捍马。”(《太平御览》卷七四六引作“懔焉如与腐索御汗马”——小心翼翼好像用烂绳索驾御疾驰而出汗的马。）孔夫子说的御，文献中屡见，例如：

“若朽索之御六马。”（晚出古文尚书《五子之歌》）

“赵氏之先，与秦共祖。至中衍，为帝大戊御。”“穆王使造父御，西巡狩，见西王母，乐之忘归。”“自造父已下六世至奄父，曰公仲，周宣王时代戎，为御。”（《史记·赵世家》）

“子（晋襄公）墨衰绖，梁弘御戎，来驹为右。”（《左传·僖公三十三年》）

“冉求帅左师，管周父御，樊迟为右。”（《左传·哀公十一年》）

“徒御不惊，大庖不盈。”（徒，步卒；御，车御。《诗·车攻》）

“御者且羞与射者比。”（《孟子·滕文公下》）

“御者不失其驰。”（《穀梁传·昭公八年》）

“御者执策立于马后。”（《仪礼·既夕礼》）

“桓公田（畋）于泽，管仲御，见鬼焉。”（《庄子·达生》）

“东野稷以御见庄公，进退绳，左右旋中规。”（同上篇）

文献中的这些“御”、“御者”，说得直白些，便是驾马车、驾马车的，一般都是位卑者为位高者“御”。若是位高者为位卑者“御”，如魏公子无忌即信陵君为“大梁夷门监者”侯嬴执辔（《史记·魏公子列传》），荀爽为李膺“御”（《后汉书·李膺传》），便算是亲执贱役，礼贤下士，须要大书一笔了。

如此说来，御之本义为“使马”，御的对象本为拉车之马，确可无疑。由为年长者位高者御马之义引申，御乃有侍从、随从、侍奉等义。典籍中的不少“御者”即指侍从之人。如《仪礼·既夕礼》“御者四人皆坐持体”、“御者坐持之”、“内御者浴”。《礼记·丧大记》“御者二人浴”、“管人汲，授御者”等等，皆是其例。由驾御之义引申，御又有治、用、进等义。金文所谓的“御事”（盂鼎）、“用御天子之事”（齐侯壶），《诗·思齐》的“御于家邦”，《礼记·射礼》的“御于君所”，以及《国语·周语》所谓“百官御事”等等，“御”便均有治义。攻吴王夫差鉴（鉴，大盆）的铭文说：“攻吴王夫差择厥（其）吉金，自作御鉴。”御鉴义即用鉴。吴王夫差把自己做的这只“鉴”称为“御鉴”，与后世帝王的御刀、御剑……就比较接近了。

随着“御”义的引申，所御的具体对象也由马逐渐虚化、扩大而及于人。道家有御风、御云、御气之说，风、云、气虽可感知而无定形，所谓“御”也着实空虚缥缈得很。如《庄子·逍遥游》“夫列子御风而行”，御风实即乘风。晚出古文尚书《大禹谟》云“临下以简，御众以宽”，御众实即治众。或称“御民”，《晏子春秋·谏下二五》说：“礼者所以御民也，辔所以御马也。”《管子·牧民》说：“御民之辔，在上之所贵。”都是把民和辔连在一起的。在统治者看来，民众实与牛马无异，御马的缰绳和鞭子同样可以施之于民众。简而言之，对百姓的统治、管理亦可称御。在封建社会里，最高统治者便是全国最大的“御者”或“御人”，故凡皇帝所用之物或与皇帝皇家有关的事物皆得冠以“御”，显得高贵起来。不过，随着字形的演变，“御”字本义晦隐而引申义大行。秦汉以来的历代帝王中虽不乏书翰名家、诗坛巨擘，但于文字学却大抵全是门外汉。他们何尝知道与自己关系最密切的这个“御”本是赶赶马车而已，“贱”得很呢。帝王们倘若懂文字学，得悉“御”之来历，大概也会觉得扫兴，不至于那么热衷于将它与皇家等同起来吧。

由于“御”的不断虚化、高升乃至神圣化，其异体字“驭”便逐渐“独立”起来，专指驾驭诸事。现代各种字典、词典等工具书，都将“驭”立为单独的字头，不再把它看作“御”的异体字。“驭”既取得了合法的地位，与“御”成了不同的字，“御”的本来面目就更加不易被人看清了。

谈“天”

人们在日常生活中与“天”的关系非常密切。闲谈叫“聊天”。遇到不能解答的问题往往有“天知道”、“天晓得”之类的话脱口而出，以示无可奈何。出门要看看天色，天气。在天文台、气象台工作的人们更是无时无刻不在与“天”打交道，观察天体，预测天气……“天”又有昨天，今天，明天，后天……的区别，与“天”有关的词语更是不胜枚举。但“天”究竟是什么意思呢？这是很多人都感兴趣的问题。战国时代的诗人屈原专门写了一篇《天问》，提出了许多离奇古怪的问题；汉代的哲学家王充写的《论衡》中有《谈天篇》，唐代的文学家柳宗元则写有《天对》、《天说》，也都是在天字上做文章的。

我国历代的统治者出于他们政治上的需要，总给“天”涂上一层又一层神秘的色彩，拿“天”来吓唬群众，愚弄人民。皇帝称为“天子”，统治一切；皇帝的军队即是“天兵”，谁也反对不得。至于“天命”、“天意”，也是只能顺从，不得违背的。解放后在河南信阳出土的竹简上就写着：“贱人刚恃，天这于刑。”意思是说，地位卑贱的人们如果刚愎自用不听话，“天”就会用刑罚来惩处他们。当然，广大被压迫者是不信这套鬼话的，他们不怕什么天命，照样高举义旗，向“天子”的“天兵”宣战，取得一次又一次的胜利。但也不可否认，确有不少人受骗上当，被统治阶级的宣传所蒙蔽了的。

“天”真的那样神秘吗？只要分析一下天字的来龙去脉，问题就迎刃而解了。在古代的甲骨文——商朝时刻在乌龟壳和兽

骨上的文字里,天字也常见,一般都写成:

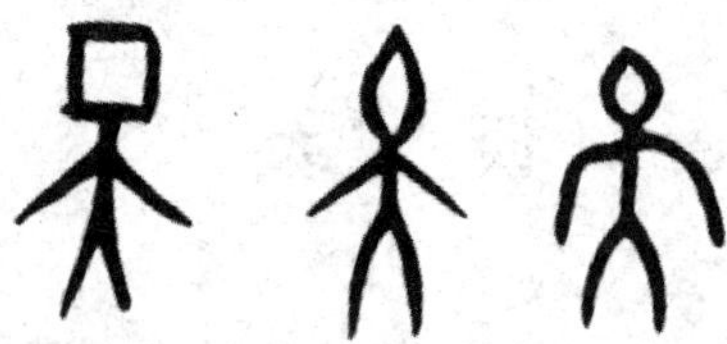

整个字像一个人形,□、○代表人的头部,用以表示高大和“顶颠”的意思;下面像一个人张开两臂,叉开双脚,实际上就是现在的“大”字。这是个象形字,它形象地表明人的最高的地方,就在于头顶部分;所以在甲骨文里,天字和大字的意思是差不多的。像地名“天邑商”就是“大邑商”,人名“天戊”也就是“大戊”。在比甲骨文稍晚的青铜器铭文即金文里,“天”字写得更形象了,大都写成

比起甲骨文来,更像一个人形,人的头部也更形象,更突出了。甲骨文和金文里天字也有写成

上面的一横也是指人的头部,比起□或●来,少形象点,但容易写些。到秦、汉以后,中间两臂也拉平了,便成了今天的“天”字。

考察了“天”的历史后，我们完全有理由说，“天”的本来意思是人的头顶，引申开来，就是“高大”，我们现在拿它来表示高空，是正确的；而历代统治者给“天”加上的神秘色彩，则完全是欺人之谈。

从“丧元”说到“元首”

毛泽东主席著名的词《蝶恋花·答李淑一》首句为“我失骄杨君失柳”，杨、柳分别指杨开慧烈士和柳直荀烈士。而杨称骄，意义深长。毛主席的一位老朋友对此有精辟解释：“女子革命而丧其元，焉得不骄！”丧其元，即丧其头，被砍头的意思。砍头为何称丧元？这就牵涉到对“元”字的认识了，颇有必要谈一谈。

丧元一语，出自《孟子·滕文公下》：“志士不忘在沟壑，勇士不忘丧其元。”意思是说，志士以义为重，常念虽死没于沟壑而不恨，勇义之士则虽丧丢其首而不顾。曹植《杂诗(之六)》亦有“国仇亮不塞，甘心思丧元”句。《尔雅·释诂下》说：“元，首也。”

与丧元相关，古籍又有归元一语。《左传·僖公三十三年》记狄人攻晋。晋国的先轸脱去甲胄冲入狄军，死在里面。“狄人归其元，面如生。”(狄人把他的“元”送还晋国，面色还像活人一样。)又哀公十一年夏，齐国的国子帅师与吴战于艾陵，大败被俘，献于鲁。鲁哀公“使大史固归国子之元”(派太史固把国子的“元”送回齐国)。杜预在两处“元”下均注道：“元，首。”归元，便是将死者之头送回。

那么，“元”又为什么是首呢？“首”是“元”的本义吗？有这样疑问的读者可能不少，因为对“元”字的分析，宋代以来的文字学家们便颇有分歧。

元，小篆作元，大徐本《说文》释为“始也。从一从兀”。小徐本释为“始也。从一兀”。徐锴说:“元者,善之长也,故从一。元,首也,故谓冠为元服,故从兀。兀,高也,与尧同意。俗本有声字,人妄加之也。会意。”在宋代,《说文》有多种本子,其中有一种把元说成是“从一兀声”的形声字,被徐氏兄弟否定了,而确认为会意字。但元代的戴侗,清代的段玉裁、王念孙、桂馥等人又认为二徐错了,《说文》本作“从一兀声”。如果局限在小篆及《说文》的范围内,要圆满解释丧元、归元之类的元,讲清元的结构,显然是很难的。

为了弄清元的本义及演变轨迹,有必要追溯到古金文及甲骨文诸“元”的形态。从古金文知道,最早的元与兀是一个字,是独体象形字,作

铸于一个卣上。这个字实际上是一个侧立的人形而突出强调其头部。它与“人”字的区别在于代表头部的填实的圆点。它与“天”字颇相似,但天是正面而立之人形而强调其头部,以示其最高处(说详《谈“天”》)。元(兀)与天,构形相似,而分别指首和顶,这也只能靠“约定俗成”了。

表示人头的圆点化为一横,即成

分别见于王孙钟和陈贎簋。或加鸟形而为

见于吴季子之子剑，这与□演变为□亦相似。在□上再加一横，特指其头部之所在（是为指事），便是甲骨文、金文常见的各种“元”了：

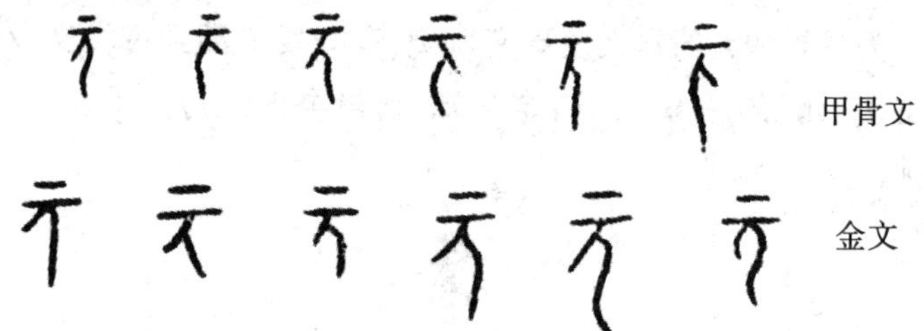

这也与□可再加一横作□相似。但是，加一横之后的□便成了“元”的基本结构，一直沿用至今，隶变时只是将侧立的人形变成“儿”而已。

以上古文字资料证明，“元，首也”这一古训完全正确，首就是元的本义。明乎此，杀头称丧元，帽子称元服，众庶又可称元元，也就不足为怪了。头是人身上最重要的部分，也就是最“大”的部分，又是人体从上到下的第一部分，亦即开始的部分，故元又有重要、大、第一、开始、长（cháng）等引申义。所以，《说文》所谓“始也”实乃元的引申义之一。

十分遗憾的是，甲骨文、金文元字虽屡见，却尚未见有用其本义者，而都是用其引申义。甲骨文称“元示”、“元臣”，义即大示、大臣，又称“元卜”，义为第一卜即始卜。金文称“元年”、“元子”、“元配”，元均有第一或嫡长之义；或称“元鸣”、“元剑”，元又有长(cháng)义。

“元”字的这种情况与败北的“北”有些相像(详见本书《败北与南北》)。“元”字的本义寓于古文字字形之中,无古文字则无法明其“首也”之义;但确切的例证却只见于传世文献,无传世文献亦无法证明其本义。必须将古文字资料与传世文献结合起来研究,方能互为补充,得出正确的结论。本文所谈的“元”,又是个小小的例证。

不过,从文献资料看,元字用其本义者也是极少数。大量的是用其引申义。典籍中常见的词语有元宰、元辅、元相(宰相)、元臣、元老、元凶、元恶(大恶、首恶)、元憝(首恶),元巳(上巳,农历三月第一个巳日)、元日、元正(元旦)、元勋、元功(大功)、元兄、元昆(长兄)、元戎、元帅、元吉、元侯、元气、元配、元舅(大舅)、元德(大德)、元绪(大事业)、元龟(大龟)等等。此外,还有解元、会元、状元(亦称状头)——科举考试中乡试、会试及殿试的第一名,合称三元(亦称三头),考试夺此三元者通称“连中三元”。

汉语中还有两个由元组成的同义复合词:元始、元首。“元,始也”,结合为元始,意为元本、最始、最初。《淮南子·天文训》:“镇星以甲寅元始建斗。”“天一元始,正月建寅。”“太阴元始建于甲寅。”萧统《文选序》:“式观元始,眇觌玄风。”皆其证。汉平帝及北凉宣武帝取以为年号。道教有所谓“元始天尊”,是道家们想象中的最高天神,生于太元之先。《封神演义》里的“元始天尊”便具无边法力,是神话世界里阐教的首脑。“元,首也”,结合为元首,本义也应是指头、脑袋。由于“元”又有大、第一诸义,故元首通常被理解为君主、首脑,即一国之首、国中地位最高的人物。此语最早见于《书·益稷》:“元首起哉!”“元首明哉!”指的就是君主。在当今世界上,元首皆就一国而言，称国家元首者必然是国家最高领导人，如国家主席、总统或国王——一国之头也。现代汉语词汇中尚能约略显示“元”字本义的，为数甚少，除此元首一语外，便只剩下“多元”（即多头）“一元”之类了。

说 “秃”

一提起“秃”,人们最易联想到和尚与尼姑:头儿光光,毛发无存。不论男女老少,一旦皈依佛门,便须削发剃度,以别于凡人:别人头上有的乌发或银丝他们统统不能有。若是带发修行——那是要经过特许的,像大观园栊翠庵里的妙玉一样,则又次一等,不是“标准”的尼姑了。他(她)们的“秃”,常被人作为取笑或谩骂的因由。诸如秃儿、秃丁、秃驴、贼秃等等,都是常见的词语。《阿Q正传》里的阿Q,自己头皮上有好几处癞疮疤,讳“亮”讳“光”,以至连“灯”、“烛”都讳,却也要骂假洋鬼子为“秃儿”,还伸手去摸静修庵小尼姑新剃的头皮,一面说“秃儿”如何如何,虽被咒骂为“断子绝孙”也十分得意。阿Q的这种心态,静修庵小尼姑的这种遭遇在旧中国都是很有代表性的。

不过,和尚尼姑的“秃”,总的来讲是自愿的,即明知要“秃”而去“秃”了的。如实在不愿意,还是可以不“秃”的,即留发还俗,回到红尘中来便是了。可悲的是,许多人极不愿“秃”,却被逼要“秃”,或无可抗拒地竟渐渐的“秃”了。例如,在历史上,清人入关之初,便有过非“秃”不可的恐怖时期。而且,“秃”法也古怪,是秃前不秃后——根据顺治皇帝颁布的剃发令规定,清兵所到之处,限十日内尽行剃去前半部头发,后半部依满人习俗,蓄发垂辫,而且,“留头不留发,留发不留头”,谁敢不“秃”一半头皮,就得准备脑袋搬家。为了这秃与不秃,一时间不知死了多少硬汉!最后还是被征服了。全中国如此半秃着头过了两百多年。辛亥革命后,这种被逼的“秃”是“革”掉了,剩下的便是无声无息，不知不觉的“秃”：虽不入空门，也无任何外力相强，却因年龄的增长或某种慢性疾病的侵扰，满头秀发日见其稀，最后竟全部掉光，头皮裸露了。而且，不秃则已，一秃便不可收拾，头发再也长不出来了。如此“秃”了之后，当然只能听其自然，坦然处之，方为上策。但在旁人看来，头顶心里光秃秃，四周却又有几根稀疏的黑发或白发作为陪衬，也不免有些奇特、可笑。这类事，典籍里也不乏记载。

据《穀梁传》说，鲁成公元年，鲁国的季孙行父、晋国的郤克、卫国的孙良夫、曹国的公子手四人同时出使齐国。这四人都有些缺陷，分别是秃、眇（一眼瞎）、跛（跛足）、偻（驼背）。齐国竟分别派秃者、眇者、跛者、偻者去接待他们，好似演了一场滑稽戏，引得人哈哈大笑，把四国的使者都得罪了。

又据史书记载，南朝齐明帝死后，大中大夫羊阐前往吊丧，号恸俯仰，帻巾脱地，露出秃顶光头，引得东昏侯停哭大笑，对旁边的人说：“这是秃鹫在啼吧？”

可见以秃顶为可笑，古今无异。

现代人如过早地秃顶，为免引人发笑，一般戴顶帽子。这也是人之常情。但在古代，有条“礼”的规定，即“秃者不免（冕）”——光脑袋的人可不戴帽子。东晋时前秦的苻坚征求隐士，一个名叫张臣和的到长安应征，苻坚赐以衣冠，张臣和推辞道：“年老头秃，不可加冠。”这位老先生也可谓深明古礼了。

我们的祖先什么时候开始注意到“秃”这一可笑复可悲现象的呢？这可是个难答的问题。按理，这种现象在商周两代应该也是存在的，但在文字上却毫无反映。历年来通常用以代表“无发”的“秃”字不见于甲骨文、金文，亦不见于秦汉石刻简帛。古文字资料里的“秃”还有待发现。出现在《说文》里又作为部首的“秃”字是从禾从几（人）的形状：

大徐本　　小徐本

大小徐本禾下的人形略有差异，当是各有所本。对于这个“秃”，许慎解释道：“无发也。从人，上象禾粟之形，取其声。凡秃之属皆从秃。王育说。苍颉出，见秃人伏禾中，因以制字。未知其审。”由此可知，对于小篆的秃，汉代人已觉得古怪，很难理解，以致要编出一段苍颉造字的民间故事来证明人之无发与禾稼的关系。对这一说法，许君也是疑信参半，故云“未知其审”。徐锴说：“秃人发不纤长，若禾稼也。”目的也是将秃人与禾稼拉在一起，依然牵强不可信，因为“秃”是无发，无所谓长与短。

至清代，段玉裁提出了新的见解：

> 按粟当作秀，以避讳改之也。采下云，禾也秀也。然则秀采为转注。象禾秀之形者谓禾秀之颖屈曲下垂，茎屈处圆转光润如折钗股。秃者全无发，首光润似之。故曰象禾秀之形。秀与秃古音皆在三部，故云秃取秀之声为声也……其实秀与秃古无二字，殆小篆始分之。今人秃顶亦曰秀顶，是古遗语，凡物老而椎钝皆曰秀，如铁生衣曰秀。

依段说，秃与秀古本一字。从字形看，二字确实相近。秀，石鼓文《田车》作，称“秀弓寺射”（读作“抽弓待射”）；禅国山碑作，云“嘉禾秀颖”：《说文》小篆作，均与秃相近，又《玉篇》有禿字，“欲结米也”，即秀字，可证“秀”实亦从人。

如果考察一下商周古文字资料，即可发现，本文所谈的秃与秀均与从人负禾的“年”字极相像（说详本书《五谷丰登——年》）。因此，从字形分析，秀与秃恐怕都是从“年”分化出来的，其演变轨迹约略如次：

很可能是个多音多义字，一个字形记录着口语中不同的词，分别表示三种意思：(1)禾黍丰收，农人负禾而归；(2)禾黍抽穗，其颖屈曲下垂；(3)禾黍秀后茎屈处圆转光滑。后来为便区别，乃稍变其禾下之人形，而成秀与秃，并赋以不同之音义。如此推测不谬，则无论秀也好，秃也好，本来都是指禾黍之秀与秃，只是人首之“无发”与禾黍之秀颖光秃相似，故又移之于人，称秀顶或秃顶。至今吴语地区如苏州、常熟一带仍称稻麦抽穗为秀，人老秃顶为秀顶，段公之说不可易也。

当然，秀与秃在实际使用中差异甚大，它们的通用只限于秀顶与秃顶这一点上。在许多场合下，秀与秃分别代表美与丑，绝不相混。颖脱而出为秀，其主要意义为优秀、拔尖，引申之则有美义，人之所好也，如秀发、秀才、秀士、秀世、秀出、秀丽、秀色等等，这些“秀”便绝不能易为“秃”。秃，无论如何引申或扩大，如称秃岭、秃笔、秃鹰、秃鹫，皆与丑陋、不美相关联，人之所恶也。人们普遍喜秀厌秃，纯出于自然，虽说也有人因特殊原因而喜欢“秃”，那毕竟是少数，是例外了。

按理，人首无发，《说文》另有专字，即页部训“无发也”的

“顧”和训“秃也”的“颓”。但都是生僻字，纵然“从页”标明与头有关，人们还是喜欢用从禾的“秃”。这也许是“秃人伏禾中”较易为人所接受，“秃”又较简便易写之故吧。

与秃有关的，还有髡、鬍、鬜诸字，同义互训。其中“髡”是古代一种刑罚：剃光头发，以示惩儆。《楚辞·九章·涉江》有“接舆髡首兮”句，是说接舆自刑，剃着光头，后又以髡首指僧徒，以髡褐指僧道二者。现在髡字已很少使用，鬍、鬜则为剃所取代。

汉字在其历史发展过程中，有同化，也有分化；有增益，也有淘汰。本文所说的“秃”，虽是从“年”分化出来的后起字，不太古，用以指人之无发，不太合理；但它一旦借用为人顶之秃，却就像在汉字体系里生了根似的，不合理也变得合理了。它淘汰了顧、颓等字，而成了代表人顶无发的专字。这也说明，存在的未必是最合理的，最合理的也未必是存在的。现代汉字的体系既是历史的积累，也是不断分化、淘汰的结果。秃之为秃，不过是个小小的例证而已。

刺花纹的人

读过《水浒传》的人，都知道有个九纹龙史进。该书第二回写八十万禁军教头王进在史太公家住了五七日，收拾要行，“当日因来后槽看马，只见空地上一个后生脱膊着，刺着一身青龙，银盘也似一个面皮，约有十八九岁，拿条棒在那里使。”这英武的少年便是史进。史太公特地向王进介绍了这身青龙的来历：“……又请高手匠人与他刺了这身花绣，肩臂胸膛总有九条龙，满县人口顺都叫他做九纹龙史进。”为何要刺上这身花绣呢？太公没说，大概是为了好看，或是为了消灾祛病吧。

像史进这样在身上刺花纹，古代叫做文身。不过，文身不一定是刺就，也可以是用色彩画成。它本是初民的风俗，身上的花纹图案、飞禽走兽，就是图腾的标志。人类进入文明时期后，这种文身现象便成了遗习。我国古籍中也屡见文身的记述。如《礼记·王制》就说：“中国戎夷五方之民皆有性也，不可推移。东方曰夷，被发文身，有不火食者矣。”披头散发，身刺花纹，茹毛饮血，不知用火，何等落后，所以叫“夷”。《庄子·逍遥游》、《史记·越王勾践世家》、《春秋穀梁传》等书则说吴越之人“断发文身”；《史记·周本纪》还说太伯、虞仲二人为了让位给季历，逃到南方荆蛮之地，“文身断发”，混迹其间。又据《南史》记载，相传古有文身国，“在倭国东北千余里”，人们身上刺着各种野兽形象，甚至额头上也刺着花纹，根据额上花纹的直或曲可以判断其身分的贵或贱。在这个国度里，充满着欢乐，特产丰富，价格低廉，过往旅客毋须携带食粮……这种夸张性的传说，当然不可尽信，但我们从中也可以得到一些启发。

既然古代在身上刺花纹是一种风俗，是野蛮人的遗风，那么在创造文字时这种现象有没有反映到字形上呢？答曰：有。岂但“有”，而且就反映在“文”这个字上。

许慎《说文解字》一书以说“文”为首要任务，而且自以为别人都不知文字源流，唯独他自己深得造字奥秘，洞悉一切。但说来可笑，他对这一“文”字本身就没有“说”对！他说“文”是“错画也，象交文”。文，小篆写作：

也不见得是什么“错画”，它分明也是一个人的正面形象。千百年来研究《说文》的人都在“错画”上做文章，说“文”是纹的本字，段玉裁也不例外。直到铜器铭文，特别是甲骨文字大量出土，人们才见到了“文”的本来面目，发现它原来就是身上有花纹者的正面形象！我们不妨先看看甲骨文里的几个“文”字：

这三个字的基本形状是一致的，不同点只在于胸部，这些指事性符号都是表示身上刺或画有花纹，有的简单，有的繁复，总之是有“文”之身。甲骨文另有一些“文”字刻得较简单，径作：

人正面而立的形状不怎么明显，也不免使人疑惑。但一看金文中丰富多姿的“文”字，即可疑虑俱消。下面这些字是从容庚先生的《金文编》里摘引下来的。

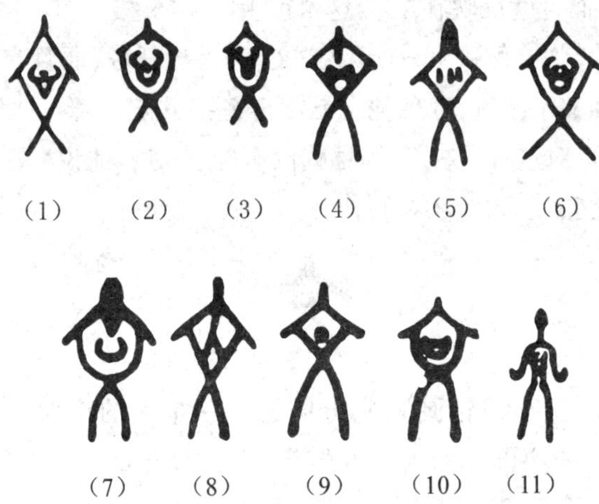

（1）（2）（3）（4）（5）（6）

（7）（8）（9）（10）（11）

比起甲骨文来，这些字更为丰满，更为形象。其中第(5)、(7)、(11)字的首部尤肖头形。胸前的各种各样的符号则反映了刺(或绘)在身上的文饰的多样性。第(11)字见于楚王戈，是个美术化了的字，胸前一点示文饰，整个字给人以手舞足蹈之感。细看这些字，古人文身宛在目前。金文里也有不少“文”字胸前没有文饰的标志，只写作：

与小篆相近。待到隶变之后，把上面两笔拉平，就无法望“文”生义了。

可见，“文”这个字实乃古代文身的形象，要说“本义”，就是刺花纹的人！又因文字与图画有极密切的关系，有些字写起来简直无异于画画，故“文”又专用以指“依类象形”的字。又可泛指文字。引申开来，花纹的交叉错综，即所谓“错画”，也叫“文”。说话长于辞令，富于变化，可称有“文”；形诸笔墨，则成文章，孔子说“言之无文行而不远”（《左传》襄公二十五年），所谓“文”也就是文采。行为符合一定的礼节仪式，也可称“文”，“斯文”，“文明”，与“武”相对。又引申为文德，将德高望重，人所敬仰者称为“文人”（与今所谓舞文弄墨之“文人”异），如追簋就有“用享孝于前文人”之语，《书·文侯之命》也说“追孝于前文人”。“前文人”是周朝的常用语，是指前代有德的先人。

现在，除个别地区的少数民族还有文身遗习外，九纹龙式的人物是看不到了。还有谁愿意让“高手匠人”在身上一针一针地刺什么花纹图案呢？又有哪个喜欢把身体当画版，用颜料涂涂抹抹呢？假如有人这样干，旁观者总不免疑心他是否精神失常或别有所图了。我们没有继承先民们的文身术，却继承并发展了文身的形象——“文”字，把它引申、假借、派生，推而广之，应用于生活的一切方面，用它来代表文字、文章、文学、文化、文明、文人……倘若没有这“文”，社会不知会成什么社会，世界不知会成什么世界！

保——背孩子

现在的保字是个吉祥字眼，用途广泛，人名、地名中常见。但这个字从人从呆，很难用“六书”来分析。《说文》把它看作省声字：“保，养也。从人，𤓽省声。㒒，古文不省。”确是有根有据。但“不省”的古文只见于近年出土的战国中山王鼎及壶，而商及西周、春秋古文字中没有一个保字是写成这模样的，可见它只是战国出现的异体字而已。其实，这个保字，并非形声字，而是十足的会意字，它本来就是背子——将小孩放在背上加以保护的形象。古金文有三个寓意鲜明的保字，分别见于鼎、簋、斝(jiǎ)：

甲骨文也有类似的写法：

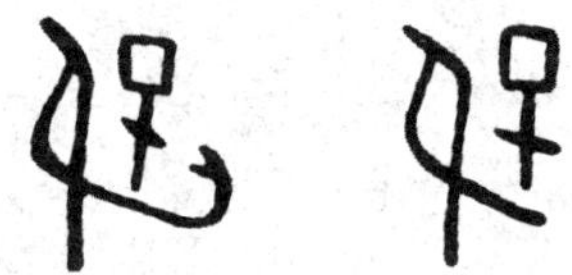

但好看的字往往不好写，不便于交际。近于图画的保字进一步符号化，就把托住小孩的手与人体割裂开来，成了子下的一撇，金文保字就大多写成这样：

三体石经所载古文作，与此同。但扶子的手既与人体相离，演变而为右下角的一撇，“会意”的味道也随之消失。就字论字，这一撇虽非多余，却使整个字失去了平衡。于是又在子的左下侧补上一笔，以求匀称，小篆的保即由此而来。隶变之后，横直拉平，右半成了书呆子的呆，和人旁凑在一起，一般人很难猜度它到底“保”什么了。

自古及今，“保”的对象、范围不断扩大、变更，保的字义也不断引申、再引申。最初，负子于背便是保——保子，引申开来，便是保护、保卫、保养、养育；与此有关的，都可叫保，像保民、保家、保镖、保驾、保皇、保祚、保国、保邦、保境、保疆，小至婴儿，大至君王、家国疆土，都在“保”的范围之内。这类用法，古书及铜器铭文中常见，如《孟子·梁惠王上》“保民而王，莫之能御也”；毛公鼎“临保我有周”；《左传》襄公二十七年“善哉，保家之主也”；宗周钟“保余小子，畯保四域”；中子化盘“中子化用保楚王”，等等，诸“保”均离背子之本义不远。再由具体而抽象，保又与一些同义或近义词结合为保持、保守、保留、保安、保定、保宁、保佑（保有）等复音词。有些词被用作地名，像保安，广东、广西、河南、河北、湖北各省都有。

另一方面，负子于背叫做保，引申开来，背孩子的人也就叫保，负有抚养、教育孩子之责者也叫做保；甚至为某事或某人负“保证”之责者也叫做“保”。口语有“保人”，司法机关有“交保释放”、“保释”、“保外”等说法。但自古及今，“保”的地位、作用却因时而异，不尽相同。《礼记·文王世子》说“入则有保，出则有师”，保与师相对，说明其地位之重要。不过，保这一角色，当初却是女子担任的，称为保母。《礼记·内则》就提到教养幼儿的“保母”，地位在子师、慈母之下，其责任是照料小孩，“安其居处”，和现在的保姆大同小异。大概在西周初年，“保”已成了一种官职，成了专由男子担任的执掌政权的大臣。《书·君奭》说“召公为保，周公为师，相成王为左右”，保与师是皇帝的“左右”，相当于后世的宰相，地位极为显赫。后世官员如被晋封为太子太保、少保，或被尊称为某宫保，也视为崇高职位，荣耀无比。其实，追源溯流，这类“保”在本质上与背小孩的保姆相去无几。如果历代领受此类官衔的大官们知悉个中原委，明白所谓“保”原不过背背小孩，恐怕也会少得意些，乃至有些乏味吧。

现今背子的现象还存在着，保字也还广泛地使用着，但两者之间的关系却隐晦得很了。随着时代的进步，与保有关的机构和人员也都更新了：保密局，保险公司，保卫处（科），保密员，保卫干部，治保主任……而自古至今一脉相承，名实俱存的，大概只有保母即保姆一语了。

究竟如何是“好”

“好”，从甲骨文到现代汉字，几千年来一直是常用字。特别是现在，使用频率极高，不论男女老幼，不分尊卑贵贱，几乎人人要用到它，天天要说到它。作为与美、善同义，与恶、坏相对的形容词，这个“好”几乎可以冠于所有的名词之前，如好风、好雨、好花、好草、好鱼、好肉、好心、好意、好人、好事、好学校、好学生、好记者、好编辑、好书记、好教师、好干部、好战士、好家庭、好丈夫、好妻子、好妈妈、好父亲、好儿子、好女儿、好哥哥、好妹妹……实在不胜枚举，凡是符合一定的标准，要求，或稍稍超出一般者，都可叫“好”。它还可加在动词前（语法书上称作状语），如好吃、好看、好办、好玩、好笑、好听、好用、好使……以示容易，方便之“好”；又可与“得”相结合或单独置于动词之后（语法书上通称补语），如演（得）好、写（得）好、吃（得）好、睡（得）好、干（得）好、做（得）好、办（得）好、玩（得）好、炒（得）好、骂（得）好、打（得）好……以示动作的结果之令人满意或动作的完成。作为动词，多见于书面语，然而口语中也常用到它，如好强、好辩、好斗、好战、好胜、好奇、好色、嗜好、好大喜功、好逸恶劳、好为人师……其义如同爱好、喜欢。至于口语中的“您好！”“好吗？”“好不好？”“好！”“好了！”“好好好！”之类一连串的“好”更是时时可以听得到的。对于洋溢于生活中的千千万万的“好”，判断的标准可能因时因地因人而异，各个阶级，阶层乃至各个年龄段的人对“好”的要求也会有差异，但从总的来看，客观的、共同的标准还是存在的，即一切美的、善的事物、行为或使人愉快、给人以美感的事物、行为，都是“好”的。

“好”，从字形结构看，自甲骨文以至楷书，也是一脉相承，并无两样，都是由“女”与“子”两部分组成。若说古今差异，也只是古文字中的“好”结构较灵活，女和子的位置可左右互易而已。请看：

甲骨文

金文

《甲骨文编》收录“好”字34文，作左女右子者17文（其中有二文从母作 ），其余为左子右女形（其中一文又从止，为异体）。从甲骨文我们无从知道“好”字为什么以“女、子”会意。因为这些“好”只见用于人名——妇好，为武丁时诸妇之一，地位显赫，又是一员南征北战的女将。而且，妇好之“好”，意义与后世未必相同。商代诸妇之名常从女与不从女无别，如豐——豔，井——妌，多——够，良——娘（非后世娘亲之娘）。甲骨文所谓妇某实际上指某姓（氏）之妇。故有学者认为妇好实即妇子——乃子姓之妇，所从女旁与豔、够、妌、娘等字同。这意见有一定的道理，商人本系子姓，武丁晚期有贞人名子；后世亦有好氏（见《通志·氏族略·去声》），可为此说添一佐证。遗憾的是，卜辞仅见“妇好”，未见有“妇子”一语，与上举从女不从女并存之例稍异。尽管如此，卜辞之“好”未见后世“美好”之义，倒是事实，有的文章把它列为“美”的同义词，显然不妥。

《金文编》第四版收“好”10文，左女右子者仅3文，而左子右女者竟有7文。金文之“好”始有美好之意，如虘钟云：“用乐好宾。”石鼓文“吾车既好”之好作,亦作左子右女形。

小篆之“好”规范化为左女右子的,《说文》正式解释为“美也。从女、子。”(段注改为“媄也。从女、子。”)根据《说文》的解释,“好”是公认的会意字,历代无异议。但若问为什么女和子合在一起便算“好”,便有美妙之意,问题可就来了,不怎么好回答了。因为,对“从女、子”可以有各种各样的解释。“女”可解释为女人、少女,由于古母女异字同形,又可解释为母亲;“子”可解释为男子、青年,也可理解为小孩(与母相对),究竟什么样的“女”和“子”合在一起算是“好”呢?更何况,女与子的结合也不一定“好”——如果“子”倒置于“女”的臀部之下,作

便成为另外一个字:“毓(育)”了。甲骨文多用为先后的后,也可用为“多后”之后(后,古有帝王之意)。所以,虽然“好”是公认的会意字,但如不能正确解释“从女、子”,对今天的读者来说,依然不知如何是“好”。

我们姑且暂时撇开甲骨文不论,面对着金文,小篆以来“从女、子”的好,可能会产生各种联想,脑海里浮现出各种形式的“好”来的:青年女子怀抱幼儿式的“好”,幼儿园里男女幼童“手拉手,好朋友”式的“好”,两小无猜、青梅竹马式的“好”,卓文君私奔追随司马相如式的“好”,张生与莺莺花园幽会式的“好”,梁山伯与祝英台十八相送依依不舍式的“好”,贾宝玉缠住林黛玉连呼“林妹妹”、“好妹妹”式的“好”,还有西门庆与潘金莲鬼混、贾琏迷恋于尤二姐式的“好”,以及人世间“女、子”之间诸种姿态的“好”…… 这些联想可能是以小人之心度君子之腹,有违

圣贤造字之意。那么，造字的圣贤以“从女、子”会意，究竟指的是什么样的“好”呢？

究竟如何是“好”？号称与许慎心心相印的段大令段玉裁是这样解释的：“好本谓女子，引申为凡美之称。凡物之好恶引申为人情之好恶，本无二音而俗强别其音。”徐灏《说文解字注笺》引戴侗说与此相仿：“妙好孅(美)妩之属皆从女，人情所欲，莫甚于女也。”看看女部里训“好”诸字，此说似不无道理。《说文》女部下列十四字均训好：

媄，色好也。

姝，好也。

㛤，好也。（注：谓㛤㛤也。）

㚴，好也。从女，殳声。《诗》曰：静女其㚴。

姣，好也。（注：姣谓容体壮大之好也。）

嬽，好也。（注：今人所用娟字当即此。）

娧，好也。（注：此谓舒徐之好也。）

媌，目里好也。（注：谓好在匡之里也。）

嫿，静好也。

婠，体德好也。

娙，长好也。（注：体长之好也。故其字从巠。）

嬪，白好也。（注：色白之好也。）

嫙，好也。（注：《齐风》：“子之还兮”，韩诗作嫙。嫙，好貌。）

嬥(佻)，直好貌。（注：直而好也。）

这些“好”便是段说的根据。段氏之意是“好”本来专指女人的美，后来才扩大为泛指一切美好之物，但是仔细推敲，此说至少有两点毛病：一，许分明说“好”为“美也”，并未专指，段改为“媄也”，以迁就己说，与许原意未必相符；二，“从女、子”为何可以会出“好”意，许既未言，段氏亦未讲清。如说“从女、子”等于“女子”——女人,并列关系即成主从(修饰)关系了,这与会意字的原理不合。

五代南唐徐锴《说文解字系传》认为:“子者男子之美称也,会意。”按小徐之意,“从女、子”便是女士与男子在一起,表示相爱,爱慕。《系传·通论》又云:“好者好也,爱而不释也。女子之性柔而滞,有所好则爱而不释也。小子之性亦然,好附著者也。故文女子为好。”这段议论翻译成白话,只须两个字:恋爱——男女相爱,“爱而不释”便是“好”。对于徐锴此说其兄徐铉颇赏识,大徐本《说文》引以为注。清代《说文》大家之一的王筠则力言其非,曰:“以色事人者,妇人之事,小徐牵及子者男子之美称,非也。”(《说文句读》)把“从女、子”说成是妇人“以色事人”,既悖许书原意,又违“比类合谊”之理,其误与段氏同。如将“从女、子”理解为女人或妇人可以成立,那么,把“好”猜谜式地说为外孙——女之子也,也能成立了。但那毕竟是曹娥格谜语,与六书之会意相去甚远。

参校诸说,当以徐锴之说为是,至少比较符合周秦以来“好”的实际情况。《书·洪范》“好”字数见,如“予攸好德”,“汝弗能使有好于而家”,“于其无好德”,“无有作好”,“星有好风”,“星有好雨”,分别训美,善或私好。前引石鼓文之“好”亦训善,无一例为所谓女子之“好”。《诗经》中“好”字屡见不鲜,如《女曰鸡鸣》云“知子之好之”,《鹿鸣》云“人之好我”,《彤弓》云“中心好之”,诸“好”义为喜欢、喜爱,而《关雎》之“窈窕淑女,君子好逑”,《常棣》之“妻子好合,如鼓瑟琴”,则无异于为“好”字作的注了。

“好”之本义当为青年男女——君子淑女相悦相爱之好,这当然是“洵美且乐”之事。故好,男女之美事也,用以为凡美之称,也是理所当然的,又引申为女子之各种美貌,又引申为对美好事物的喜爱。《颜氏家训·音辞篇》:“夫物体自有精粗,精粗谓之好恶,人生有所去取,去取谓之好恶。”前“好”义为美,后“好”义即为喜爱。此外,还有一种“好”,与女子、美色皆无关,可谓特殊之“好”,见于《尔雅·释器》:“肉倍好,谓之璧,好倍肉,谓之瑗;肉好若一,谓之环。”肉与好并列,前者既非禽兽之肉,后者亦非“女子”之好,而是分别指璧、瑗、环三种玉器之边和孔。“好”为何可指玉器的孔?实属难解。朱骏声《说文通训定声》干脆说这“好”是“孔”字之误。按金文孔字作

诸形,与“好”区别极为分明,孔误为好的可能性不大。这类“好”与其说是“孔”之误,毋宁说是孔之假借或异称。

事物之美、善者为好,对美、善事物之喜爱亦称好,这是古今一致的,已如上述。两个好字合在一起,称“好好”,亦古今常见,但意义有别。今所谓“好好”,多指认真、努力之意,如“好好学习”、“好好干”,粤方言称“好好”有很好之意,口语所谓“好好的”(第二个好读轻声),又是正常、安好的意思。古所谓“好好”,多属动宾结构,要读为 hào hǎo,如《国语·晋语》的“君子好好而恶恶,乐乐而安安”即是其例。相传司马徽为好好先生,凡与人交谈,均不置可否,但曰“好好”。此“好好”又相当于“是是”或“行行”,可读为 hǎo hǎo。至于作为人名的“好好”,如唐著名歌女张好好,该如何读法,就不得而知了,只能存疑以俟高明。

据字书,古今常用不衰的“好”字也曾有过三种异体:玫、玗、瓗,犹如昙花一现,在汉字发展史上几乎未留下什么痕迹。它们比起“从女、子”会意的“好”来,没有竞争力,不为人所好,被“好”所淘汰是理所当然的。

抢来的老婆

男女结为夫妇,总须情投意合,双方自愿,岂可云“抢”?《诗经·南山》里分明说“取妻如之何,匪(非)媒不得”,没有媒人便娶不到老婆。既然如此,老婆是“抢”得来的么?答曰:于今虽不得,于古却“抢”得。谓予不信,请先考察妻字的来历。

现在可以肯定,甲骨文里已经有不少妻字,其含义就是配偶,也就是今之所谓老婆。但它的写法却颇为奇特而有趣:

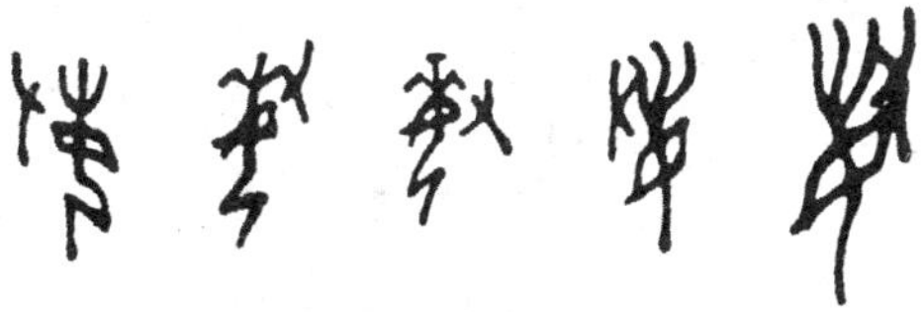

稍具文字学常识的人都知道,这几个字的侧边有一个手的形象,主体部分则是一个女子的形象,或跪跽,或直立;上边有代表她们头发的形象,第三字顶上一小横则代表簪笄。这是个会意字,即用手去抓住一个女子的头发,强抢为妻。这个字罗振玉释为敏,一些字书如《甲骨文编》、《续甲骨文编》也跟着释敏,现在看来确是错了,应该加以纠正。因为如释敏,许多卜辞——殷代占卜后的记录,都无法读通。

我说甲骨文的妻字是用手抓住女子头发的形象,有人也许会不同意,说:那是女子自己伸手整理头发罢了,何以一定是别人来抓住呢?当然,孤立地看一个会意字,似乎这样“会”亦可,那样“会”也无妨,各有其理。但甲骨文毕竟是一个客观存在的文字体系,它是约定俗成的产物,其字体结构也是有一定的规律的。如说是女子以手束发，甲骨文倒另有一个字在：

真像一个女人跪跽在地而伸出两手整理自己头发的样子，但那两只手和本体却是不可分割的。这就是后来训“顺也”的若字。甲骨文里大凡从人形而又以手取义者，其手都是与人体相联的，如炬、鬥（斗）、异、夙、梦、闻等等。而大凡既有人形的偏旁，再另外加上“又”或“爪”以取义者，则此“又”或“爪”乃他人所外加，与人形本体无关，这类字通常含有抓取、捕获的意思。例如及字：

一个人在前面跑，一个人随后追上去把他一把捉住。所以《说文》讲“及，逮也”，段玉裁解释为“及前人也”。再如俘字：

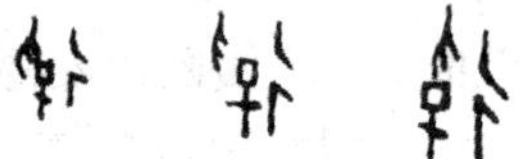

这分明是逮人于道路之中的写照。其它如艮、奚等字，也都是某人伸手出去对他人采取某种行动的会意字。至于另外一些从又的字如取、隻（获）、得、祭、秉、叟、为、尹、史等等，也大都有获取或抓持的意思，读者如有兴趣，翻翻《甲骨文编》，即可了然于心目。总之，甲骨文妻字所从的“又”不是出自“女子”本身，而是旁人所强加的，这是必须弄清的。

如此看来，甲骨文的妻字恐怕就是古代抢婚风俗留下来的“遗迹”了。在远古时代，老婆确实是可用力气抢来的。因为人类在由群婚制向对偶婚式的专一婚制过渡期间，出现了抢婚——对女子的抢劫——现象，而且抢劫女性在许多地方还往往是通例呢。想当初，某一部落的男子到别一部落中间抢劫女子为妻，是不足为怪的。到后来，社会进步了，这种风俗习惯还存在，但已一般变为假抢，即在得到女方默契之下，新郎或是单枪匹马，或依仗友朋相助，乘人不备，假装用暴力把她抢回去成亲。俗话说，有钱出钱，有力出力嘛！有钱者助友娶，有力者助友抢。《晋书》上说，阮修因贫穷，到四十岁还未娶亲，王敦等名士便捐了钱替他聘妇，一时传为佳话。这就是有钱出钱。远古时代的人要钱没有，力气却有的是，他们帮助朋友，就是出力，用力气成人之美。造字的先民为了表现娶妻这个概念，大概也是绞尽脑汁才想出办法的：用抢婚中的关键性情节作代表，把它线条化，形象化。这样既贴切，又生动，同时也揭示了这个"妻"的来源：抢！

铜器铭文里也有妻字，写作：

以妻为偏旁的字如盭（盇）写作：

也都强调以手抓住女人的头部，与甲骨文大同小异。到了小篆，演变为

与甲骨文、金文的区别也并不大，只是象征暴力的那只手把女人抓得更紧了；所从的屮则是屮演变的结果。小篆的字形虽略有改变，但仍不失为一个会意字。许慎说："妻，妇与己齐者也。从女，从屮，从又。又，持事，妻职也。屮声。"说义已是十分勉强，又把"又"看作"妻职"，把屮看作声符，字形便全解错。光看《说文》，便无论如何也弄不清这"妻"的底细了。

抢婚，本是野蛮人的行为，人类社会早期阶段的现象，当其时也，未必见得如何卑劣下流。后世豪门贵族、纨袴子弟也学这一套办法，但见那个女人略有姿色，便垂涎三尺，威逼利诱不能奏效，即诉诸武力，一抢了之。这除了卑劣下流、荒淫无耻之外，难道还能有别的解释么？只有在当今社会主义时代，实现了男女平等，"妻"才真正摆脱了"抢"的暴力，获得与"爱人"同等的地位。所以现今的妇女既不必担心被人抢去为妻，未婚男子也休想把"妻"抢到手。

笑问“客”从何处来

“笑问客从何处来”，这本是贺知章的一句诗，现借来用作本文的题目，谈谈“客”的来历。人们通常总不免要做“客”，待“客”，陪“客”，从人事方面说，“客”的种类繁多，来源各异，有专诚请来的贵客，有由阶下囚变成的座上客，也有不速之客、远方来客……可是，从文字上查究，“客”从何处来，却也得费一番功夫。

客字的起源大概较晚。甲骨文里只有宾字，未见客字，稍晚的铜器铭文里才出现客字，写法倒和现在差不多，也是宝盖头下一个“各”字：

小篆写得规范一点。这个字由两部分组成：宀和各。宀是一间屋子的形象，那末，各又是什么意思呢？简单来说，各是到的意思，是从外而至的意思。甲骨文里还保存了如下的各字：

它和出入的出字颇相似，所不同的只在于各字的脚趾朝里，而出字的脚趾朝外而已。过去不少人说凵是代表鞋子，脚穿上鞋子，就意味着要外“出”。现在看来，这种说法很值得商榷，商代有无鞋子还是个疑问。其实，凵是坎陷的象征，是古人穴居的遗迹。凵代表的是人们居住的地方，它和ㅂ搭配起来，ㅂ向外就算出，ㅂ朝里，就算各。甲骨文，金文里的各字都是“来”、“至”的意思，在文献里，各又写成格，意思相同。

这样说来，客是从各而来，各又与上古之人穴居有关。有人自外而入，即所谓客，引申开来，凡从甲地而至于某地的，都可称为客。《说文》：“客，寄也，众宀，各声。”把客看作形声字。其实，形声之中也包含着会意的成分呢！

由"父"字所想起的

楷书的"父"字四笔，上面两点，下面一撇一捺，里面蕴藏着什么意义，很难知道。这样的"父"能给人什么联想呢？一般人恐怕"联想"不起来。但是，这个"父"确是大有来历，能给我们以若干启发的，且待笔者慢慢道来。

在近古文字——秦汉时代的篆书里，"父"字写作

好像一个人手里举着什么东西。这就怪了。古之为人父者，手里拿样东西，否则便不像做父亲的样子了。那么，手中所持究竟为何物？打开《说文》，里面写得十分明白："父，矩也。家长率教者。从又举杖。"原来手里高高举起的乃是"杖"！这是东汉文字学家们的见解。矩，即规矩，榜样，父亲是子女的榜样，亦即"矩"。率，意为先导。作为一家之长，负有教育全家之责，"养不教，父之过"，当即此意。如何"率教"呢？用的便是杖——手里举着竹竿木棍之类，以教训子女，这就算尽了父责了。这不免使人联想起《红楼梦》里贾政举杖痛打其不肖子宝玉的场面。

在我国，千百年来向有严父慈母之说，以举杖教子象其严，代表了封建时代人们对"父"字的认识。宋代徐锴《说文解字系传·通论》说："鞭朴不可废于家，刑罚不可废于国，家人有严君焉，父母之谓也，故于文又举丨为父者，又者手也，丨，杖也。举而威之也。"许多《说文》家对此深信不疑。

举杖教子之说虽然有一定的道理,比较符合历史和现实中许多为人之父者的实际情况,但深究起来,却又不能无疑。若以为造字之初即以“从又举杖”为“父”字之本义,则尤与人类社会早期形态相悖。首先,严父训子,不论古今,未必都要举杖;而举杖者未必便是为人之父者。故杖与父实无本质的必然的联系。其次,父,在古代并非专指父亲,实系男子之美称,正如母为女子之美称一样。“举而威之”专门吓唬小孩的形象,仅是可畏而已,毫无可尊可敬之处,所以它并不是男子的本质特征,更不能反映男子在社会生产或生活中所处的地位。第三,在创造文字的时代,即原始社会末期,母系氏族社会向父系氏族社会过渡,婚姻状态仍处于对偶婚阶段,在普那路亚家族形态之下,民多“知其母而不知其父”,所以有“汤之先为契,无父而生”之类的神话。在这种社会形态之下,教子者未必是父,平时“举杖”者更有可能是其母。所以“从又举杖”实属似是而非之说,并非“父”之初义。

其实,在古文字里,“父”本是一个人手持石斧的形象,与“杖”根本无关!这从古金文里各种姿态的“父”可以看得很清楚:

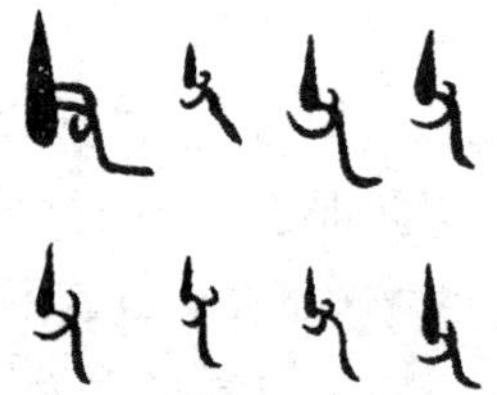

这些字分别铸于商代的鼎、尊、簋、卣、爵、觚等器物上。手中所持决不是杖,可以断言。经过学者们研究,这些“父”手中紧握的,便是当时不可须臾离之的石斧。在石器时代,生活资料的获得,主要靠男子,而斧则是极重要的生产工具,又是防身武器之一。《诗·南山》“析薪如之何，匪斧不克”，《伐柯》“伐柯如何，匪斧不克”，都强调斧的重要性。除了“析薪”、“伐柯”等事之外，打猎时追逐野兽，战争中与人搏斗，斧都是男子手中的重要武器。手持石斧以事生产或战斗，既是成年男子们干的事情（女人们则从事采集及家务劳动），也就成了男子们在当时的主要形象或本质特征，所以，古金文这些“父”向人们展示了这样的事实：古代的父以劳动为特征，乃是劳动之父！由于甲骨文是刀刻的，为求简便，石斧形便刻成了一小竖，作

等形。卜辞“父”字也常见，称父甲、父乙、父丁、父戊、父己、父庚、父辛等等。西周以后的金文，许多“父”字石斧形也已不甚明显，有的也演变为一短竖，如

等等，便是前引小篆之所本。由于去古久远，许君不得其解，乃有“从又举杖”之说。再经隶变，斧形缩为左上角之一点，手形又被支解。从中分出一点置于右上角，于是成了现在令人摸不着头脑的“父”。

手持石斧，在今天算不了什么，在古代却是够威严英俊的了。也够壮美的了。所以，倘若就字论字，“父”本是古代男子的通称，也是美称，并非专指“为人之父”、“家长率教者”。就在“父亲”这个意义上，从子女的角度而言，凡与生身之父同辈的兄弟亦均可称父，如伯父，叔父。稍加引申，父辈好友以及凡所尊敬之人亦可称父。周武王姬发称姜尚（子牙）为师尚父，铜器

铭文有叔噩父、仲师父、鲁阳愈父、叔向父、伯仲父、仲殷父、芮白多父、师汤父、白俗父、白懋父……等等，父均为尊称、敬称。又引申为对有卓越贡献、于某一事业有开创之功者的尊称，如国父、科学之父、考古学之父……不仅如此，“父”作为男子的美称，还常常用作男子的名字，只是“父”字往往写成“甫”罢了，如尹吉甫、仲山甫、杜甫、李林甫、王实甫等等。

“父”字既以从又举斧取义，从另一角度看，说它是“斧”字的初文，似亦有理，只是至今未见用父为斧的文例。在当初，或许是一身而二任焉：既指持斧之人，又可指人手所持之斧。随着“父”的字义日益丰富，除继续保留“父”字外，也出现了分化的现象：以父为声，加上义符斤，即为后世通行之“斧”字，以承担“父”的“斧”义。此字最早见于金文郘大弔(叔)斧，作

又见于居簋和公子土斧壶

由于方音的差异，作为父亲的“父”，不同的方言区有不同的称谓，构成一组以父为形符的同义字：爸、爹、爷、爸。这些字只是声符不同，乃由“父”衍生而来。

值得指出的是，作为声符的“父”，在某些形声字中，逐渐变形退隐，不易见其真面目了。这里可举上文提到的“甫”字和“布”字为例。“甫”字金文屢见，如

从又持斧的“父”与“用”相结合，非常清楚，当即小篆“甫”之所本；而有些器物上的“甫”字，“父”便不很明显，呈现出退隐的趋势：

最主要的是失去了石斧之形，所从之“父”与“又”差别就不大了。隶变以后的“甫”，一直沿用至今，如非特别指出，一般人便无以知其有“父”了。“布”字亦然。《金文编》收列有：

分别见于睘卣、睘尊及守宫盘，持斧之形亦至显。至小篆，演变为

“从巾，父声”也不难理解。隶变后的“布”，上半部分作𠂇，与右、有、友、灰、在等字之所从一样了。若非专门指出，这“布”中之“父”也找不着了。

星移斗转几千年，持斧也好，举杖也罢，都已成历史陈迹。古人如何做父亲，毕竟是考古学家、历史学家们研究的课题。诚然，凡是男子，“如何做父亲”，实乃“永恒的”主题，不论社会如何变迁，人们思想如何进步，这个问题永远是客观存在的，有现实意义的。但就文字而言，不论男子们如何做或如何准备做父亲，现在，只能“做”成上面两点，下边一撇又一捺的“父”，它与男子汉在生产劳动社会生活中的地位毫无关系。从这个意义上说，现代汉字的“父”既不表音也不表义，纯碎是个要靠死记的标号罢了。据我看，它未必胜过拼音的“fù”多少。

羊大就算“美”吗？

有位对文字有兴趣的青年同志问我，美丽、美好的“美”字为什么上面是羊下面是大，难道羊与大合起来就算美吗？这确是个颇为有趣的问题，值得讨论一下。

汉字基本上是表意文字，除象形字外，还有不少会意字和指事字，往往可以从字形结构中分析出它们的本来意义。但如何分析，却又是个问题，如果仅据篆书或楷书的结构来作判断，也难免弄错，甚至闹笑话。对美字的分析即是一例。

从东汉以来，美字一直是被当作羊与大两部分会意来理解的。当时的文字学家许慎就把“美”解释成甘苦的“甘”，认为羊、大会合起来就算美了。清朝的段玉裁又把许慎的见解发挥一番，并断言“羊大则肥美”，“羊者祥也，故美从羊”。仔细推敲一下，即可发现，这个解释是很难令人信服的。“羊大”就一定“肥美”吗？并不见得。小羊也有肥的，大羊也有瘦的，正如人之有胖娃娃、瘦骨鬼一样，“羊大”与“肥美”何尝有什么必然关系？如果羊大就算美，那么我们造字的祖先对“美”的认识也未免太浮浅、太狭窄了吧！

篆书的美写作羙，是屡经变化后的文字，真要了解美字的来历，仍得先查查甲骨文。早期的甲骨文里美字就不少，也有好几种写法，例如：

字的下半部分是正立的人形,也就是“大”;字的上半部分有点像羊,但并不是羊,而是人头顶上戴的一种有四只羊角的装饰品。由此看来,早期的美字也是一个象形字,本是一个人戴着两双羊角而正立的形象。所谓“羊大则肥美”云云,全是凭空杜撰,经甲骨文一检验,它的错误便十分明显了。

在商代金文里,又有这么几个字,也是人正立而戴角的形象:

以前这几个字大家都不认识,后经于省吾先生联系甲骨文来分析,把它们也考定为美字,是很正确的。其中第一字则像戴牛角。

这样,问题又来了:人正立而戴着羊(或牛)的角,就算美么?我们现代人当然不一定觉得其美,但古人大概是认为美的。因为人正立而戴羊角,所强调的正是美好的装饰,亦即装饰之美;引申开来,就成了一切美好的通称。许多文献和考古材料告诉我们,戴羊角或牛角、鹿角作为装饰品,是世界上各原始民族常见的风尚。我国古代的羌族就有戴羊角的习惯;现代东北的鄂伦春族及台湾省的一些少数民族,喜欢拿鹿的头皮连角做成帽子。非洲南非联邦德班地方的人力车工人就有戴牛角的,有的还在牛角下面再添一双羊角,周围还点缀许多装饰品。至于四角的野兽,《逸周书》、《山海经》等古籍中都屡见记载,如《山海经》记载的一种名叫土蝼的野兽,就是形状像羊而有四只角的。而野生羊中也确实有两角、四角和五角的。这也足以说明,我国古代把戴两双羊角而正立当作美,确是有现实根据的。

在古代,人们为了猎取野兽,头上戴着兽角,装扮成野兽的样子；后来这种兽角逐渐变为装饰品，做成帽子，也很好看，戴着它来跳舞，亦足赏心悦目，成为“美”的象征。反映在文字上，就是一个人正立而戴四角的形象。后来四角变成两角，渐渐变成了篆书的羙，于是被人误解为“羊大”，这个“美”也就此委屈了近两千年，是颇有点冤枉的。

关于“美”的问题，专门研究美学的人们已经写了许多论文，争论也很激烈；对于美，各个阶级的标准也不一样。这里所说的，只是“美”的来历而已，或可借以说明我国古代创造美字的劳动人民对“美”的朴素认识：“美”来源于生活，来源于实践，同人的生产劳动有密切的关系，一点也不玄妙。

倒楣的鼻子

上面一行大同小异的甲骨文算是什么字？象什么形？毋须专家考证，细心的读者认真看一看，想一想，也能猜他个八九成。这是个鼻子的形状。你看，一道鼻梁，两个鼻孔，多像！我没有见过哪个画家单独画一个鼻子，却在乌龟壳上见了不少；古代的书法家当然比不上画家，他只能以最简单的笔触来勾勒鼻子的形象，但倘若画家见此，大概也会承认这是鼻子吧，那这究竟是什么字呢？且让我们再看一看它的变种——后代：

最末一个是小篆，其余都是两周铜器上的字——金文。这一行字真是越变越离谱，但随着鼻梁的缩短、隐匿，鼻孔的靠拢、统一，底部逐渐成为一横画，这个字与“今文字”的差别也大为缩小，我们也可猜度出来了：它就是“自”！啊，“自”原来是鼻子！但由于现代的“自”字把中间的一道鼻梁变成了向左的一撇，所以再也不像鼻子了。不过，现在人们还常喜欢用手指指鼻子，以代表“我”、“自己”这个意思，可见“鼻”与“自”仍有不可分割的关系。

大约在很早很早以前，自字就被引申为自己、自身、自家、亲自等意义了，也在很早很早以前，自字就由实变虚，被“借”去做了关系词，意思简直和“从”、“由”差不多。连经学大师段玉裁也说“用自为鼻者绝少也”。他很聪明，没有说绝，留了条后路。因为自是鼻子，在甲骨文里可以找到例证。在十万多片甲骨文中，有一片龟甲上居然刻着：“贞：有疾自，唯有它？贞：有疾自，不唯有它？”“有它”是有灾祸的意思。这是说商王鼻子生毛病了，占卜占卜，有没有灾祸，要紧不要紧。但这样的“自”毕竟是很少见到，也许我读书不多的缘故罢，至今才见到这一例呢。为了把真正的“自”与引申的和借去的“自”相区别，只得另想办法，在“自”底下加上“畀”声，于是成了现在的“鼻”。许慎说“自读若鼻”，也许汉代还是这样；现在两个字的读音却相差很远了。

人的五官之中，鼻子突出于面部之外，颇为受人注目，然而也最倒楣，走路碰壁，首当其冲者，鼻也；乌烟瘴气，首受其害者，鼻也。办事不顺利，遭冷遇，受白眼，俗又谓“碰一鼻子灰”。两人相骂，激烈时伸出手去指着对方鼻子痛骂，也是常见的事。甚或小孩（乃至大人）游戏娱乐，胜者以刮败者之鼻为乐事，败者亦任凭刮鼻而无怨。岂但如此，鼻子又常是别人耻笑的对象：低了，被人讥为塌鼻子；高了，又被讥为高鼻头；如鼻子有毛病，影响讲话，更是取笑的谈资。相传康僧渊目深而鼻高，别人常嘲笑他，他只好说“鼻者面之山，山不高则不灵”。这些都还在其次，忍之可也。最倒楣的是，鼻子还要常常遭到飞来横祸，无辜受戮。

《孟子》说，“西子蒙不洁，则人皆掩鼻而过之”。这样的“掩鼻而过”，当然无所谓，西子无奈他何。可要是掩鼻“掩”得不得其时，那就糟了！相传战国时魏王送一美女给楚怀王，很得怀王欢心，引起郑袖的妒忌。一日，郑袖对那美人道：“大王很喜欢你，可是讨厌你的鼻子，你以后见大王时把鼻子掩住，大王就更高兴了，长和你在一起了。”美人信以为真，掩着鼻子去见怀王。郑袖于是乘机进谗，说是“美人认为大王身上有股难闻的臭气，所以捂着鼻子”，楚怀王当即暴跳如雷，盛怒之下莫辨真假，竟下令把美人的鼻子割掉了。这可怜的女子，只因误中奸计，并不丑的鼻子就倒了楣，遭了殃！

割鼻子，古代叫劓（yì 音义），是五刑中的第二种。古书上说，凡不服从命令，擅自改变规章制度，或盗窃、欧斗、打伤他人者，都要处以劓刑。好像也没见哪位画家画过这劓刑。但这种酷刑在甲骨文里却保存下来了，请看下面几个字：

一把锋利的尖刀就搁在鼻子底下，刀在鼻左鼻右都一样，反正是刀起鼻落！当其时也，“刑不上大夫”，挨这一刀的，当然是平民百姓，仆台之类了。我们在三千年后看着这些字，眼前还好像挂着一个血淋淋的鼻子，好不可怖！但在古代，似乎是轻松平常之事，不足为奇的。因为它比起脸上刻字涂墨虽觉残酷。但比起锯足，阉割生殖器，以及砍头来，又显得不足道了。

后来，作为刑罚的劓刑虽然废除了，但割鼻这件事并未因此而绝灭。两国交兵，不斩来使，有时盛怒之下却要割下来使之鼻（或耳）以示威严。有的将领打仗时还喜欢将敌人断舌割鼻，以邀功请赏。尤其可叹、可悲的是，封建社会里有些妇女为了表示自己的坚贞，竟拿自己的鼻子来开刀！《列女传》就记载了好多起这样不幸的事。如梁国某寡妇，才貌双全，当地贵族都垂涎三尺，纠缠不清；梁王知道后也不放过她，这位妇女无奈，干脆对着镜子,操刀割鼻,自毁容颜,成了“刑余之人”。也有的妇女甚至丈夫死后,因父母要接她回家,而把鼻子毁了的。在古代,由于种种稀奇古怪的原因,不知多少人被割去了无辜而倒楣的鼻子!

同自演变为鼻一样,甲骨文的劓也增加部件而演变成了劓即劓,既难认又难写。如说自加畀为鼻是由于“自”被假借,引申,虚化,不得不然,那劓并无此类问题,何必非写成劓或劓不可呢?但奇怪,劓字至今还未简化,我看不妨让它恢复本来面目——劓,不知读者以为如何?

背靠大树好乘凉——休

往年看现代京剧《沙家浜》，“智斗”一场里阿庆嫂的唱段中有这么一句唱词：“我有心、背靠大树好乘凉。”有的演员一面唱，一面还做一个“背靠大树”的姿势。每看到这情景，我总要想起从古至今三千多年来常用不衰的一个字：休。

古今文字固然有很多形体结构变易得很厉害，非专家无法弄清的；但也有不少前后一脉相承，没有多大变化的，休字即是一例。现在的休字是单人旁一个木字，小篆以至金文、甲骨文也都是这个结构，都是以人木会意，请看：

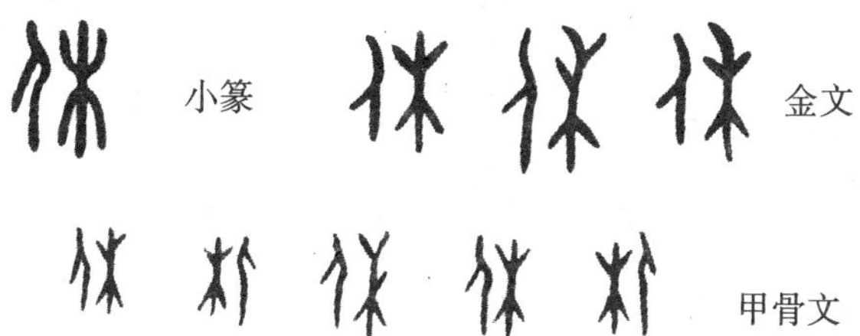

这些古文字，“古”在哪里？和现在休字相比较，只是“古”在“背靠大树”这个形象上。甲骨文里休字常见（多用作地名），人与树（木）的位置可以互换，但总是背靠着树，决不面对树站着的。金文里有个别休字不从木而从禾，写成休，但大多数仍是从木，从禾只是变例。总之，人依木下，这就算是休息了。有的读者或许会纳闷：休息的方式多得很，树底下站一站，算什么休息！劳作一天，躺在沙发上抽烟喝茶看电视，或者下棋、打扑克、翻画报、逛马路，都是休息，何以偏要以人木取意！其实不然。

我们倘若从事田间劳动，赤日炎炎似火烧，汗流浃背，谁不想到树荫底下站一站，凉一凉！我们倘若长途跋涉，浑身冒汗，足下乏力之时，见到前面有棵大树，谁不想到那树底下坐一坐，靠一靠，憩息一番！我们又倘若在野外工作，或游览，或散步，突遇暴雨狂风，发现附近有株大树，又有谁不想到那树底下避一避，躲一躲，姑且休息一番！长年住在城市里或足不出户的人，似乎觉得有无大树可靠无所谓，因而对“休”缺乏感性认识，这也难怪。笔者则因也曾在烈日下干过粗活，受过“再教育”，又曾到山区呆过几年，总不免跋山涉水，栉风沐雨，常有汗流如注、周身无力的时刻，常有躲雨避风的急需，所以对这个人依木下的“休”字却也颇有感受。今人尚且如此，那上古之人就更不在话下了。

当然，上古之人也可分两类。一类是可以终日在屋子里吃喝玩乐，不事生产的；即或外出，也必前呼后拥，车水马龙，对他们而言，“休”与“不休”实在无所谓。一类则是日未出而已作，日已入而未息，常年累月在野外干活的。对他们来说，“休”决非可有可无，而是十分必需，但又往往求之而不得的。唯其难得，才显得可贵。遥想当年，不论是寒风凛冽的严冬，还是烈日当空的酷暑，那些没有人身自由，没有生命保障，不得不在田间从事重体力劳动的人们，能够自由自在地“背靠大树”休息一下，虽算不得什么理想，也可算是一种强烈的愿望，一种美的享受了。即此一端，也可说明，不劳动的人，毋须“背靠大树”休息的人，是决不会想到用“人依木下”的搭配办法来造这个休字的，试想，没有感性的体验，又何来理性的概括？所以，创造这个休字的，也必是终年劳作者无疑。

若由字形而论其意义，则休又兼具休息与美好两种含义。本来大概是专指“背靠大树”式的休息，后来逐渐引申、扩展，用以代表一切方式的休息，或泛指休养生息。《左传》襄公二十八年记郑国使者游吉看到楚国失道,预计到楚已不能威胁郑的安全,回国后就对子展说道:“楚子将死矣……吾乃休吾民矣。”“休吾民”就是让人民得到休养生息。又据文献记载,汉代制度规定官吏每五日得一“休沐”——即每隔五天休息一天。由休息而引申,又有休假、退休、病休等义。如杜甫诗云,“名岂文章著,官应老病休”,此“休”即有退休之意。

付出了艰苦的劳动之后得来的休息,哪怕是在大树之下靠一靠、站一站,也都是令人喜悦的一种美的享受,一种美好的象征。倘若“南有乔木,不可休思”,那就与“汉有游女,不可求思”(《诗·周南·汉广》,两“思”为语气词)一样,是多么的遗憾!所以,古汉语里“休”又有美善之义,引申之又可指恩赐、美德。铜器铭文中“休”字用法即多属此类。其称“对扬王休”、“对扬天子休”、“对扬公休”、“对扬伯休”,等等,出现的频率仅次于“子子孙孙永宝用”、“作宝尊彝”之类。“休”还被用作人名,如休盘铭即云“赐休玄衣”,“休拜稽首”、“休其万年子子孙孙永宝用”,可见“休”确是美名。与此相类似,文献如《诗·大雅·江汉》云“对扬王休”,《左传》僖公二十八年云“奉扬天子丕显休命”,亦均是其例。又可引申为欢喜的喜,如《书·吕刑》云“虽休勿休”,《国语·周语下》说“其心休休焉”。至于成语中的“休戚相关”或“休戚与共”,则又表示欢乐了。

与休字有关而值得特别一提的,是唐末文学家司空图的《休休亭记》。司空图,晚年退休林泉,将原有之濯缨亭更名为休休亭,仿白居易《醉吟传》,写了这篇《休休亭记》。他解释取名“休休”的原因是:“休,休也,美也。既休而具美存焉。盖量其才一宜休,揣其分二宜休,耄且聩三宜休。又少而惰,长而率,老而迂,是三者皆非济时之用,又宜休也。”“既休而具美存焉”,就把休字两方面的含义都概括了。不仅如此,《记》中还有一首奇特的“耐辱居士歌”，曰：“咄咄，休休休，莫莫莫，伎俩虽多性灵恶，赖是长教闲处看。休休休，莫莫莫，一局棋、一炉药，天意时情可料度。……”以“休休休”三字连文，与莫莫莫相对，可谓古今少有。

人依木下，背靠着大树，还意味着某件事的中止，停止，由此而引申，“休”又具有“禁止”、“停止”、“不要”等意思。大家熟悉的林冲刺配沧州时含泪写下的那纸任凭妻子改嫁的“休书”，等于是宣布中止婚姻关系的离婚书。李商隐寄令狐郎中诗谓“休问梁园旧宾客，茂陵秋雨病相如”，杜甫《诸将诗》谓“休道秦关二百重”，以及小说、口语中的“休想”、“休提(题)”、“休说”、“休怪”、“休要”等等，休的含义简直与“不要”差不多。至于一些诗词曲中用于句末作为语助词的休字，如“平常心是道，莫更问人休”(赵汝鐩)、“人间事，如何是，去来休”(朱敦儒)、“莫笑山林小集休，篇篇字字爽于秋”(杨万里)、“丈夫生儿有如此二雏者，名位岂肯卑微休”(杜甫)，等等，其义相当于“了”、“罢”、“呵”、“么”等(具见张相《诗词曲语辞汇释》卷三)，则属假借用法，与背靠大树式的休息已全然无关了。

五谷丰登——年

小时查《康熙字典》，许多字不会查，不知该查哪个部。其中就有个“年”字。这个年字，不是部首，怎么查法？撇横竖各个部里都没有。无奈，只好数笔画，到难字里去找，结果是在“干”部。翻到“干”部，又说这个字本来作秊，上禾下千。在禾部里找到秊，又干脆说“年”是俗字了。天哪，真难啊！

为什么年要写作秊？它与禾究竟有何密切关系呢？从小学到中学，以至大学，请教过不少同学、老师，大都摇头，说这是文字学家才能回答的问题了。如此糊里糊涂过了近二十年。后来接触到古文字材料，见到商周时代的许许多多“年”字，才算明白了底细。我想，把这底细揭示出来，对于像我当年一样查不到年字，费劲查到了又莫名其妙的读者，也许不为无益吧。

自然，话还得先从禾字谈起。禾本是谷类作物的通称，《礼记·月令》说“仲秋之月，禾乃登”，《诗·七月》说“十月纳禾稼”，《说文》说“禾，嘉谷也”，都是以禾来代表各种庄稼的。甲骨文、金文也是这样。如甲骨文常见的“求禾”、“受禾”、“它禾”以及“禾有及雨”、“锡(赐)禾”等等，禾即泛指谷类作物。以字形论，甲骨文禾字作

像禾抽穗后的全形；沉甸甸的穗，上扬下垂参差旁出的叶子，以及茎和根。金文更强调向根而垂的穗，作

为小篆所本。穗,即“颖脱而出”的颖,“垂颖而顾本”——禾穗垂而向根,是谷物成熟的标志,上引各种形状的禾字便是成熟了的谷类作物的线条化。在古代,谷物丰收就叫“有年”,大丰收就叫“大有年”。现在还常把谷物丰收与否看作“年成”的好坏。所以禾是年的基础,有禾才有年,年字上半从禾就是这个道理。

古文字中的许多年字便作以人负禾的形状,象征着五谷丰登。甲骨文和早期金文的年字,都像是一个人头部戴(顶)着禾的形状:

不知古代有无丰收舞,如有,又如何表现丰收?现代的丰收舞可谓多矣,各地跳法不一,一般来说,除了敲锣打鼓的热烈场面外,还往往有手持稻(麦)穗翩翩起舞的情景。舞者手中的稻穗虽然仅有一二枝,却代表着千枝、万枝、无数枝。以今度古,上引诸种形状的年字也许就是庆祝“大有年”活动中某种情景或场面的反映吧!

稍晚的金文年字,人形的中间部分写得肥一些,或干脆在相当于腹部的位置上加一圆点,便成为这样的形状了:

古人又每每喜欢把一个小圆点再扩展开来,变成一横,于是又成了:

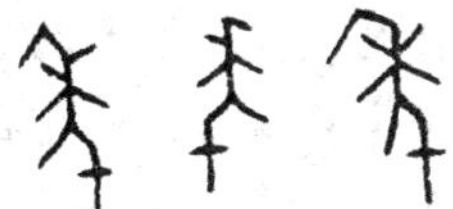

人形一变而成了“千”!这便是小篆的由来。所谓“千”,实在是人形讹变的结果。说年字“从禾,千声”,是根据讹变了的字形所作的分析,当然不足取了。战国时期,有些铭文制作者又在底部再加一横,强调人站立之地,变成:

又好像下面是从壬了。有的学者根据这些讹变后的字形,说年字从壬得声,花很大力气去考证,干尽无用功,不免有点冤枉。其实,万变不离其宗,甲骨文、金文的年字都是以人负禾会意,最初强调的可能是禾,后来强调的重点在人,但强调过了头,导致了字形的讹变。它本不从千,更不从壬,从千是从人的讹变,从壬又是从千的讹变,如此而已。

但小篆以后的既成事实——积“非”成“是”,却也不能不承认。不消说,隶书、楷书的年字是将小篆拉平的结果。如不特别指出,谁能想得到,左上角的一撇是稻穗,中间的一点是人体的一部分呢。

年字的形状虽然变得很厉害,其意义的变化倒不很大。禾熟为年,二者密不可分。卜辞里年禾二字往往通用,是一组同义词。金文和古玺文也偶见以禾为年的特例。现在年禾二字分得很清,不能通用,但年与禾稼的密切关系依然存在。所谓年成、年景,都是指谷物收成的。“人寿年丰”、“丰年”、“歉年”,“年”

指的都是农作物的收获。由此而引申的年底、年终、年初、年关、年糕、过年、新年、旧年、今年、明年、去年……这一系列的“年”仍与禾稼有着若隐若现的关系。至于把年作为历法上纪日的单位,一年、二年、百年、千年、万年,则自商周沿用至今,无有改变。而且,从周代起,便逐渐将“年”的使用范围由农事扩展到人事,扩展到社会生活的许多方面,如:幼年、少年、青年、中年、壮年、老年、年岁、年纪、耄年、年齿、年资、年事、年华、年兄、年侄、年伯、同年、早年、晚年、年鉴、年会以及学校中的一年级、二年级、高年级等等。当然,范围越是扩大,年与禾苗的关系便越淡薄,乃至荡然无存了。

不过,不管怎么说,现在较常用的年字总是不大好处理的一个字。它的组成部件很难称说,也很难把它归入哪个部。《康熙字典》把它归入“干”部是不得已,读者不查难字部分便不知道。近年出版的字典又如何呢?《新华字典》的部首检字表把它列入丿部,和朱、乔、乒、向、危、我、乎、生等字归在一起,也有点出人意外。《辞海》把它归入𠂉部,和乞、午、每、怎、复、牾、舞等字排列在一起,足见编者也是动了一番脑筋的。《新华字典》是发行量最大、读者面最广的一部字典,《辞海》是迄今最有权威性的大型辞书,两书对“年”的处理大不相同。哪个对?似乎都对,但又似乎都有点牵强。其实,这怪不得谁,这是年字本身使人为难,编者为难,读者也为难!好在《新华字典》是以汉语拼音字母音序排列的,只要知道年读 nián,很快可以查到;《辞海》以部首编排,但附有汉语拼音索引,查检还算方便。由此而想起近来翻印语文工具书之风颇盛,但大都照翻照印,“一仍其旧”,似乎不大从方便读者查检着想;若能像《辞海》那样,附以汉语拼音索引,为读者查找“年”之类的古怪字提供一些方便,必定大受欢迎。

举旗与旅游

“旅游”，现在是个比较时行的字眼，也是大多数人为之神往的快心乐意事。可是，“旅游”这两字的本来意思与现在的含义却颇有出入，并不见得是指什么游山玩水，探幽访古，倒与旗帜有着极为密切的关系。

在古文字里，旅和游都是会意字，为了说明的方便，这里先谈谈游字。游，本作斿，甲骨文、古金文里都有这个字：

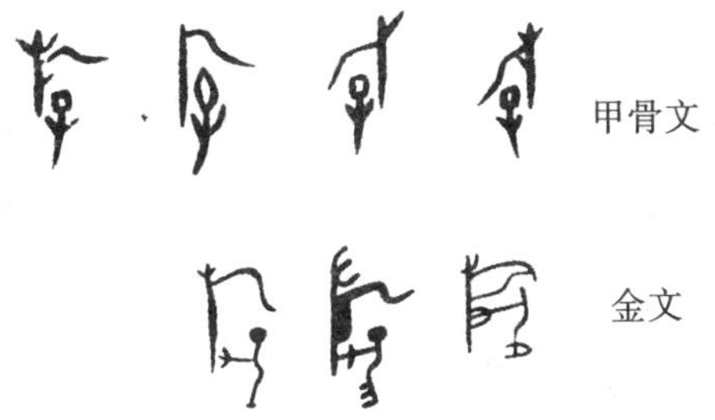

是一个举着旗帜前进的形象。卜或厂就代表古代的旗帜，早早孑便是举旗的人。古金文里的斿字活像一幅栩栩如生的图画，还带有原始文字的味道。仔细品味这些字的形体结构，最容易令人联想到运动会入场式上一些运动员操着正步，手擎大旗经过主席台的情景。微风过处，红旗招展，乐曲声中，绕场一周，确是好看。再看军队行军，共青团、少先队举行团队活动，集会游行，队伍的前面总少不了这样的举旗者。姿势虽各有不同，但都是人在旗下，旗帜先行，都可目之为“斿”。举旗总和走路连在一起，故后世又增加辵旁而为遊即现在的游。1957 年在安

徽发现的战国时代的鄂君启节上就有这个遊字,写作

所从的也是代表旗帜。或者加水旁而成游,也就是小篆的

看小篆,㫃固然已不太像旗帜,“子执旗”的意思也不容易领会了。《说文》的作者可能不知古本有斿字,于是把它解释为从㫃、汓声,强把水和子凑在一起,反而弄得不可理解了。

旗下一人为游字;旗下二人或三人,那就是旅字了。甲骨文或古金文中的旅字都像聚众人于旗下的形状:

同游字一样,也是古金文比甲骨文更生动、活泼,更能说明问题。但古人造此字也未必是为了表示举旗旅行、参观游览;或许倒与战事有关。或须出征,或须迎敌,乃召集将士聚集于宝纛之下,发布训诰,整装出发。其本义大概就是师旅之旅,《说文》谓“军之五百人”为旅,倒是不错的。引申之,则为行旅,旅行,又逐渐引申为行旅之人,旅客……

正如现代人出门旅行总得坐车(小轿车、大客车、火车……)一样,古代的战争也多用车战,军旅之事也离不开战车,所以金文中有许多旅字除旗帜和二人(从)之外,还附以车

的形象，例如：

这几个字有的繁复，有的简单，表示的意思却极明白：行军作战要有战旗、将士，还得有战车。这比光是旗下集合又进了一层。据甲骨文中一些记事刻辞记载，当时在战争中也有缴获战车的。据卜辞记述，商王外出畋猎，也是车辚辚、马萧萧，声势浩大，宛如军事行动一样的。有一次在山岩下还碰坏了车子，跌伤了王子，倒了大榻。但甲骨文的旅字都是以旗下二人会意，从不见附带有车形的，这或许是笔画太多，过于繁难，不便契刻之故吧。

虽然甲骨文、金文都有旅游两字，但都只见分用，不见二字合用为"旅游"的。甲骨文里旅是人名，是主管贞卜的史官之一，遊（斿）则是地名，是商王畋猎地之一，都不见使用其本来意义。金文里"旅"除用作人名外，又都假借作祭名，如称"旅父乙"、"旅父辛"、"旅父丁"或用作器物的名称，如旅鼎、旅簋、旅簠、旅盨、旅匜、旅匡、旅盂、旅盆等等，或泛称旅彝，以"旅"来说明该器是祭祀用的。倒是"游"字还有点"旅游"的味道，如鱼鼎匕说"钦哉出游"，或许就是指外出游览事。

传世的古代典籍里，似也未见"旅游"一词，却有"游旅"一语，见诸《逸周书·大匡》"于是告四方游旅"、"易资贵贱，以均游旅，使无滞"云云，但也并非旅游之意，倒像是指做买卖的商贾。

那么，古代就没有今日所谓旅游一类活动了么？当然不是。古籍中和现在"旅游"含义相当的，大概要算盘游或遨游了。所谓盘游,往往与畋猎有关。传说中夏启的儿子太康从国都阳城(今河南登封)外出畋猎,直到洛水之南,历百日而弗返。所以《书·五子之歌》(古文逸,晚出古文有)说他“盘游无度”,只顾“旅游”,连国家王位也不要了。后世如《三国志·魏书·崔琰传》说“盘游滋侈,义声不闻”,《后汉书·李固传》说“宜止槃游”,《杨秉传》说“私出盘游”——似乎古代所谓“盘游”是不务正业,游手好闲的象征,是人们告诫勿为之事。《书·无逸》说“文王不敢盘于游田”,就是这个道理。所谓遨游,又作翱游,或游敖,含义比盘游似乎还要广一些。《汉书·循吏传》说召信臣任南阳太守时“府县吏家子弟好游敖,不以田作为事,辄斥罢之,甚者案其不法,以视(示)好恶。其化大行,郡中莫不耕稼力田,百姓归之……”。不以田作为事而好遨游,犹如今日之不好好工作,一味“旅游”,当然不能提倡,而必须“斥罢”的。但《庄子·列御寇》所谓“……无能者无所求,饱食而遨游,泛若不系之舟”,自由自在,无拘无束,亦颇令人神往。至于《北史·王晞传》谓“良辰美景,啸咏遨游,登临山水,以谈宴为事”,则与今日的游览名胜古迹,欣赏壮丽山河的意思差不多了。

爬树英雄——由乘说到桀

在传说中的太古时代,除了开天辟地的盘古和三皇五帝之外,还有一位善于爬树,发明了巢居的“圣人”:他教人们在树上构木为巢,用以休息、睡觉,并躲避野兽的侵袭。这样,冬天住在地窟或窑洞内,算是“穴处”,夏天爬到树上,算是“巢居”,虽不“安定”,亦可谓得其所哉。这位爬树圣人无以名之,后人就称之为有巢氏。这类传说当然不可尽信,但也不可不信而把它一概否定。这是因为,这种“巢居”的生活方式不仅至今还存在于世界上的某些地区,而且它的遗迹在古文字里还能找到,当年爬树英雄们的形象还或多或少地遗留在乌龟壳、牛胛骨以及青铜器上。本文所要谈的乘字便是明证。

甲骨文里的乘字正好是一个人爬在树顶上的形象:

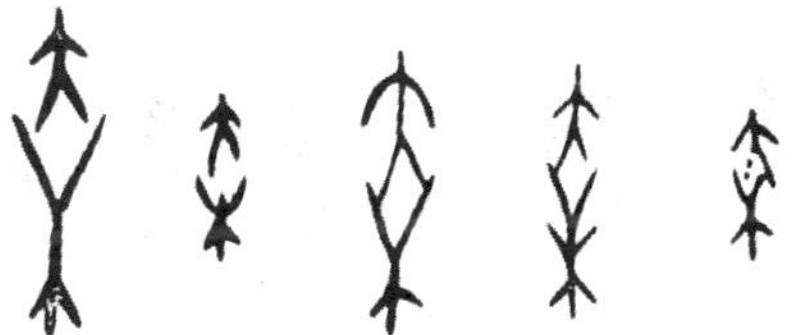

“大”是正面而立的人(参见《谈“天”》、《羊大就算美吗?》、《奴隶的形象》等文),木即代表树,两者相合,其义非常清楚,不必多说。与传说相异者仅仅少了一个“巢”而已。也许是巢难以表现,故仅以人居木上取义的罢。那么,好端端的一个人,爬到树梢上干什么?是像现代人一样为了警戒、瞭望,还是为了看大戏，窥秘密？都不是。有人说，这是古代伐木，所以人乘木上，但伐木应伐根部，为何爬到顶端？也不通。这个字所依据的现实，恐怕就是当年的巢居生活，正如有些字（如出、各、同）与当年穴居生活有关一样。古人巢居，不仅防野兽，而且也是为了避免洪水的冲击，也可说是人类与自然界作斗争的方式之一。

甲骨上的这些乘字都是“大”在木上，无一例外。想当初，人在木上，超出一般，就是乘的本义了。由此引申，人在车上，就是乘车；人在马上，就是乘马。又引而申之，所乘之车马亦可谓乘（一乘者一车四马也），推而广之，凡一物加于他物之上皆可曰乘，所以《说文》训乘为“覆也”，乃是以引申义冒充本义。这也难怪许君，因为到了小篆时代，乘字已写作

变成“从人、桀”，不是它的本来面目了。幸亏铜器铭文里也有不少乘字，做了甲骨文与小篆之间的桥梁，使人们既认出了甲骨文的乘，又回过头来，发现了《说文》的错误。请看：

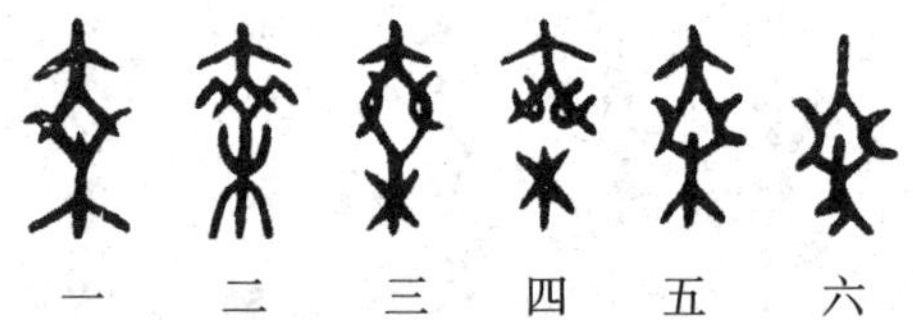

一　二　三　四　五　六

第一文见于克钟，与甲骨文全同，称“锡（赐）克甸车马乘”，第二文见于虢季子白盘，称“王赐乘马”，与甲骨文相似。第三、四、五文又特地画出登在树上的双足，加以强调（金文中画人“添足”是常有的事）。这些也都是人登木上的形状。最有趣的是第六文，它与第五文同见于格伯簋（一器一盖），文例也一样，可

是上面的“大”比第五文少了两笔,竟变成了人。这大概就是小篆乘之所本。由此也可证,小篆所谓“从入、桀”,完全是由甲骨文、金文讹变的结果。后世关于“入桀”的解释实在是将错就错,多生枝节。

《说文》说乘是“从入、桀”,这就牵涉到后世所谓的桀字了。这个桀字既不见于甲骨文,又不见于西周金文,列国文字中至今也未发现。小篆写作,说是“从舛,在木上也”。其实所谓从舛,实质上仍是人之双足,其义与甲骨文、金文的乘字是一样的。这是用双足来代替人的全形:双足至于树顶,也就是上升,登上了。以双足代表人的行止,这在古文字中是屡见不鲜的,如步、陟、降、涉,均是其例(参见《过河与登山》一文)。因此,我颇怀疑古代本无桀字,只有乘字,桀字是由乘字分化出来的。这同样可从铜器铭文中得到启示:既然上引第五文可省去人形之上半部而为第六文,那么,进一步讹变为、而,也并非不可能;而且上引第四文若省去人形之上半部不就成为,亦即桀字了么?

说桀与乘古本一字,还可找到一点文义上的根据。先秦两汉典籍中桀多用为豪杰(傑)字。如《吕氏春秋·孟秋》“简练桀俊”,注:“材过万人曰桀。”同书《功名》“人主贤则豪桀归之”,注:“才过千人曰桀。”以及《荀子·宥坐》“此小人之桀雄也”,皆足说明桀之古义为杰,与乘义相近。关于这点,徐灏《说文解字注笺》的议论极为精辟,不妨引述如下:

> 桀傑古今字。《卫风·伯兮篇》:“邦之桀兮。”毛传:桀,特立也。《汉书·高帝纪》:“三者皆人杰。”颜注:杰言桀然独出也。是桀与杰同。从二人在木上(炜按:当是一人在木上),高出人上之意,坐与巫皆二人相对,与此同例。疑非从舛。《尔雅·释言》“鸡栖于杙为桀”,亦取在木上意也。《谥法》“贼人多杀曰桀”,盖指夏桀而言。自有夏桀

而后以恶名归之桀字矣。

可见,桀本来也是个好字眼,是英雄的形象。多年来一直被人们看成凶暴残忍的代名词,着实有点冤枉。而桀字的这样冤枉又与夏朝的末代君主"桀"有着密切的关系。

其实,约略地考查一下历史,也可发现,夏桀(或当为乘)之所以称桀,并非取义于残暴凶狠,而是取其登于树颠,高出人上之意,换言之,是取其英杰之意。《史记》、《尚书》以及《太平御览》引的一些典籍记述了桀的许多罪状,分析了致败的原因,但同时也记述了另外一些事实,说明"桀"确是英雄的称号。如《太平御览》引《帝王世纪》说:"帝桀淫虐有才,力能伸钩索铁,手搏熊虎……"《墨子》称他为"勇力之人,生裂兕虎,指画杀人"。《淮南子》说得更为英勇:"桀之力……水杀鼋鼍,陆捕熊罴。"真是天生神力,盖世无双。景阳冈上的武松打死一只老虎,英名四播,但比起桀来,也逊色多了。从这些记载看,桀的勇力倒是和桀(乘)的本义相称的。再则,作为帝王,给自己儿子起名字,怎么会选用含义丑恶的坏字眼?一般黎民百姓尚且喜欢起个字眼吉利的名字,更何况帝王之家!

桀究竟是否暴君,如何凶残狠毒,有无值得重新评价的地方,这些都留待史学家们去研究、讨论好了。但是,"桀"乃由"乘"讹变而来,本非暴虐字,夏桀之所以命名为桀,也与暴虐无关,则是必须辨明的。

照容——监(監)、鉴(鑑)

“人贵有自知之明”,这道理不难理解,却不易做到。就说容貌吧,长得是美是丑,是黑是白,便颇难自知,因为眼睛并不能看到自己的容貌,更不用说面部的细微末节了。

为了自知,一般须借助于镜子。《战国策·齐策一》里的邹忌之所以要“窥镜”——对着镜子看看自己的相貌,是想和“城北徐公”比美。妻、妾、客人都说他比徐公美。及至见到徐公,自愧弗如。再照照镜子,更觉得比徐公差得远了。假如没有镜子,邹忌可能会误信他人奉承之言,以为自己真的比徐公美,因为他无法自知啊。

但是,没有镜子又怎么办?换言之,在镜子(古用铜镜)发明之前人们又怎能自知其容颜呢?那就只得靠水了。水,静静的水,有一种妙用,它可以使客观事物都把影子留给它,又从它那里再现出来。在室内,一盆清水亦足映出人的容貌。巧得很,我国的古文字里还保存着古人以水照容的情景:

这四文均见于甲骨,正像一人跪或立在盆侧,自鉴其容之状,一至三文皿侧的“见”,结合得很紧;第四文的“见”则颇有分裂为臣、人两部分的趋势,皿中增一点,代表的是照容的水而非血。这种画面式的字在青铜器上同样存在,不过“见”已渐渐分离为臣、人两部分,分裂之状已甚明显:

皿中也大都有水。这几个字不如甲骨文形象、生动，但临水窥影之状还绰约可见。不过，字形演变到小篆，“见”断然分离为二，作[illegible]，照容之意遂晦而不显，这就是隶变以后的監字，现在简化为监。

由此说来，现在通行的常用字监，原来是以水照面的会意字。甲骨文清楚地表明，它是从皿，从见，见亦声。到了小篆，字形变得很厉害，俨然是从卧从血了。许慎虽说其义为“临下也”，却不知其所以然，只好把它归入卧部，解成“衉省声”。这是由于把皿看作血而引起的错误。《说文》中的“省声”字很多是讲不通的，这里说的“监”又是一例。

“监”的字形虽然变了，但其照容的本义并未消失，古书中仍有所见。《书·酒诰》：“人无（毋）于水监，当于民监。”于水监，即以水照容之意。

正如监字字形所显示，临水照容，就必须有盛水的器皿。用得多了，这类器皿也被称为监。如春秋末年的吴王夫差监即称“自作御监”。这个监，大口，广腹，无足，两兽耳衔环，腹饰蟠虺纹及叶形纹，至为精致，高一尺二寸，口径二尺一寸多，大可容人，故有的学者认为此乃吴王夫差为自己造的浴盆。但浴器应以不良导体如木、陶为之，若用铜制则易烫人而不能保温，显然不合常理，所以郭沫若认为这个监还是照容之器。大而深，正是为了便于“监”容也。

不过，监又确有用作浴器的。器盛水，故字又加水旁，写成滥（与泛滥之滥同形）。《庄子·则阳》说卫灵公“有妻三人，同滥而浴”，即是明证。

临水正容，当然得仔细观察，方能看得清楚。由实而虚，监字又有观、视、察等义，由此引申，除开“监”有形之人或物外，抽象的道德观念、经验教训、风土人情等，皆可称监。《诗·烝民》“天监有周”，即天视有周，“监”的是周王朝；《书·太甲》（晚出古文）“天监其德”，即天视其德，“监”的是抽象的德；而孔夫子所说的“周监于二代”（《论语·八佾》），“监”的却是范围极大的夏商之事了。《书·无逸》“嗣王其监于兹”（兹，此也），《君奭》“肆其监于兹”（肆，今也），《吕刑》“监于兹祥刑”以及铜器史𩁹簋，“其于之（兹）朝夕监”，监也都是观察、借鉴之意。不仅如此，监还进一步与视、观、察……等字组成复合词，如监观（《诗·皇矣》“监观四方”）、监察（《后汉书·窦融传》“监察五郡”）、监视（《北史·齐宣帝纪》“有司监视，必令丰备”）以及监督、监临、监护等等。这样，“监”的对象由监者的自身容颜而不断扩展，上下左右，古今人事，虚虚实实，无所不“监”了。岂但如此，到后来，监还成了专门监视、监督他人的职务或机构。作为职官名，大者如监国、监抚、监军、监察御史、监督、监司，小者如监州、监作、监门、监斩官等等。作为机构，则有监狱，监禁罪犯，不得自由；还有国子监，乃“监”国子读书之所。此外，还有盯住他人从事某项工作，不得越规，或剥夺他人自由的各种“监”，如监印、监制（造）、监阅、监试、监考、监工、监查、监藏、监收、监酒、监书以及监押、监管、监禁等等，虽仍与监者眼睛有关，但与以水照容——造字初衷却相去十万八千里，不可同日而语了。

监字如此由实变虚，虚之又虚，引申再引申的结果，便是另造形声字来承担照容及盛水照容之器这两个义项。因为古代监多为铜制，乃在监旁加一“金”作为义符，而为鑑即鑒，今简为鉴。严格说来,监、鉴是古今字。最明显的例证便是《庄子·德充符》:“人莫鉴于流水,而鉴于止水。”《淮南子·俶 真》也说:“人莫鉴于流沫而鉴于止水者,以其静也。”鉴于止水,即监于止水,在静止的水旁“监”。又《左传》昭公二十八年:“昔有仍氏生女,黰黑而甚美,光可以鉴。”此“鉴”即照得见人形之意(有仍氏生的女儿,皮肤虽黑但很美丽,其肤发光泽可以照人)。作为照容(或沐浴)之器,除个别作滥外,文献均作鉴。《说文》:“鉴,大盆也。”

然而,作为今字的鉴,也照样的引申、假借,其义并不限于上述二者。常见的引申义是察、视、借鉴,至今仍用于口语和书面语,尤常见于书信的开头,以示客气(如赐鉴、钧鉴、明鉴、雅鉴、清鉴等)。考察古今成败、人事得失,也可称鉴,如通鉴、纲鉴、鉴戒、鉴定、鉴别、鉴裁、鉴察、鉴识、鉴赏等等。鉴又假借为镜,这可能与后来以铜镜照容逐步取代以水鉴容有关。《左传》庄公二十一年“王以后之鞶鉴予之”,鞶鉴不是大盆,而是一面铜镜。文学巨著《红楼梦》第十二回里跛足道人递给贾瑞,嘱其“千万不可照正面,只照他的背面”的风月宝鉴,实际上是一个“正反面皆可照人”的镜子。以鉴为镜,绵延几千年,常用不衰,这大概因为鉴(监)与镜毕竟质地(铜制)功用(照容)相同之故吧。

监的后起字还有甏(《玉篇》:“大盆也”),从瓦,是说明其质地为陶器。但此字极少见使用,没有生命力,可说已是死字,不必多说。

由监而鑑(镜子),体现了照容方法的进步,也说明了汉字日益繁杂之不可避免性:形声相益,不得不然也。

“目不识丁”解

在旧社会,“目不识丁”几乎是文盲的代名词,富者以此挖苦穷人,文人以此讥讽武士,其意若曰:连个最简单的丁字都认不得,还谈得上什么呢!据史书记载,唐宪宗时张弘靖引兵入幽州,他手下的一名文官叫韦雍的,有一次教训军士们说:“今天下无事,汝辈挽得两石力弓,不如识一丁字。”意思是说,现在天下太平了,你们这些大老粗,连个丁字也不认得,力气再大也无用。这句话深深地刺伤和激怒了军士们,再加上其他一些原因,闹起事来,竟把韦雍杀掉了。

现在看来,甲乙丙丁的丁字,一横一竖钩,两笔,既好写,又易认,似乎只有文盲才不识。其实不尽然。倘若把眼光移向古代,看看历史上的那些丁字,情况就有些两样了。面对古代的丁字,一些自以为有文化的人也未必都能识,而巨室富家子弟“目不识一丁”者也不乏其例。说来颇有点好笑,过分,但事实却确是如此。这原因就在于丁字在历史上并不像现在这样简单易认,它颇易和其他字相混,换句话说,识今日之“丁”易,辨昔日之“丁”难。商代甲骨文里丁字是经常出现的,人名如父丁、祖丁、大丁,纪日的如丁卯、丁巳、丁未、丁丑、丁亥等,一般都写成□的形状,样子很像一个口字;偶然写成▬▼,一时也不太容易辨认。金文里丁字也很多,大多数填实写成●或▼的形状,只有少数不填实,写作□▽,都容易认作别的字。其实,甲骨文和金文的丁字,正是现实生活中钉子的形象化:从上面俯视,就见一圆点(或方形);从侧面观察,就有▼▽等形状,好像楔子一样。

所以,“丁”的本来意思就是钉子。在古代石刻中,丁字还可以写成▼,可以说是钉子的全形了,不识字的人也可猜到几分。但篆书的丁字又写作个,和今天的简化字“个”很容易混淆。不懂篆书的人,就难免弄错。

如此看来,由于时代的关系,丁字的写法也有了发展变化。即使是文化水平较高的人也未必都认识古文字中的丁字,这是情有可原,无可厚非的。倒是那些自以为了不起,动不动就讥讽别人“目不识丁”的人,应该好生想想,恐怕自己对“丁”的认识也很浮浅,对丁字的发展历史也是不甚了了的。

睁眼看世界——*说目及从目诸字*

如非特别指出，人们一般想不到，现在常用的目字原来也是象形字，本是一只眼睛的形状。因为这个字小篆与楷书几无区别，《说文》解释为“人眼也，象形，重，童子也”，把中间两短横说成是眼中的瞳子即眼球，确是不大好理解。《说文》所录古文作，与人的眼睛并无相像之处。段玉裁说“口像面，中像眉目”，也只能给人以想当然的感觉。其实，小篆以来的“目”之所以不像，是由于把它竖了起来，又加以“规范化”的缘故，小篆以前的“目”倒确是睁眼看世界的形状，请看：

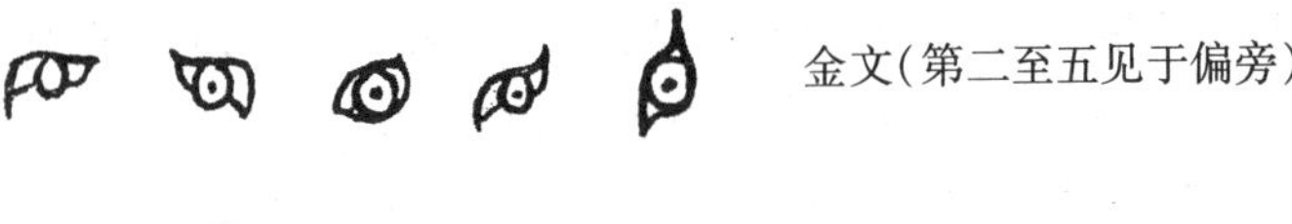

金文（第二至五见于偏旁）

甲骨文

字形有大有小，线条有刚有柔，但都是画一个眼球，上下眼睑——抓住了“目”的主要组成部分。有些字还在中间加上一点，特指眼球中的瞳孔（俗称眼仙人）。不论金文，还是甲骨文，“目”都是横写的，作平视形，上下眼睑裹着眼球，谁能说不像眼睛呢？如果把它竖起来，就成了：

不过，这又是另一个字——臣了。按理，“臣”也就是目——竖起了的眼睛，但我们的祖先硬是把它从“目”中分了出来，成了

两个字。古人为什么用平目代表人的眼睛，而用竖目表示作为奴隶或奴隶总管的“臣”，其间原由已不甚了了，但总的来说，二者区分是严格的（甲骨文臣、目二字有时横竖互倒，可藉文义辨别）。

“目”的本义是耳目之目，是人的眼睛，从甲骨文里即可得到证明。卜辞屡见“疾目”的占卜（疾目就是眼睛有病的意思），目即用其本义。不论是传世典籍，还是日常口语，作为眼睛的“目”都是经常出现的。例如《左传》桓公元年：“宋华父督见孔父之妻于路，目逆而送之，曰：美而艳！”（宋华父督在路上见到孔父的妻子走过，眼睛紧盯着她〈用眼睛迎送她〉，说：真标致漂亮啊！）嵇康《赠秀才入军诗》：“目送归鸿，手挥五弦”（眼送鸿雁归去，手弹五弦之琴）。《韩非子·观行》：“目短于自见，故以镜观面”（眼睛无法看见自己，所以要用镜子来照面孔）。《史记·廉颇蔺相如列传》：“相如张目叱之”（蔺相如睁大了眼睛呵叱他）。《尸子》：“使目在足下，则不可以视”（假如眼睛长在脚底下，那就什么都看不到了）……这些“目”指的都是眼睛。此外，如侧目、反目、目击、目睹、目测、目验、过目、寓目、属目、面目、耳目，以及目中无人、目无法纪、目无尊长、目空一切、目不识丁、众目睽睽、一目十行、目不转睛等词语中的“目”同样指的是人的眼睛；有些词语中的“目”还可径以“眼”代之而意义不变，如：目光——眼光，目力——眼力，双目——双眼，目前——眼前。

目，是人面中最要紧、最明显之处，目之所在，代表着人的行止或意念。如目的、目标、目下、目前、目测、目验，均与人目密切相关。引申开来，某事物中最明显、最紧要之处均可称之为目，形状像目者也可称为目，如文章的题目，渔网的纲目，图书资料的书目，篇章次序的目录、目次，演出的节目，某些人群中的大小头目（含贬义）……诸如此类的“目”，大都是原义的引申或扩大。与此相应的是，在许多场合下，“目”就让位于由它组成的一个形声字“眼”，或称“眼睛”了。而且在现代汉语里，还往往只能称“眼”而不能再称“目”。如眼科医生（院）、眼镜、眼色、眼神、眼波、眼线、狗眼、贼眼、天开眼、开眼界、字眼、眼观六路、有眼不识泰山……诸如此类词语中的“眼”便不可易为“目”。在口语里，单音词的“目”基本上被双音词的“眼睛”取代了。

目的功用在于看，睁开双目，看人看世界。常言道“目司视”（眼睛是管看东西的），它是视觉器官。因此，目又有另一个意义：看，观察，可作动词用。如《史记·项羽本纪》：“范增数目项王”（范增几次瞪眼望着项王——给项王使眼色），即是其例。“目之为……”“……目之”等结构中的“目”则义同“看作”、“把……看作”。但是，目字的这一用法，在古书中已属少见，在现代汉语中更是罕见了。“目”的“视也”这一意义，早就被由它组成的一组会意字承担去了，这就是：朢（望）、见、相、看。

望字甲骨文作从人举目的形状，金文又加月形，作企足举目望月之状，后来才讹变为现在通行的从王，从月，亡声的“望”。关于这个字，已有《西楼望月及其他》一文专门加以讨论，这里可从略。

见字与望相似，从人从目会意，不过大都作平目而视的形状，人形则或跽或立均无妨。下面是甲骨文、金文中各种形态的见字：

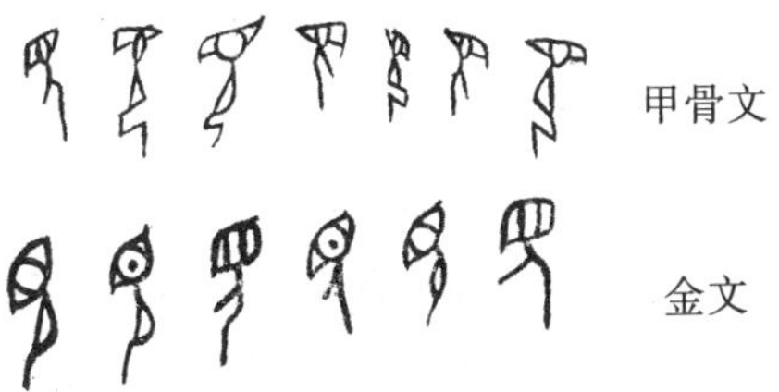

“见”的姿势、神态可谓各不相同，但有一个共同点即突出地强

调“目”的作用,这跟闻字的强调“耳”是同样的道理。这个字的小篆是直接从甲骨文、金文演变而来的。隶变以后,下半部分的人形变成儿,和不象形的竖目搭配在一起,会意的味道便少得多了。《说文》:“见,视也。从儿,从目。”凝神而视,目有所见,当是见的本义。《诗·王风·采葛》“一日不见,如三秋兮”,《礼·大学》“心不在焉,视而不见”,以及鄂君启节(1957 年发现于安徽)“见其金节则毋征”(见到金节就免征关税),都可说是本来意义上的“见”。稍稍引申,凡心有所悟也可称“见”,如见识、见地、见解、管见、浅见、愚见、高见、独见、卓见。用于人事,进谒某人或让下属来会晤也可称“见”,《孟子》的第一句话“孟子见梁惠王”(孟子谒见梁惠王),《左传》庄公十年的“曹刿请见”(曹刿请求进见),《史记·廉颇蔺相如列传》的“秦王坐章台,见相如”(秦王坐在章台上,接见蔺相如),都是有名的例子。此外如拜见、求见、台见、陛见、引见,以及入见、会见,都属于这一类。不过,这个以人目会意的见字又是“现”的古字,像“图穷而匕首见”,“天下有道则见,无道则隐”,“华陀再见”的“见”都读为 xiàn,与“目”的关系就不大了。

相(xiàng)字以目木会意,也是甲骨文里就有了:

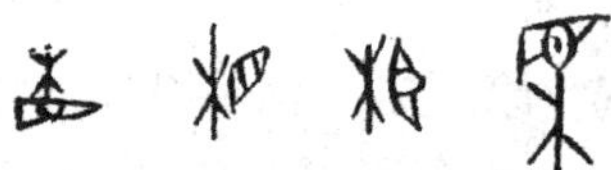

搭配的方式虽有不同,目或在木上,或在木下,或在木侧,表示的意思却是一样的,即仔细观察树木。小篆规范化为左木右目。《说文》:“省视也。从目,从木。”树木是否可用,须仔细观察,故曰“相”。由此而扩大、抽象,对客观事物的仔细观察,乃至对无形可视的时势、势态的观察也都可叫“相”。如《诗·相鼠》“相鼠有皮”、“相鼠有齿”、“相鼠有体”,是“相”鼠;《书·盘庚》“相时检民”（时，是。看这班小民），是“相”民；《周礼·地官·大司徒》“以相民宅，而知其利害”（察看老百姓的房子，了解他们的利与害），是“相”宅；《左传》隐公十一年“量力而行之，相时而动”（根据能力而做事，观察时势然后采取行动），则“相”时，同样都是“目”在起作用。历代文学作品及口语里常见的各种“相”，如相马、相牛、相人、相面、相亲、相板、相术，都还保留了它的古义：观察、评品。而相公、丞相、宰相、相国等“辅佐”意义上的“相”倒是其引申用法；至于相互、相思、相见、相对、相持、相反、相骂、相打一类的“相”（xiāng）则与眼睛无什关系，只是其假借用法。

看字出现较晚。小篆“从手下目”会意。为使目光集中，便于观望、细察，人们常习惯地把手放在眉目之上，“看”便是这一姿势的缩影，它既不同于好像眼睛长在头顶上似的“望”和“见”，也不同于细心察看具体树木的“相”，而是着眼于“看”的一个习惯动作。这个字，颇有点像“姣姬（美女）扬袂（衣袖）障目而望所思”（宋玉赋），是戏曲舞台上常见的画面。不过，实际上，同望、见、相一样，“看”的范围是很广的，既有“春风得意马蹄疾，一日看尽长安花”（孟郊诗）一类的看，也有“看人眉睫”、“看风使舵”一类的看；当然，大量的是看戏、看球赛、看文章、看书、看病……一类的看，都要睁着眼看。由此而引申，用眼盯住某物，以防散失、逃亡或被窃等意外事发生，也可称看（kān），此即看管、守卫式的“看”、如看门、看家、看更、看坟、看牛、看马、看鸡等即是。不仅如此，凡专门用目看的人，也可冠以“看”，如看客（观众）、看官（读者）、看守（狱卒）、看护（护士）。上述种种“看”，可说都是“目”的动词性质，但现代只能称“看”而不可代以“目”了。

除了上述四个会意字外，“目”的种种姿态，“视也”的诸种细微末节,则又有一系列以目或见为形旁(义符)的形声字来加以表示。字书或词典里形旁是目或见的形声字,大都描述“目”的状况和以目观万物的姿态的。下面试举几种为例(所从之目或见均为形旁):

仰视:睢　瞻(《说文》训为“临视”是其古义)

直视:眙(chì)　盯　瞠(chēng)　瞪

环视:瞝(chī)　矔(guǎn)

斜视:瞟　眄(miǎn)　睃(jùn)　睥睨(pì nì)　睇觇

窥视:睒(shǎn)　瞷　睼　瞰(kàn)　觇　覘

惊视:瞿(jù)　矆(huò)　瞲(xuè)　矍(jué)　睘(qióng)

怒视:睚　眦(xì)

掠视:瞥

小视:睄(瞧)　睍睍

轻视:眲(nè)

重视:盼(pàn)

远视:眝(zhū)　眺　矖(xǐ)　眑

回视:眷　睶

察视:督　省(xǐng)

谛视(仔细看):眇　观

张目:睁　瞋　瞠(chēng)　瞵

闭目小睡:盹　睒(shǎn)　瞒

目不明:眯　眩　眚　眢　朦　盲　瞎　睺(hóu)　瞍(sǒu)　瞽

当然,有些字只见于古书,现在已经不用或极少使用,而为相应的双音词所代替了。

又有个别的字,由于字形讹变简省,现在似乎也从目,其实与人的眼睛并无关系。如具字所从的目,便是由鼎讹变为贝,再由贝简省而成的。

自从小篆把眼睛的形象竖起来，变成长方形而死板的“目”以后，字形便固定了下来。在合体字里，它大部分在左，少部分在右，有时又在中间或下面，这四个位置的“目”，莫不作长方形。但也有例外，即当它处于字的上部或顶端的时候，却又横了过来，于是成为罒，与网字讹变成的罒又一样了。如上举瞏字以及眔（众）、還（还）、寰、環、睪、蜀等字所从为横目，而罡、罪、署、骂、羅（罗）等字所从为网，两者来源不同，现在都相混无别了。

闻

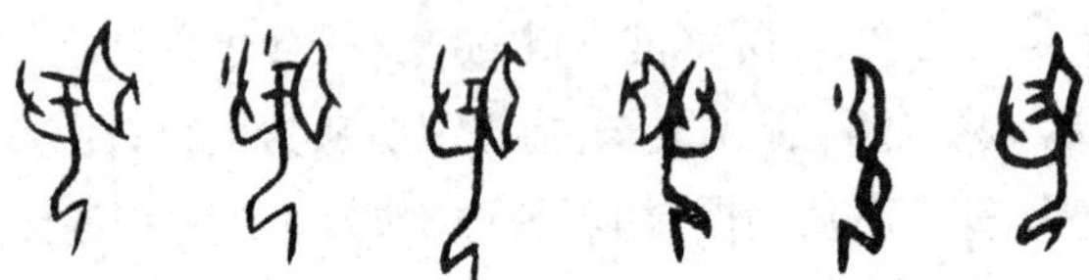

上面这几个大同小异的字，都是三千多年前刻在乌龟壳上的，够古老的了。这是一个字的几种不同写法，犹如一幅幅生动的小画面：一个人坐在那里，竖起耳朵，似乎正在聚精会神地听什么东西。本来，听人讲话也好，听音乐也好，不外两种类型：公开的和秘密的。公开的听，也就是正当的听，可以是随随便便地听，站坐倚卧都无妨；也可以一本正经地洗耳恭听。秘密的听呢，可不那么随便，往往是偷偷摸摸，乘人不备之时去窃听，生怕被人发现。后者即无端的偷听别人的说话，俗称听壁脚，一般是在夜间，蹲在人家墙外或窗下，屏息凝神，掩耳倾听，不能弄出一点声响来。这几个甲骨文字所反映的是正襟危坐式的恭听呢，还是听壁脚式的偷听呢？这一问题前辈专家们似乎没谈到过，我也不大答得上来。但我想，既然听的方法有两种，造字的先民们也许考虑了这两种情况才加以抽象、概括，线条化，从而创造出这个字的吧！也就是说，两者兼而有之。请看，人的姿势、面部神态可有差异，但都强调一只耳朵，表明在这个字中，耳朵是最重要的。最要紧的是听到声音。至于如何听法倒是比较次要的了。那么，这究竟是个什么字呢？

根据这个字的字形及其在甲骨卜辞中的用法，学者们一致

认为它就是现在的闻字，小篆写作

《说文》解释为“知声也（据段注）。从耳、门声”。甲骨文与小篆的闻也是有同有异，同就同在都突出一只“耳”，异则异在一个是会意字，一个是形声字。从会意的演变为形声的，正如其他一些字一样，也经历了漫长的阶段。在西周重器盂鼎铭文里，有一句话叫做“我闻殷坠命”，闻字写成

虽然右半仍从耳，左半的人形已不像甲骨文那样富有图画性了，跪跽状的人也站起来了。大概是这种图画式的会意字不便于书写，因而不便于交际、交流思想之故吧，到了春秋战国时代便出现了一个从昏从耳的形声字，以取代甲骨文的闻字。这个字见于铜器铭文，也见于竹简，《说文》称之为古文，便是小篆闻的前身了：

这个“古文”之所以从昏，不过是取其声罢了。清代文字学家桂馥认为“从昏者昏不能察，闻则可知”，仍然把它看作会意字，显然是错了。“闻”与黄昏有什么必然关系呢？难道白天不“闻”，至晚方“闻”么？如果这样，只能是夜静更深的听壁脚了，这就把闻的字义大大地缩小了。小篆的闻字，比起甲骨、铜器、竹简上的闻字来，显然规范整齐得多，易认易记易写，故一直沿用至今。耳在门内，是为了书写美观，门也只是代表读音，并非“入

门方可闻”的缘故。

“闻”的本义虽然是听，但由于“闻”者的身分或爱好不同，所喜欢“闻”的内容和感受也大不相同。孔夫子“在齐闻《韶》，三月不知肉味”，而且“朝闻道，夕死可也”，这是政治家的“闻”法，小民百姓不可思议，也无此福分。而像陆游的诗“月明满地看梅影，露下隔溪闻鹤声”，刘禹锡的诗“江西月净闻渔歌”，以及罗隐的诗“风急几闻江上笛”等等，则都属诗人的“闻”，悠然自在的“闻”，既不会因此而不知肉味，更不会去考虑生死问题。至于那些只愿闻阿谀奉承之音，不愿闻忠直逆耳之言，对民间疾苦大众呼声充耳不闻或置若罔闻者，也是古已有之，不绝于今的。

既然“闻”的本义是听，那么，引申开来，所听到的内容也可以叫做“闻”了。而且，由于内容的不同，时间的差异，也就有了各式各样的“闻”。所“闻”如果是一般人所不知道，不了解，或刚刚发生的事情，就算是“新闻”了。专门以打听并记录这类“闻”为业者，现代叫记者，古代也许就叫闻氏。他(们)专门打听、收集各方面的消息，报告给首领、酋长或朝廷，时间久了，职务成了姓氏，世世代代也都姓闻了。从史、尹、简、罗等姓氏来看，不才此说也许有几分道理哩，不知姓闻的读者以为然否。倘若费了九牛二虎之力去恭听、倾听乃至窃听，“闻”来的竟是尽人皆知的老生常谈，那就只好算作“旧闻”了，价值不大，登不了报章，最多也只能算是“轶闻”，这样的脚色自然是做不了“闻氏”，当不成记者的。此外，还有传闻、令闻、趣闻、丑闻、奇闻，等等。山西省有个闻喜县，广东省有个徐闻县，都以“闻”为名，也是饶有趣味的。

圣(聖)字别议

圣人的圣字,简化以前写作聖,历来被看作形声字。《说文》便是这样解释的:“聖,通也。从耳,呈声。”有的学者还认为,这个字应当写作聣,“呈字不应离而为二”,写成聖是“楷法之谬”。从小篆看,似乎是由耳与呈两部分组成,从耳“谓其耳顺”,呈是声符,尚能讲得过去。正因如此,至今有些老先生还喜欢把这个字写成聣。但若追溯其初形,看看商周时期诸多“圣”的真面目,则可发现,“呈声”实属子虚乌有,根本不存在,所谓“壬”原系人形,是与“耳”不可分割地连在一起的。先请看看甲骨文里“圣”的形象:

这是像一人企足而立听人言谈的形状。除第四文人与耳稍稍离开外,其余三文二者均紧密相连为一整体。这分明是个会意字,而非形声字。它与闻、听(聽)二字有相似之处,均从耳,突出听觉器官的作用。不过,闻字中的人形是作跪跽状的(详见《闻》),听字又仅作口耳相授之状:

耳下并无人形。可见,被认为“通而先识”、“无所不通”,乃至“德合天地、变通无方”的“圣”,究其造字之初,与闻、听二字意义相近，并不见得如何神圣。

青铜器上的圣字结构基本上与甲骨文同，只是人形之下又加一笔，以示站立之地，例如：

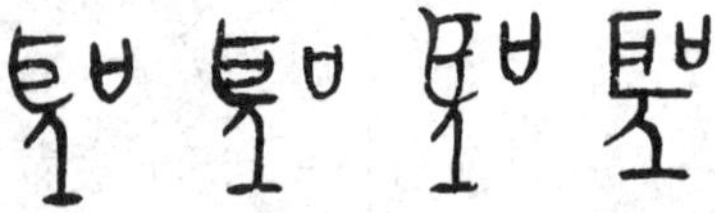

人形也仍与耳相连，密不可分，无一例外。春秋战国时期，铸器者每每喜欢在侧立的人形腹部加一圆点，又由圆点演变而为一小横，于是人形讹变而为壬（tǐng，挺），圣字也不例外。请看下列诸“圣”：

讹变之迹极为明显。不过，纵然人形讹变成了壬，也还与上面的耳相连，并不存在“呈声”的问题。圣字的这种演变过程，与望（朢）字极为相似。望字本像一人侧立举目远望之形，后增月，作“举头望明月”之状，人形也逐渐讹变为壬（详《西楼望月及其它》）。所不同者，望字强调的是视觉，举目；圣字强调的是听觉，竖耳，如此而已。

那么，圣字的“呈声”又从何而来，是许慎杜撰的吗？那也不是。壬与耳相离而同口相合为呈，并非始于小篆。1965 年湖北荆州望山一号墓出土的战国楚竹简数见“圣王”之名，圣作

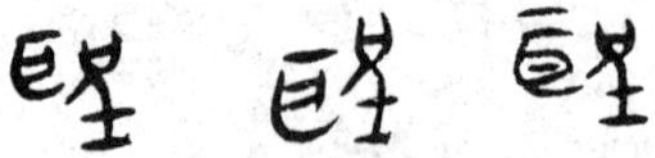

诸形，壬便与口结合为呈。可见，许君“从耳，呈声”之说虽不合

于甲骨文、金文，有违“圣”之造字初衷，却合于战国古文，未可厚非也。

但无论如何，上述各种形态的圣字已经证明，“圣”并非神秘莫测，高不可攀。就其本义而论，在上者善于倾听下面的呼声，体察下情，在老百姓看来，就算很不错了，便是“圣”了。又因圣与声密切相关，兼以二字音极相近，故《风俗通》说“圣者声也，言闻声知情”，二字可相通用。《左传》文公十七年“小君声姜”，《公羊传》即作圣姜。战国铜器曾姬无邺壶：“唯王二十又六年圣趄之夫人曾姬无邺……”圣趄即声趄，为楚声王。前引望山竹简之“圣王”当亦为楚声王。凡此种种，均是其例。

至于“圣人”一语，最早见于铜器铭文“王用弗䜌(忘)圣人之后”(师望鼎)，圣人犹言闻人，即有声望的人。后来把孔夫子称作圣人，读书人都得朝他的像顶礼膜拜，神秘的色彩便一层又一层的加重起来。汉代以后，皇帝称作圣人或圣上，其一言一行，一举一动都可冠以圣字，什么圣渥、圣意、圣域、圣裔、圣睿、圣恩、圣诫、圣训、圣谕、圣旨……“圣人”又成了无所不通，十全十美，至高无上的代名词，变得与民无关，高不可攀了。不过，尽管如此，皇帝们也未能独霸圣字。实际上，在语言中凡一事精通者亦得谓之圣。如(汉)张芝精通草书，称为草圣；(隋)刘臻精于两汉书，称为汉圣；(唐)卫大经精通《易》，称《易》圣；严子卿、马绥明善围棋，称棋圣。此外，王羲之是书圣，杜甫是诗圣。准此以求，打球、舞剑、游泳、跳舞、唱歌……倘能达到登峰造极，举世无双的地步，当亦可呼之为球圣、剑圣、泳圣、舞圣、歌圣……从这个意义上说，人皆可为圣人也。

现在的圣字，由“又”“土”两部分构成，比聖简省了八笔，易记易认。当然，这样一来，既无意可“会”，也无所谓形与声的问题了，“圣”的作用，纯粹是记个音罢了。

且问“哭”“笑”为那般

写完这个题目，不禁觉得有些好笑。作为一种生理现象，喜怒哀乐人皆有之，哭笑自然不例外。凡是人，无论古今中外，不分贤愚贵贱，总是有哭有笑，绝不会只哭不笑，或只笑不哭，更不会永远不笑不哭。可是，在我国丰富的古文字材料里却不见这哭笑二字，甲骨文里没有，金文里没有，战国时的竹简、帛书、玺印、陶文里也没有。要直到长沙马王堆汉墓帛书里才出现哭字。这是可笑之一。其二，篆文哭字上面双口，下面一条犬；而屡见于《说文》的说解部分的笑字，却又偏偏不在“九千三百五十三”篆文之内，依了段玉裁，小篆笑也得写成和哭一样，下面也是一条犬。人之哭笑与犬何涉，但哭笑字又偏要从犬，你道可笑不可笑。

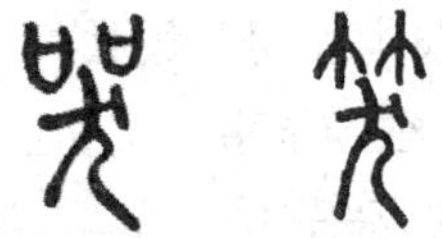

为什么商周古文字材料里不见哭笑字？是古人没有造，还是后人没认出？是卜辞、铭文文体特殊，用不着“哭”与“笑”，故而未传下来？目前无法断言，只得暂且放过一边，另待高明。秦汉以后开始见于字书的哭与笑，为何老是与犬连在一起？是造字造得不合理，还是我等蠢笨，以小人之心度“圣贤”之腹？方块汉字虽已用了几千年，看样子还得相当长久地用下去，把这问题好好谈一谈，免得再含含糊糊地“哭”“笑”下去，看来不为无益吧。

话，不妨从《说文》的哭字讲起。《说文》卷二哭部（哭为部首）：“哭，哀声也。从吅（xuān 音喧），从狱省声。”把哭字说为“狱”省声——省去了狱的三分之二，如何教人信服？连与许慎“心心相印”的段玉裁老先生也不相信！段氏在“从狱省声”下注道：

> 按许书言省声，多有可疑者。取一偏旁，不载全字，指为某字之省，若家之为豭省，哭之从狱省，皆不可信。狱固从㹜，非从犬，而取㹜之半，然则何不取㲋、獨、倏、猝之省乎？窃谓从犬之字如狡、獪、狂、默、猝、猥、㹼（炜案当作㹼）、狠、犷、状、獳、狎、犯、猜、猛、犺、狤、戾、獨、狩、臭、獘、献、類、猶卅字皆从犬而移以言人，安见非哭本谓犬嗥而移以言人也。……愚以为家入豕部从豕宀，哭入犬部从犬吅，皆会意而移以言人，庶可正省声之勉强皮傅乎？哭部当厕犬部之后。

对段氏这番议论，治《说文》者毁誉参半。现在看来，除了“哭入犬部从犬吅”与“哭部当厕犬部之后”二者互相矛盾，致被徐承庆《匡谬》讥为“意不主一，语无伦次”外，段氏的见解是很有道理的。段氏之后，徐灏的《笺》还进一步发挥此说：

> 段说是也。凡禽兽字义多借以言人事，如笃本训马行顿迟，而以为人之笃实，特本为牛父而以为人之奇特，群本谓羊群而以为群辈之称。若犬之借义尤不可枚举。哭为犬嗥而移以言人，可推而知也。

古人借动物之事以喻人事的例子还可举出很多，如从牛的告、牝、牡、牢；从马的骄、骛、骇、驱；从兔的逸、冤；从豕的逐；从鹿的麤（粗）、麈；从羊的羸（瘦也）等等。正如以豕居之家代表人居之家一样，用犬哀嗥之哭来代表人的哀声是可以理解的。从今人的观点看，这样似乎有失人的尊严，但古人造字和用字之时并不在乎这一点,已成历史事实,我们抱怨也没有用,不承认也不行。而且,有许多迹象表明,古人对动物如犬、豕、虎之类的观念与今人不同,特别是对犬,似乎还颇有好感呢。

有些学者为了强调人犬之别,竭力否认哭从犬,于是说“大声曰哭,当从大”,即当写成哭,大旁一点是误加上去的。也有的说哭本当为“哭”,从夭从吅,吅亦声,哭所从的犬是夭的讹变。用心可谓良苦。但篆书犬和大、夭分别作:

区分极为明显,三者既不相通,亦无大或夭讹为犬之可能或先例。这些说法只是好心的推测而已。而且,马王堆帛书《战国纵横家书》里的“哭”是从犬,作哭,清清楚楚,下半部分是犬!可证《说文》小篆确有所本。

又有的学者从维护许慎权威出发,力主“狱省声”之说。如饶炯说:“凡人有哀而哭,每重声出之,故从吅,吅者连声疾呼也。又哭者之所号诉,如狱讼然,狀狀其言,气郁而音浊,其声多以喉鼻出之,故从狱省为声,亦以喉鼻之音名焉。”想象力不可谓不丰富,但“如狱讼然”云云也完全是想当然之辞。还有一位老先生则说:“哭之本义,为罪囚在狱之哀声,因引申为一切哀声之称。”释义虽较“如狱讼然”稍胜,但也不足以推翻段注。而且,因哀而发为声原因多种多样,与罪囚、与牢狱并无必然联系。其实,“狱省声”本是因不得“从犬”之解而想出来的“勉强皮傅”之说,今人自不必苛求古人;但若再在此基础上想象、发挥、附会,那就未免越来越远,错上加错了。

所以，对于几千年来与犬密不可分的哭字，既不必为此而懊丧，亦不必硬把它和监牢扯在一起，老老实实地接受这份历史“遗产”就是了。

至于奇特的笑字，经历也不平凡。虽然《说文》失载其篆文，但南朝（梁）顾野王著《玉篇》有此字，作笑，从竹从犬。唐朝孙愐《唐韵》还直接引用《说文》为解：“笑，喜也。从竹，从犬。”可见原本《说文》是有“笑”的，传抄过程中遗漏掉了。唐朝其他一些字书如《干禄字书》（颜元孙）、《五经文字》（张参）也作竹下犬之笑，只有《九经字样》（唐玄度）把笑笑并列，引杨承庆《字统》说：“从竹从夭。竹为乐器，君子乐然后笑。”（见段注）这说明在唐代以前，这个字便有两种写法，不过一般写作从犬的笑。但李阳冰刊定《说文》时，把它定为从竹从夭，并说“竹得风，其体夭屈，如人之笑”。宋初徐铉根据这个意见，与簃、筠、笏等字一起作为“新附字”附于竹部之后，作笑。宋代以后，在长期使用过程中，“笑”逐渐被“笑”所淘汰。宋以后的经籍有“笑”而无“笑”，便是明证。尽管段玉裁“以顾野王、孙愐、颜元孙、张参为据，复其正始”，毕竟大势所趋，无法挽回了。“笑”之所以被“笑”取代，现在揣度，竹下从犬过于费解当是一个重要的原因。笑的原因、方式多种多样，其后果千差万别，但无论怎样，都难以与竹下之犬相联系。雄辩如段玉裁，虽然恢复了“笑”的“正始”，但既“不敢妄言”从竹之义，更不谈从犬的道理，而只是“闻疑载疑可也”。故一旦杨承庆、李阳冰从夭之说出，便很快被人们接受，肯定下来。因为杨李之说虽然未必全对，终究还讲了点道理。清代学者王筠说：“夭者屈也，笑时肩背低卬之状也。”“夫笑无缘从犬。”近人叶德辉《释笑字义》也说：“笑之从夭，毫无可疑，谓为从竹从犬，岂不大谬乎。”而从犬之笑，苏轼谓“以竹鞭犬，有何可笑”，虽属戏谑，亦极言其不可解。可见“笑”之为笑,“竹亦得风,夭然而笑”,乃是人所乐见者,以之取代笑亦属人心所向。

以上云云,谈哭笑二字的结构及出现的时代,是从字书和文字演变的角度而言的。若从文献考察,当然,在《诗》、《易》、《左传》、《礼记》、《论语》、《孟子》等书里,这两个字并不罕见,哭笑的具体内容也极丰富、有趣。而且,从文献记述看,倒似乎是哭比笑好,并不像某影片的片名那样“笑比哭好”。不论是申包胥哭秦庭、孟姜女哭长城式的哭,还是曹操哭郭嘉、孔明哭周瑜式的哭,哀则哀矣,但都有益无害,更不会哭出祸殃来(因哭贾祸自然也有,但毕竟罕见)。而笑呢,可就复杂了。因笑而招致杀身之祸者,史不绝书。最惨的是那些“美人”,在校场上“掩口而笑”,不听号令,杀头;见到跛子,大笑一番,杀头;还有那些一笑破国的“美人”,如褒姒之类,更要遭千古唾骂。可见,当了“美人”,连笑也不太自由,得看地点、场合,“人情喜则笑”,对她们还不全适用呢。

作为生理现象的哭与笑,其历史当与人类相等。作为记录语言中哭与笑这两个词的哭字与笑字,少说也已有两千多年的历史。尽管有人讨厌犬,吅下犬的形式也已持续了两千多年;尽管有人喜欢犬,竹下犬(笑)的形式仍然被竹下夭(笑)的形式取代了。真是不以人的主观意志为转移啊。现在人们使用哭笑二字,除文字学家外,自然毋须考究其来历,更不必去纠缠于从犬从大从夭之类的旧账。但哭笑二字既然分别是汉字——表意文字体系的一分子,便终究摆脱不了这些旧账,总有一层历史的阴影。因此我又想,如果使用拼音文字,不管谁哭谁笑,都可拼成 kū xiào ,大哭大笑就拼成 dà kū dà xiào ,见形知音,彻底摆脱“狱省声”、“从犬”、“从夭”之类的论争,彻底扫除犬嗥牢狱以及竹林之类的额外的负担,岂不是好!

补记：

经学者研究，战国楚帛书之[illegible]即后世之笑字，从艸从犬。辞称“为邦笑”与《战国策·韩策》“为天下笑”同意（参见曾宪通《长沙楚帛书文字编》，中华书局1993年，第44至45页）。据此，笑字最早出现于战国时代，本从犬不从夭也。又，《郭店楚墓竹简·老子乙篇》有云：“下士昏（闻）道，大笑之，弗大笑，不足以为道矣。”二笑字皆作[illegible]，与楚帛书同，笑之本从犬，足可论定也。

古陶文有哭字，见高明等编《古陶文字征》第48页。

“同志为友”说

“同志为友”，语见《说文》，意思是志向相同，就是“友”。这是古人对“友”字所作的解释。在社会生活中，地无分南北，人无论老幼，只要不是与外界隔绝，几乎每个人都有自己的朋友，同时又是别人的朋友。当然，由于“志”有高下大小之别，“同”的范围、程度也就因人而异，于是便有各式各样的“友”。除了政治、经济等方面“志”同者结交为友外，在日常生活中，许多“友”实际上只是因某一志趣相同或相近，甚或所谓“臭味相投”而结交起来的，诸如学友、诗友、画友、书友、琴友、棋友、茶友、舞友，乃至广州的“炒友”、“票友”等等。而且，凡要做一番事业，有所成就，都离不开“友”——同志者的帮助。就拿读书、做学问来说，若是独学无友，必然孤陋寡闻，一事无成，所以必须要有“学友”。至于琴棋书画之类亦同此理。越是做大事业，越是须要大量的同志共同努力，方有成功之望。所以古人说，“自天子至于庶人，未有不须友以成者也”。——拿现在的话说，从国家元首到普通老百姓，没有一个不需要朋友帮助而取得成功的。

“同志为友”，从字义论古今无异；从字形论自甲骨文以至小篆也是一脉相承，在在体现出“同志”的气息。“友”字甲骨文屡见。《甲骨文编》摹录 17 文均作两手相交之形，例如：

如何表现两人志向、志趣之同，想必造字的先民是很动过一番脑筋的。以两手相交——握手作为“同志”的标志，当然是要经全社会“约定”才行的。两手相加，“会”友好、友爱之“意”，而不“会”相争相斗的打架之“意”，因后者另有以两手相攻会意的“鬥(斗)”字在。又为免与双手拱奉的“収(廾)”相混，故“友”字以两手在同一方向示意。这当是古代社会生活中某一侧面的反映。部落之间，氏族之间，个人之间，彼此握手即是友好的表示；如是停战言和，化敌为友，则双方首脑人物的手握在一起，更是从此友好的象征——由异志转变为同志的见证了。自然，两手相加，还有各种各样的情形。如《诗经》里就有许多不同的执手或携手：“执子之手，与子偕老”；“惠而好我，携手同行”；“惠而好我，携手同車”；“遵大路兮，掺执子之手兮”。此外，还有“嫂溺则援之以手”式的执手，“执手相看泪眼，竟无语凝噎”式的执手，如此等等，似乎越出“同志”之外了。其实，把他们看作广义的“同志”也未尝不可。就以现实生活而论，志向、志趣相同之友人相见时互道阔别，分离时互嘱保重，大都以握手为礼；语言中也有“握手言和”、“握手言欢”等语。总之，以两手相交喻两人志向、志趣相同，可以为“友”，实是古来如此。

金文“友”字亦常见，新版《金文编》收录40文，大部分与甲骨文相同，作两手(又)相交之形，小部分又从甘或口，字形较繁，例如：

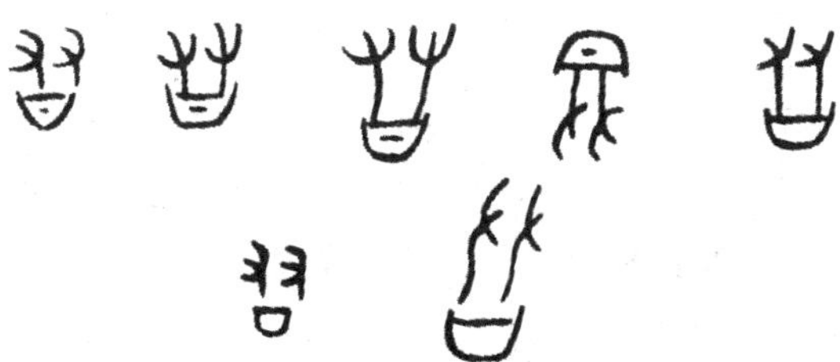

这些字形之属“友”之繁化，而非另外一字，是根据文义推断的。如第二文见于多友鼎，曰“用倗(朋)用友”，又该鼎“多友”一语

八见,“友”均作,可证二形虽有繁简,确为一字。又如第六文下从口,见于趞曹鼎,称“用鄉(飨)倗(朋)友”。从甘的“友”也见于侯马盟书。

在相交的两手(又)之下增加甘或口,在当时或许是有某种原因(为了美观?),但毕竟与汉字由繁趋简的总趋势不大相合,故只是作为金文“友”的异体字存在过,并未被继承下来。小篆“友”仍作两手(又)相交之状,而且固定为左向的。《说文》的“友”下又录“古文”二形,一作,与上引甲骨文第五文近,殆战国古文;一作,与習(习)字相近,当是由金文从甘之“䓘”讹变的结果。这两种形体的“古文”,虽见于《说文》,也被历史所淘汰,成了死字了。相比之下,两 手相交的字形是最有生命力的了。经过隶变,上面一手演变为𠂇,下面一手变为又,遂成“友”形,二千多年来通行不变,以至于今。

“友”既以两手相交,志同为特征,故一旦志趣相左,原来为友者亦即分手,各奔东西,甚至化友为仇,化相交为争斗。故志是否真同,是真友还是假友,还要经受时间的考验。所以历来又有慎交、择友之论。有些文人因其志趣爱好之所在,还把择友的目光转向生物界,愿与兰、竹、梅、柏、莲、鹿、蠡……等等为友,自字或自号为友竹、友兰、友梅、友柏、友莲、友鹿、友蠡……或用为书斋之名,以示其志。这是友的扩大,但仍不离“同志为友”这一原则。

“同志为友”,是我们中华民族的优良传统之一,是交友之准则,也是“友”之精义所在。愿它在新的历史时期更加发扬光大。愿各行各业各种层次的人们都有志同者为友,都有经得起时间考验的真正的友人,而且多多益善!

朋 倗 说

朋，作为友的同义词，在古代也可单独使用。如《论语·学而》"有朋自远方来，不亦乐乎"，《书·洛诰》"孺子其朋"，《诗·閟宫》"三寿作朋"等例即是。不过，当时朋与友还是有区别的。据郑玄《周礼·地官·大司徒》注所云"同师曰朋，同志为友"看，朋的范围较友为广。凡同师者皆可曰朋，但同师未必同志，同志者亦未必同师。即以孔氏门下而论，"弟子三千，贤人七十有二"，是皆为"朋"，犹今所谓同学，但其"志"则各有差异，有想做官的，有想发财的，有想研究学问的，其共同语言也就不多。一师所授，贤愚不同，可谓历来如此。唐朝的贾公彦说："朋疏而多，友亲而少。"区分朋与友，颇为精当。

朋与友二字合称朋友，所指则较广泛，同师同志一概包括在内也。这在现代汉语中是常用词，然亦屡见于典籍。如《易·兑》"君子以朋友讲习"，《诗·假乐》"燕及朋友"，《左传》襄公十四年"士有朋友"，《公羊传》定公四年"朋友相卫"，《论语·公冶长》"愿车马衣裘与朋友共，敝之而无憾"，《孟子·滕文公》"朋友有信"，皆其例。不过，天子所谓"朋友"，实指群臣，与同师同志无关。朋友，也可倒过来称"友朋"，如《左传》庄公二十二年"岂不欲往，畏我友朋"，陆机《挽歌诗》"友朋自远来"，不过例不多见。

由朋友之义引申，朋又有朋聚、结党之义。屈原《离骚》"世并举而好朋兮"，好(hào)朋意即喜欢结党 。后世又有"朋比""朋党 "之语，多指互相勾结以营私，为贬义词。欧阳修还特地写过一篇《朋党论》,专论朋有君子小人之分,说君子以“同道”为朋,小人以“同利”为朋,“此自然之理也”。

以上云云,都是传世文献里的情形。如果把目光转向地下出土的实物资料,那就是另外 一番情景了。原来,出土文献里的“朋”根本与“朋友”、“友朋”无关,与“同师”、“同志”更无涉!

甲骨文、金文“朋”字均常见,都作两串“贝”相连的形状:

王国维曾著《说玨朋》一文(《观堂集林》卷三),据甲骨文、金文论证玨朋古本一字,指出:“古制贝玉皆五枚为一系,合二系为一玨若一朋。”后郭沫若又著《释朋》(收入《甲骨文字研究》),认为朋本为颈饰,以三或二之贝玉为一系,连二系以成,左右对称;甲骨文“朋”字还有下端相连而成环形的。既为颈饰,构成朋的“贝”当然可多可少,不必一定是十枚。后来由颈饰演化为货币,朋即为计量单位,乃固定十贝为一朋。王、郭之说大同小异,可互为补充。

商周之时,贝朋多来自实物交易、进贡或掳掠,为数既少而难得,故人们都视为珍宝。得贝犹如得财富,串起来挂在颈上,悬诸胸前,亦足为炫耀之资。甲骨文“得”字即作以手持贝之形,可证当时贝之受重视程度。故卜辞有赐朋的占卜,金文有因赐朋而作器的记述。卜辞中明确说以朋赐妇女的,目前仅见一例 ,即《殷墟书契后编》下卷第八页第五片:“庚戌□贞:易(锡即赐,下同)多女有贝朋?”郭沫若据此推论说:“此于朋上无数,当即一朋。又由事之罕见与数之微末,且所锡者为女子,则朋必系颈饰无疑。”此外,《南北坊间》3·81有“易贝二朋”之语,因辞残缺，不知受赐者为谁。关于“朋”的数字，目前所见最高者为七十，见于《怀特》142“其五朋？其七朋？其八朋？其三十朋？其五十朋？其七十朋？”因系残甲，难知其何以反复占卜贝朋之数。商末的邑斝记“王易小臣邑贝十朋用作母癸尊彝”（用，语词，因此），宰甫卣记“王光（贶）宰甫贝五朋，用作宝鬻”，皆因赐朋而作器。小臣艅尊记“王易小臣艅夔贝，唯王来征人方”（艅，人名；夔，地名），乃是在征途中以沿途所得（夺得？）之贝赏赐臣下。西周金文中赐贝若干朋的记载屡见不鲜，其数多在十朋以上。如剌鼎称“王易剌贝三十朋”，效卣称“王易公贝五十朋”，而毌鼎则称“百朋”。

总之，朋之本义乃贝朋，是贝之朋，而非人之朋。这一点，在古籍中也有端倪可寻。《易·损》“或益之十朋之龟”，崔憬注“双贝曰朋”。《汉书·食货志》谓王莽贝货五品，自小贝以上均以“二枚为一朋”（俱见郭文所引）。又《诗·菁菁者莪》：“既见君子，锡我百朋。”郑笺：“古者货贝，五贝为朋。赐我百朋，得禄多，言得意也。”是汉代人尚知朋与贝之关系，只是朋的贝数说法不一而已。

现在的朋友之朋，出土的文献中另有专字，是从人朋声的倗（有人以为这是会意字，像人着颈饰之形，可备一说）。甲骨文作

诸形，卜辞中用作人名，未见其朋友义。金文作

等形，结构与甲骨文基本相同。第六文见于杜伯盨，所以之朋不相连属；第七文见于窒弔簋，不从人而从㫃，都属字形的讹变。金文之倗除用作人名如倗生、倗伯、倗仲等外，大都与“友”字合用，连称“倗友”，如：“用飨倗友”（伯康簋、趞曹鼎），“及我倗友”（王孙钟），“罘多倗友”（卫鼎），“于好倗友”（杜伯盨），“用乐嘉宾父兄大夫倗友”（嘉宾钟），几无例外。

如此说来，古文字中朋、倗二字形义区分至为明显，一为象形字；一为形声字；一为颈饰，又是货币计量单位；一为后世朋友之朋。由于字形的演变，小篆朋、倗二字分别作

《说文》以朋为凤之古文：“古文凤，象形。凤飞，群鸟从以万数，故以为朋党字。”说朋为神鸟，牵强附会，形义俱乖。倗，《说文》解释为“辅也。从人，朋声。读若陪位”，则又认所从之为“朋”。段玉裁也无法解释朋、倗二字的由来，但能指出“盖朋党字正作倗，而朋其假借字”，是其独到处。其实，小篆之朋乃由上述金文之倗如第四、六诸形讹变而来，于是又加人旁作倗。

随着“朋”作为货币单位用法的消失，而用为朋友、朋党之朋，“倗”字也就日趋隐退，古代典籍中已罕见，现代则更不属于“常用字”的范围了。故《新华字典》不见此字。《辞海》亦不收，但收其异体字“傰”，谓“同朋”。《辞源》倒是收录了这个“倗”，但也只列两个义项：“(1)辅助。又作傰。(2)不，不肯。”却把它真正的“源”遗忘了。而作为常用字的“朋”，变成了不可思议的两个“月”。自《康熙字典》以来，采用部首制的字典无不

把它收入月部,双月为朋的道理谁也讲不清。如果说,“汉字一见到字形便能明其意义”,那碰上这个双月朋又只好干瞪眼了:它与“朋友”、“朋党”有什么关系?!恐怕瞪眼瞪十年也无济于事,依然无法“明其意义”。

“奉匜沃盥”解

汉字，特别是其中的会意字，由于其独特的表意功能，常常寓义于形，使人能从形体结构中窥测其造字的本义。当然，像宋朝王安石那样漫无边际地说字，说什么波是水之皮，坡是土之皮之类，令人啼笑皆非，确实是错误的，不足取的；但如果掌握了文字构造的规律，善于“望”，也就是分析，有许多字还是可以“望”出它们的“义”来的。而且，运用这个办法来阅读古书，还可加深对古籍中有关词语的理解。这里要谈的“奉匜沃盥”便是一例。

“奉匜沃盥”一语源出《左传》，讲的是晋公子重耳（即晋文公）洗手的故事。洗手洗脸，极为平常，有何“故事”可言？在现代社会里，从总统总理到一般公民，尽管地位不同，洗起手来，使用的肥皂、毛巾或许有贵贱之别，而其方式总是“差不多”的。可在等级森严，人分十等的古代，人君与小民就连洗手这样的生活小事也是迥然不同的。重耳虽因避骊姬之难出亡在外，但究竟是“公子”，有朝一日返晋，便是国君，其礼仪、架子仍是一点也马虎不得的。当时重耳由楚到秦，已是六十多岁了，秦穆公很客气，送给他五个美貌女子，于是便发生了“奉匜沃盥”这一故事：

> 秦伯纳女五人，怀嬴与焉。奉匜沃盥，既而挥之。怒曰：“秦晋匹也，何以卑我！”公子惧，降服而囚。（《左传》僖公二十三年）

左丘明的这段叙述是简练而又生动的。怀嬴乃是秦穆公的女儿，曾嫁给晋惠公的太子圉（怀公），穆公又叫她去嫁给年过花甲的重耳。从名分上说，怀嬴本是重耳的侄媳，然而重耳当时恐怕不知道这层关系。她捧着盛水的匜倒水给重耳洗手，却不料重耳洗完后，湿手乱挥，致使恼起火来，骂了他一顿。重耳这才知道她的身分，害怕起来，连忙请罪求饶不迭。这段文字明白易懂，而“奉匜沃盥”四字则又活画出了当时怀嬴侍候重耳洗手的情景。下面先把这几个字分析一下。

奉，即现在的捧字，挑手旁是后加的。这个字金文写作

见于散盘，本来就像双手捧物的形状，小篆写成

又增一手形，成了“三只手”的奉。后世由于词义的引申、发展，又加一手旁，用以表示双手捧起的捧，更变成四只手了，而且读音也分化了。

匜，是古代一种盛水的器物，有“流”和“鋬”，便于泻水和把持，形状有点像一个大瓢，只是加鋬或加足、加盖而成。这种器物是西周后期才出现的，盛行于春秋战国时代，有三足、四足、圈足及无足等各种形制，大都铸有精美的花纹。目前所见传世和出土的匜不下百余件，其中是否有怀嬴当年所奉之匜在内，却不得而知了。匜字的写法却多与“它”即“也”字一样，也有少数从皿或从金，如：

这也可见其与盘盂之类器物关系之密切了。事实上,匜与盘常配套使用,以匜泻水,以盘承之,故传世或出土器物中,盘匜同为一人所铸者也屡有发现,如白者君盘与白者君匜,夆叔盘与夆叔匜等等即是。近年在晋故地今山西之闻喜县上郭村也还有配套共出的盘匜。

沃,义为浇水,这是个形声字,无法“望文生义”的。

盥,是古代洗手的专用字,其字形本身就是一幅洗手图。它由三部分组成:皿,代表盘;臼,即双手;水,指注入盘中供洗手用的水。如嫌楷书的盥字尚不足以见义,就请看小篆:

再请看金文之盥:

总够形象化了吧!这个字甲骨文里也有,不过盘里只有一只手,请看:

它强调的是手在盘中,“象仰掌就皿以受沃”(罗振玉语),水之

有无倒像不太紧要似的，金文和小篆是比它全面多了。

既然盥手离不开盘盂之类，那当年怀嬴“奉匜”之时，必还有托盘之妾，她又是谁呢？也是五女之一吗？《左传》没说，笔者也不便妄加猜测。也许是因出身低微，故不见于经传吧！但既有站而奉匜者，则必有跪而托盘者，这倒是可以肯定无疑的。关于这一点，《红楼梦》中尤氏洗脸一事可为佐证。该书第七十五回叙某日午后，尤氏因受了惜春一顿抢白，赌气来到李纨房中，“出神无语”。跟来的丫头媳妇们说她中晌尚未洗脸，建议她“这会子趁便可净一净好”。尤氏洗脸时，“丫头只弯腰捧着脸盆。李纨道，怎么这样没规矩。那丫头赶着跪下”。大观园里太太们洗个脸尚且有这么多“规矩”，那春秋时候秦晋等国之要有“规矩”，就更不在话下了。何况是侍候秦之国宾、晋之公子呢。

“奉匜沃盥”是二千六百多年前的事，所奉之匜也是当时才通用的器物，和我们确是相距太远了。但沃盥的盥，不论字形字义，却一直沿用至今。在当今社会里，洗脸间还常叫盥洗室，不过“盥”的含义略有扩大，泛指漱口刷牙洗脸洗手诸事而已。而在“盥洗室”里，水龙头一拧开，清水哗哗哗地泻入脸盆，两手就而洗之，不就是人人皆可为之，皆有体会的“盥”吗？

“安定”小考

安和定这两个字都是深得人们喜爱的吉祥字眼，不仅使用范围广，而且组词能力强，出现频率高。就说“安”吧，几乎使用于生活的一切方面：给长辈请安，向平辈问安，送行时祝人一路平安，写信时祝人安好（以及春安、冬安、日安、大安、编安、教安、撰安……），与“安”密切相关的词如安置、安居、安慰、安逸、安详、安寝、安放、安分、安全、安息、安乐……不下几十个，它简直就是幸福的象征。“定”虽不用于祝愿之辞，但由它组成的词，数量也不亚于“安”，诸如定局、定评、定都、定额、定弦、定婚、定夺、定神，以及平定、笃定、确定、坚定、一定、必定、写定、聘定……凡确切不移之事或物皆可称定，它也是太平的象征，动乱的对立面。古往今来，用安和定两个字作地名的也很多，如都安、安阳、潮安、宝安、安源、安庆、安陆、安山、安州、安信、安顺、吉安、安化、安邑、嘉定、罗定、定海、保定、定远、定县等等皆是。大概也是因为字眼吉祥之故吧，不少人拿来作自己的名字，如安国、安石、定国、定邦，等等，都是常见的。

至于说到安与定这两个字的关系，也是十分密切的。它们实际上是同义词。《说文》说，“安，静也”，“定，安也”；《尔雅·释诂》说，“安，定也”，“定，止也”，可见两字意义是相通的。《诗经·六月》所谓“以定王国”也就是“以安王国”。安离不开定，定也离不开安，能安则定，能定必安，反之亦然。若从字形上分析，安与定又有其共同点：都有一个宝盖头（从宀），都是以屋子取义的。换句话说，无论是“安”还是“定”，都离不开房子！

这并非故作惊人之论，而是有事实根据的，且待笔者慢慢道来。

先说“安”。自古及今，安字的结构几乎没有什么变化，即便是二三千年前的安字也是极易认识的，请看：

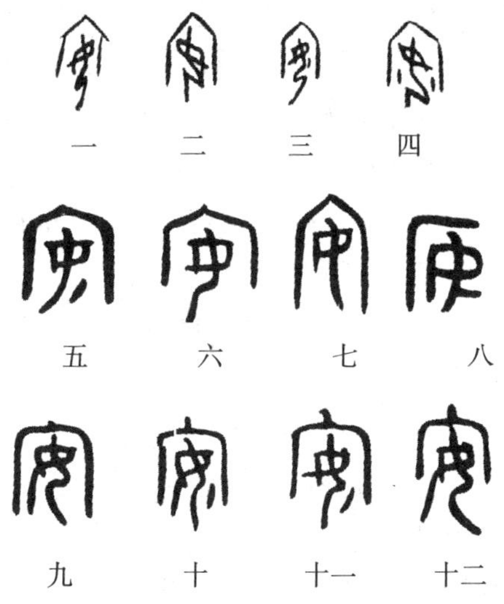

上述诸形中，一至四是甲骨文，五至八是金文，九至十二是石刻篆文，都是一种结构：屋下一个女人。仅第八形从厂，像山岩之形，也与从宀同意（古文字中从厂与从宀亦往往可通）。这样结构的安字，有点像是后世豪门贵族、纨袴子弟们金屋藏娇的写照，但造字之初，恐怕还不至于如此，它只是反映了古人对“安”的朴素认识和基本要求：有房子住，且有女子在内，就算“安”了。这认识是否太浮浅，要求是否太低？非也。要知道，在太古时代，人类的祖先没有房子住，而与禽兽为伍，或者躲在树上——传说中的有巢氏是也，或者掘地为穴，钻进地洞，这样的日子安逸好过么？待到人类进入父系氏族社会，进入对偶婚时代，懂得了盖房子，有了相对固定的配偶，情况就大不相同了。能讨到（或曰“抢”到）老婆，且有房子给她住，让她安然地坐在屋子里，或操持家务，那就算很不容易，很幸福的了，也就算很“安”了。我想，在古代，要做到这一点——二者俱备，是颇不容易的。因为，有女无屋，结不了婚，或成了亲而没有房子住，成日价为住房问题而奔走，争吵不休，当然“安”不起来。而若有室无女呢？房子再大再好，空空荡荡的，也索然无味。《诗经》的第一首诗即“关雎”，就描写一个男子为追求一个“窈窕淑女”而至于“辗转反侧”的情状。试想，这男子即令有巨室华屋，却为“求之不得”而辗转反侧，心里痛苦已极，哪里还谈得上什么“安”呢？所以，要有屋子和女子，二者缺一不可，才能算“安”，这要求是相当高，认识也是相当深刻的了。其实，即以今日而论，在大城市里真要做到二者俱备，皆大欢喜，人人均“安”，也未必很容易呢。

诚然，有室有女亦未必“安”：如果“屋”是漏屋，下起雨来“床头屋漏无干处”，到处盛水，其不安自不待言；如其“女”是妒女泼妇，终日吵吵闹闹，撒泼骂街，尤其不得安。但那究属少数特例，可以不论。一般说来——古人认为，有屋子，有女人，男耕女织，夫唱妇随，日子就算不错了，够得上室家之“安”了。

次说“定”。这个字也是古今形体变化不大的，很容易辨认：

一　　二　　三　　四　　五　　六

第一、二文是甲骨文，第三、四、五文是金文，第六文是小篆，三者相比，只是所从的“正”形状略有差异，而房子的形象则一脉相承，没有什么变化。此字大徐本《说文》看作是“从宀从正”的会意字，小徐本《说文》认为是“从宀正声”的形声字，似乎都有些道理，恐怕应该算作会意兼形声字。“正”在古文字里多用为征伐之征，所从之一(口■)代表某个处所，足之所至就算正(征)。《说文》，“正，是也”，古籍中正又可训决，故正在宀下(或从正得声)也就意味着房屋正是安身之处，而足下有所归宿，自然太平无事了。

正因为安与定是同一形旁的同义字，所以在语言里又经常配合起来使用，前后辉映，以增强语言的音律美和修辞效果，例如安邦定国、安辞定色、安坐定气等等皆是。不仅如此，安与定还结合成一个词——安定，既安且定，又安又定，真是吉祥之至了。

现今妇孺皆知的“安定”一辞出现得很早，甚至可追溯到《书经》的《盘庚篇》：“安定厥邦。”这是商王盘庚在迁都动员大会上训诫百官臣工时的一句话，意思是要使国家安定，不能吵吵嚷嚷，弄得乱哄哄的。《左传》襄公二十八年则说：“安定其社稷。”社稷也就是国家的代名词，这句话与安定其邦同意。汉初，“天下安定”，刘邦听张良说部将要“谋反”，便惊奇地问道：“天下属安定，何故而反？”(《汉书·张良传》)——安定的局面来之不易，岂容毁坏！可见，邦国之须安定，实非自今日始。此外，作为地名，汉有安定郡，明有安定县；北宋的胡瑗还以安定为其号，世称安定先生。这些都说明，安定一语确也源远流长，由来已久。

几千年来的历史充分证明，不论在什么时候，“安定”总是人心所向，动乱总是不能持久的。动乱之后总是人心思定。广大劳动人民谁不盼望有安定的日子过，吃得饱，穿得暖，有屋住，有家室之乐？实在被迫得活不下去，走投无路，才铤而走险，举起义旗，造反、革命。而造反、革命的目的之一也就在于使大家能安居乐业，人人都有安定的生活。唐代大诗人杜甫曾豪迈地写道:“安得广厦千万间,大庇天下寒士俱欢颜。”寒士们“欢颜”之时,也就是他们得到安定生活之日。但是杜甫的这一理想在封建社会里怎能实现!只有在中国共产党领导下的社会主义时代,才有可能逐步实现诗人的宏愿。当今安定之世,人人安居乐业,已习以为常,然而仔细想想,这“安定”也委实来之不易啊。

“字” 说

汉字的历史，从其萌芽状态算起，迄今已有六千多年，源远流长。但作为这个字、那个字的“字”，却是很晚才产生的。而且，造“字”初衷，也并非指记录语言的文字。甲骨文有“文”而无“字”。金文有“字”，也不多见，《金文编》收录三文：

分别铸于字父已觯、余义钟和梁其簋。这三个“字”都是宝盖头下一个子，即屋内有子之状。从铭文看，这三个“字”均与“文字”无关。梁其簋云“百字千孙”，“字”实用如“子”，梁其鼎作“百子千孙”可证。余义钟云“……而□之字父”，“字”又同“慈”。此外，吴王光鉴有“既字白（霸）期”，据于省吾先生考证，“字”当读为“生”，也与文字无关。

古书中的许多“字”，也与文字无涉，而专指妇女生育之事。如《易·屯》说，“女子贞不字，十年乃字”，《山海经·中山经》说，“……名曰黄棘，黄华而圆叶，其实如兰，服之不字”，《论衡·气寿篇》说，“妇人疏字者子活，数乳者子死……字乳亟数，气薄不能成也”。“不字”、“字”、“疏字”，指的都是怀孕生小孩的事。

由怀孕生育之义引申，“字”又可表示抚育、教养。《汲冢周书·本典》：“字民之道，礼乐所生。”意即教育百姓，礼乐是其根本。《书·康诰》：“父不能字厥（其）子。”“字”义为抚育。

《诗·大雅·生民》:“诞置之隘巷,牛羊腓(避)字之。”是说后稷出生后,被弃于狭巷,牛羊不仅没有伤害他,反而保护了他。《左传》成公十一年说:“已不能庇其伉俪而亡之,又不能字人之孤而杀之,将何以终?”“字人之孤”,意为抚养他人之遗孤,后又称“字孤”,如《文选》卷四十任昉(彦升)《奏弹刘整》一文开头说:“汜(音凡)毓字孤,家无常子。”

女子要生育,首先得许配于人,出嫁。故“字”又引申为许配、嫁。古典小说、戏曲作品中常见的“待字”、“未字”、“字人”等语,“字”指的便是女子出嫁一事。

以上各种“字”可说都是与女子密切相关的事。《说文》曰:“字,乳也。从子在宀下,子亦声。”说义,析形,都很正确,与古书完全符合。关于“乳”,段玉裁又注道:“人及鸟生子曰乳,兽曰犷,引申之为抚字,亦引申之为文字。”可见“字”的本义是妇女生子:以“子”代表婴儿,置之室内(宀),以示妇女分娩得子(古不分男女皆可曰子)而哺乳之意。

本来,关于女子生产之事,甲骨文已有毓(育)字,作

诸形,以女人臀下出倒子会意,有的还在倒子形的周围加上水滴,代表分娩时的血水。这是极富形象性的,甚至可说是图画式的会意字,它重点反映的是婴儿从母体分娩出时的具体情景。但这个字在卜辞里已借用为后(君后,先后),而未见用其本义,文献中也未见其生育之本义,而多用其“教育”(“养子使作善也”)之引申义。与这鲜血淋淋的“毓”相比,“字”所代表的,则是女子生育的结果:刚离母体来到世间的婴儿已安安稳稳地躺在屋子里了。而且,“字”所从的子又兼声,从实际使用看,其生

命力比“毓”要强得多了。

如此说来,作为文字的“字”,实在是“乳也”一义引申的结果。我们现在所说的文字,不论古文字或今文字,都是个总体的概念,统指记录语言使之得以传诸异时异地的符号体系。但如细加分辨,文与字又有所区别:独体的、无可分解的称“文”,由两个或两个以上的文相结合而成的称“字”。好比妇女生小孩一样,“字”是由“文”孳乳蕃衍而来的。关于这一点,许慎《说文序》是分得很清楚的:“仓颉之初作书,盖依类象形,故谓之文。其后形声相益,即谓之字,字者言孳乳而寖多也。”姑且撇开仓颉作书之传说不论,单就文字创造过程而言,说先有文,后有字,这一见解是符合实际的,正确的。有了日、月、人、木、目、皿、山、水、虫、止……等独体的“文”,才有可能“形声相益”,创造出明、休、涉、降、陟、蛊、相、林、沐、盟、汩、杲、杳等“字”。道理十分浅显,极易理解。不过,在实际使用中,文与字并无严格的区分。在现代汉语中,特别是口语中,“字”实际上包括了“文”——不论文或字均称“字”。如说“写得一手(笔)好字”、“字字珠玑”、“遣字用词”、“字斟句酌”、“字面”、“字眼”等等,“字”就不分什么独体或合体了。

除了生育的“字”和记录语言的“字”之外,还有一种特殊的“字”,即所谓名字的“字”,也值得一谈。我们现六十岁以下的人,绝大多数是有名无字。但老一辈的人,除了名之外,许多人还有一个由名孳乳而来的字。如毛泽东主席字润之,朱德总司令字玉阶,周恩来总理字翔宇,陈毅元帅字仲弘。一般来说,字与名是同义或近义的,字也可是名的引申或发挥,二者关系至为密切。这可说是中国所特有的社会文化现象,域外人不易理解。电影《开国大典》里就有这样一个情节:一位苏共代表见到毛主席又向人打听毛润之先生在哪里。一阵大笑过后,他又问,为什么毛泽东和毛润之竟是一个人。他当然不明白,“泽”与“润”同义,“之”指的便是“东”。

一个人姓名之外还有“字”,名字互为表里,这一现象不知始于何时,商和西周时人似乎都无“字”。从《史记》的世家、列传看,至迟在孔子时代即春秋晚期许多人便已有“字”了。《孔子世家》说,“鲁襄公二十二年而孔子生,生而首上圩顶(中低而四傍高),故因名曰丘云。字仲尼,姓孔氏。”是孔子名丘,字仲尼,清清楚楚。而年长于孔丘的老子,则“姓李氏,名耳,字聃”(《老子韩非列传》),同样清清楚楚。孔门弟子受业身通者七十有七人,皆异能之士,除少数几个人外,太史公笔下也都是姓、名、字俱全。例如颜回,字子渊;闵损,字子骞;冉耕,字伯牛;冉雍,字仲弓;冉求,字子有;仲由,字子路;宰予,字子我;端木赐,字子贡;言偃,字子游;卜商,字子夏;曾参,字子舆;公冶长,字子长……《史记》一书,记“字”最多者,当推《仲尼弟子列传》了。此外,太史公还记下了一些历史人物的字,如陈胜,字涉;吴广,字叔;项籍,字羽;刘邦,字季;司马相如,字长卿;袁盎,字丝;汲黯,字长孺,等等。但一部《史记》同样也表明,春秋以至秦汉,名外有字者尚不普遍。许多“大人物”仍是有名无字的,如庄周、韩非、司马穰苴、孙武、孙膑、庞涓、韩信、陈平、周勃等等。大抵到了魏晋以后,名外有字便逐渐成为一种普遍现象——当然,主要是指在知识界和上层社会的男子中间,名与字之间的同义关系更为明显,字的文学色彩也日趋浓烈。试观《三国志演义》,不仅曹操(孟德)、刘备(玄德)、孙权(仲谋)、诸葛亮(孔明)、关羽(云长)、张飞(翼德)、赵云(子龙)、周瑜(公瑾)、鲁肃(子敬)等读者熟悉的著名人物有字,书中其他人物包括汉末朝廷的有关官员、各路将领以及三国鼎立后魏、蜀、吴三方的文官武将,虽非个个都有字,但也可说大多数是有字的,作者总是用各种方法将他们的“字”介绍给读者的。

一个人有名有字，自己称名不称字，对人却要称字不呼名，特别是对前辈长者若直呼其名，即被视为大不敬。在古代以至近现代社会交际活动中彼此以“字”相称，也是文明礼貌的一种表现。现在大家没“字”，彼此只得直呼其名，如要表示客气、尊敬，便须再在名下加上“同志”“先生”一类词或加上其所任职务一起称呼了。

二千多年来，“字”的结构一直是子在宀下之形，并无大变化。但它的字义及使用范围却因时而异，各有不同。现代女子既不存在及笄待字问题，更不会把生育与否说成“字”与“不字”。现代汉语中“字”的本义已经不再使用，属于个人的“字”也已基本消失，所谓“签字”也只是亲手写上姓名而已。所以，现在的“字”，比较单纯，它就是人们天天要看、要念、要写的字，与“文”结合，便是一般意义上的“文字”。作为社会交际工具的“字”，与社会各个成员都有密切关系，其总数在五万以上，目前书籍报刊上通用者亦有六七千之数。由于各人文化程度与文化修养的差异，各个社会成员所认识并使用的“字”有多寡之别，而每人笔下的“字”也有正误、优劣之分。愿各行各业各个阶层的读者认识的字尽可能地多些，而且都能写得正确、美观，让自己满意，也让别人满意。

附记：

宋代的政治家王安石著有《字说》二十四卷，洋洋大观，专门上表进呈皇帝，可惜已佚，无以知其详。《临川集》、《王文忠公文集》有《进字说表》及《字说序》二文，可约略知其著作之旨。其《字说序》对“字”的解释即颇特别：“字者始于一，一而生于无穷，如母之字子，故谓之字。”比起许慎的见解来，王氏是明显退步了。

王安石死后八百年，晚清学者吴大澂亦著《字说》一卷，收文三十余篇，每篇说一个字或三个字，其精辟见解，随处可见。至今仍是研习古文字学者的重要参考书。

“汉”字漫议

在汉字体系中，各个字产生的时代有先有后是肯定的，但究竟孰先孰后，具体某个字产生于何时，却又是不易弄清楚的。就拿大名鼎鼎的“汉”字而论，它什么时候被创造出来，现在就说不准，只知道它在汉字体系中出现得比较晚。甲骨文无“汉”字，西周及春秋金文也未见“汉”字。最早出现“汉”字的，大概要算经孔夫子整理过的《尚书》、《诗经》二书了。《尚书·禹贡》说，“江汉朝宗于海”，“浮于江、沱、潜、汉”，“嶓冢导漾，东流于汉，又东，为沧浪之水”。《诗·江汉》说，“江汉浮浮，武夫滔滔”，“江汉汤汤(shāng)，武夫洸洸”。二书所说的“汉”是河流的名称，其上游的漾水，发源于嶓冢山(今陕西宁强县境)，其下游又称沧浪水。这便是汉水，是长江最大的支流，故与长江并称为江汉，其与长江汇合处即称汉口。《诗·大东》又说，“维天有汉，鉴亦有光”，同书《云汉》也说，“倬彼云汉，昭回于天”(倬，显著；昭，光)。“汉”、“云汉”指的都是天河。孔夫子时代的“汉”字是什么样子，我们现在还不知道，有待于新材料的出土。

现在所能见到的铸有“汉”字的实物，以战国时代楚国的鄂君启舟节为最早。这是楚怀王六年(公元前323年)所铸的错金字铜节，1957年在安徽省寿县征集到的，现藏北京中国历史博物馆。舟节记载了鄂君启从事商业活动的舟行路线，其中两次提到“汉”：“自鄂市，逾湖，上汉……逾汉，庚江。”据商师锡永先生及谭其骧先生研究，“鄂”为今湖北鄂城县，“上”是溯流而

上,“逾”指穿越,“庚”是经过较大 的城邑,两个“汉”字都是指汉水,分别写作

鄞 鄞

笔画稍有差异,结构却是一致的:从水,難(难)声。一些读者不免诧异:这分明是水滩、河滩、沙滩、海滩的“灘(滩)”字,怎么会是“汉”字呢?这就牵涉到对“汉”字结构的认识问题了。从舟节的上下文看,这两个字所指为汉水,是没有疑义的,问题在于汉为何写作滩 。类似的例子还见于《史记·历书》,该书“涒滩”两见,《索隐》、《集解》都指出“滩”便是“漢(汉)”。可见在太史公时代“漢”也可写作“灘”。那么,是漢(汉)与灘(滩)因迭韵(an)而互用呢,还是漢本当写作灘,漢灘本是一字呢?正确的回答应是后者。

汉,小篆写作

漢

《说文》:“漾也,东为沧浪水。从水,難省声。”释义与前引《禹贡》一致,“難省声”之说是历来受到怀疑的,段玉裁还认为是“浅人所改”,非许氏原文。现在看来,《说文》“難省声”之说与鄂君启舟节的“灘”如合符节,正好可为互证,与“浅人”毫无关系。诚然,《说文》言省声者可疑之处颇多,但说“汉”是“难省声”却无疑是正确的。

不过,《说文》既说“汉”是“难省声”,其不省者自当作滩 ;然而,《说文》又收有“灘”字作为“灘”的俗体,与“汉”同在水部,似乎自相矛盾。但从许氏引《诗》“灘其乾矣”句,今本(《中谷有蓷》)作“暵其乾矣”看,实际上灘(滩)亦得读 hàn。大徐

(铉)在“灘”下注了两个反切:呼旰切(hàn),又他干切(tān),很值得注意。合理的解释似乎应该是这样:灘既是汉的本字,又是灘的俗体,即今沙滩、河滩字。易言之,漢(汉)与灘(滩)古本一字,汉代以后才一分为二,赋予不同意义。

战国末,秦攻楚汉中,取地六百里,置汉中郡。秦亡后,刘邦为汉王,项羽为西楚霸王,经过五年汉楚之争,汉灭楚,天下归汉。“汉”字便由水名、地名一变而为朝代名。从此,“汉”字便成了一个时代的代表,进而又成为一个民族的名称,有关汉代或汉族的典章制度、文化学术乃至生活习俗,均可冠之以“汉”。如汉隶、汉篆、汉印、汉镜、汉军、汉拜、汉仪、汉学、汉腊、汉字、汉文、汉语等等。在一些场合下,“汉”无异是中国的代表。现在日本人仍称中国诗为汉诗,中国语为汉话,中国的名称为汉名(与和名相对),欧洲各国称研究中国学问者为汉学家。

“汉”字在汉代大行天下,当然是最常用的字之一,几乎人人认识,人人会写,使用频率极高。我们至今还可从汉代人遗留下来的文物上看到当时人所写的各种形状的“汉”字,例如:

相马经　流沙简　居延简　竟宁雁足灯　善铜镜一

善铜镜二　熹平三年镜　尹宙碑　华山庙碑　曹全碑阴　韩仁铭

这些字形是从《秦汉魏晋篆隶字形表》一书选录的，不论是篆书还是隶书，也不论镂于金石或书于简帛，绝大部分是左水（氵）右莫的结构，莫不省隹，只有极个别的“汉”字又省去水旁。可见，说方块“汉”字定型于汉代，是完全合乎事实的。汉代以后，“汉”字在历代书家笔下出现过多姿多态的形状，但其基本结构依然是三点水一个莫。不过，行书草书中的莫，写法逐渐呈现简化的趋势。宋元以来的手抄本和木刻本通俗读物，把“汉”的草书楷化为[illegible]。新中国成立后，对一些繁难字的偏旁进行简化，中国文字改革委员会收集千百年来民间通行的简体字、行草书偏旁予以整理，将若干字所从的“莫”简化为“又”，“漢”字也就成了现在的形状：汉。现在的“汉”字比起前引鄂君启舟节里那两个“汉”字来，其难易之别有如天渊。正如郑林曦先生所指出，把“漢”字简化为“汉”，既有历史根据，又便于人民应用，是完全正确，无可指摘的（《语文建设》1990.1：《汉字简化错了吗？》）。

有趣的是，汉代以来，威振天下的“汉”字又被赋予了特殊的含义：成年男子。在汉代，同匈奴的战争与和亲对社会的经济和文化都有很大的影响，反映在语言文字上，便有“汉民”、“汉人”等语。在胡人眼里，汉朝的君臣士庶便是汉人，汉朝的百姓便是汉民。如《汉书·匈奴传》：“近西羌保塞与汉人交通。”同书《魏相传》云：“间者匈奴尝有善意，所得汉民辄奉归之，未有犯于边境。”久而久之，特别是五胡乱华之后，在北方各少数民族看来，汉族人便是汉人（今犹如此），汉族女子称汉女、汉家女；男子便称汉子，或干脆叫“汉”。这些称呼又传到“汉人”中来，反映到汉语里，并由此而逐渐衍生出许多“汉”来。一些“汉”还见于史书和古人诗文。例如：

汉子，此汉。《北史·魏兰根传附魏恺传》：“（魏）恺自散骑常侍迁青州长史,固辞。文宣大怒曰:‘何物汉子,与官不就!’……帝谓杨愔曰:‘何虑无人,苦用此汉!放还,永不须收。’”同书《邢邵传》:“文襄富于春秋,初总朝政,崔暹每劝礼接名贤,询访得失,以邵宿有名望,故请征焉。文襄甚亲重之,多别引见。邵归鄙暹无学术,言论之际,遂云暹无所知解。文襄还,以邵言告暹,并道:‘此汉不可亲近。’”此汉,犹今言“这家伙”。

钝汉。《旧五代史·司空颋传》:“张彦之乱,命判官王正言草奏。正言素不能文,不能下笔。彦怒诟曰:‘钝汉乃辱我!’推之下榻。”钝汉,犹今言笨蛋、傻瓜。

好汉。《旧唐书·狄仁杰传》:“初,(武)则天尝问杰曰:‘朕要一好汉任使,可乎?’仁杰曰:‘陛下作何任使?’则天曰:‘朕欲待以将相。’”

醉汉。《开元天宝遗事》卷下:“李林甫每与同僚议及公直之事,则如痴醉之人,未尝问答……张曲江(九龄)常谓宾客曰:‘李林甫议事如醉汉脑语也,不足可言。’”(宋)刘克庄诗:“乍可生前称醉汉,也胜死后谥愚公。”

空头汉。《北史·斛律金传》:“金曾遣人献食。中书舍人李若误奏,云金自来……帝骂若云:‘空头汉,合杀。’亦不加罪。”

憨老汉。《十国春秋·李如实传》:“及末帝嗣位,黜远贤良,比暱小人,如实数数有所规谏……末帝怒曰:‘憨老汉,不足与语!’”

脱空汉。《十国春秋·郭忠恕传》:“……忠恕知事变,乃正色责(冯)道曰:‘令公累朝大臣,诚信著于天下,四方谭士无贤不肖皆谓之长者。今一旦反作脱空汉,前功并弃,令公之心安乎?’”(亦见陶岳《五代史补》卷五)脱空,即虚诞、无着落。

不了事汉。《老学庵笔记》卷二:"秦会之(按即秦桧)当国,有殿前司军人施全者,伺其入朝,持斩马刀邀于望仙桥下斫(zhuó)之,断轿子一柱而不能伤,诛死……初,斩全于市,观者甚众,中有一人朗言曰:'此不了事汉,不斩何为?'闻者皆笑。"不了事,犹言不懂事,不识相。

此外,还有墙外汉、门外汉、狂汉、饥汉、饿汉、饱汉、壮汉、懒汉、蛮汉、刁汉、蠢汉、疯汉、英雄汉、男子汉、庄稼汉、老汉等等,多见于史籍诗文,尤常用于口语。

由于"汉"字既是朝代名,又可指成年男子,一些词语便往往可有两种解释,如大汉、背汉、思汉、负汉、(身在曹营)心在汉。若无语言环境,"汉"字的含义也难确定。据《老学庵笔记》卷三云,宋代有一宗室,名宗汉,恶人犯其名,谓"汉子"曰"兵士",举宫皆然。其妻供罗汉,其子读《汉书》,宫中人只好说:"今日夫人召僧供十八大阿罗兵士,太保请官教点《兵士书》。"一时传为笑谈。"汉"字的这种歧义是历史造成的,客观存在的,当然不是个人的权力所改变得了的。

以上,拉拉杂杂地把"汉"字议论了一番,也算是"汉"字古今谈吧!时下一些先生在预言,二十一世纪将是汉字发挥其威力的时代。倘能如此,当然是汉字之幸,也是汉字之主人——全中国人民之大幸。但如何发挥威力,发挥到何等程度,则要到时再看了。其实,就"汉"字而言,两千多年来所发挥的威力是够强大、够持久的了。只是环顾全球,它的"威力"似乎还限于东方一隅而已。俄语称中国为"契丹依斯基",英语称中国为"支那",欧美各国称中国人聚居之处为唐人街,中国传统服装为唐装,而均不称"汉"。可见,由于唐朝的强大与影响的深远以及其他一些因素,"汉"字的威力也相应有所减弱,未能遍及全球。

那么,到了下个世纪,中国再度强大之后,方块“汉”字的威力又将发挥到何等程度呢?它会被洋人们用以取代印欧语系中的“契丹”、“支那”之类的称呼么?这就不是笔者所敢妄加推测的了。读者诸君,拭目以待吧。

三只手的字

提起“三只手”，谁不讨厌乃至愤恨？它是小偷的别称。正常的人只有两手，一左一右，互相配合，足可做出各种动作，以料理生活，从事生产劳动，应付各种事务。凭空添出一只“手”，便属异常，其所干之事亦超越常规——偷偷摸摸，为人所不齿。在日常生活中，“三只手”之最令人憎恨，已是常识了。可是，造字之古人却似乎并不忌讳这点，竟然先后造出了不少含有三只手的字。有些字本来只有两只手，找个理由再加上一只，于是成了三只手。由于字形演变，这类字混在数万汉字之中，同样取得了合法的地位。一般人不知其底细，见怪不怪，熟视无睹，有的人还为它们大唱赞歌，说它们如何美妙，如何有利于智力开发云云。细细想一想，也不免有些好笑。

正如生活中的“三只手”有各种伪装一样，汉字中的“三只手”也有诸种形态，情况较为复杂。下面，不妨选取一二典型稍稍解剖一下，让它们也曝曝光吧！

手形隐蔽因而不易被人发现的三只手字可以拿“奉承”为代表。这两个字，从楷书看，不见一手，说它们有“三只手”，似乎冤枉。但其本目确是典型的三只手字。奉字金文作，见于散盘，本像双手捧物之状，是捧的本字。这个字也见于江陵望山二号墓出土的楚竹简遗策，作 ，双手作分开状。小篆不仅把本来合拢的双手分开，而且在它的下面又凭空增加一只手，作于是成了三只手(后来的“捧”,则有四只手)。这一点,在《“奉匜沃盥”解》中已经谈过,自不必多说。承字本来也是个会意字,甲骨文作

金文作

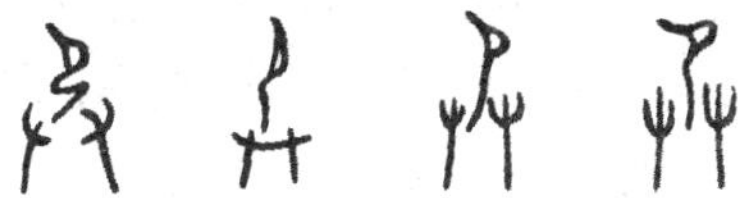

等形,寓意均像以两手将一跪跽之人自下捧起。究其本义,与“奉”无异。从字形看,奉之所奉者是物,承之所承者乃人,如此而已。故《说文》说“奉,承也”,“承,奉也,受也”,是可以互训的一对同义词。值得注意的是上列金文第3、4两个承字,跪跽之人形稍呈站立之势,与小篆的“卩”已极相近。不知是何缘故——是嫌双手不足以“承”受呢,还是嫌铜器铭文不够繁难,现无从考索,反正到了秦汉之际,这个字的人形之下又增加一只手,写成

变成了三只手!许慎虽也承认它是会意字,析为“从手从卩从収”(《系传》、《段注》作“从手卩収”),但《说文》家们谁也无法解释它究竟如何会意,为何非要有三只手不可了。隶变以后,中间的人形与下面一手结合而为手,原来分置左右的双手变为八,最终成为楷书的“承”,于是原有三只手都隐蔽起来了。

小篆以来的“承”虽然是三只手,但人们并不在意,依然照

用不误,从典籍到口语,使用范围日益扩大。如《列子·黄帝篇》云:“孔子观于吕梁,悬水三十仞,……见一丈夫游之,以为苦而欲死者也,使弟子并流而承之。”所“承”者还是人(其义与拯同)。《礼记·丧大记》“主人二手承衾而哭”(双手捧着被子而哭),所“承”者为衾。《诗·鹿鸣》“吹笙鼓簧,承筐是将”。所“承”者是筐——盛东西的器物。汉武帝好神仙,造建章宫承露盘,仙人掌上所“承”者为甘露,还算是有形之物。《易·坤》“万物资始乃顺承天”,《国语·齐语》“余敢承天之命”,《仪礼·士冠礼》“承天之祜”,所承者为天、天命、祜福,便是想象中的“承”了。与此相似的“承”还有承运、承德、承祀、承嗣、承祚、承福、承泽、承宠、承恩、承教以及承前、承继、承光、承风、承影等等。或用为地名、人名,所“承”者都属精神、文化方面的抽象的东西,与人之双手已无多少关系了。休说三只手,无论多少只手也“承”不到了。

与“承”相似的字是拯救的“拯”。这个字本作丞,从甲骨文看,原像一人陷于坑穴,另一人用双手援之而出的形状:

金文未见此字。小篆作𠀍,人形讹为“卩”,其足部与凵连而为山。《说文》的解释是这样的:“翊(翼)也。从廾、从卩、从山。山高,奉承之义。”二十世纪初,罗振玉作《殷商贞卜文字考》时就对许书这一“违失”作了纠正。他说:“今卜辞有𡨄,从人在凵中,从𠬞像一人在上而援凵中之人,今作丞,误人为卩,误凵为山也。丞之本谊训救援,即拯之本字。《文选·羽猎赋》注引《声类》:丞,亦拯字也。此字据许书所载,形谊俱失矣。”今日观之,罗氏的批评还是完全正确的。“丞民乎农桑”(扬雄《羽猎赋》)之“丞”还用其本义,当读 zhěng,但典籍中较少见。更多的“丞”用为辅佐义,与“相”类似,又用为官名,如县丞,是辅佐县令者,而丞相,则是辅佐帝王的,一人之下千万人之上的大官了。“丞”既用为官名,秦汉以后,连字义也有些模糊了,于是又在它的左侧加上一只手,成了三只手的“拯”,用以承担“丞”字的本义。如《左传》宣公十二年“目于眢井而拯之”(眢井,废井。目视于废井而拯出之),《孟子·梁惠王下》“民以为将拯己于水火之中也”,皆其例。或与救合称拯救,最早见于《宋书·严世期传》:“同里张迈三人,妻各产子,时岁饥俭,虑不相存,欲弃而不举。世期闻之,驰往拯救,分食解衣,以赡其乏,三子并得成长。”现在若非特别指出,一般读者既不知丞为拯之本字(《辞海》谓丞“通‘拯’”,视为通假字,误),也万万想不到“拯”字竟有三只手的。

“授”字的情况稍异于拯。甲骨文、金文均有受无授,受字皆作双手相付以舟(凡—盘)受授之形:

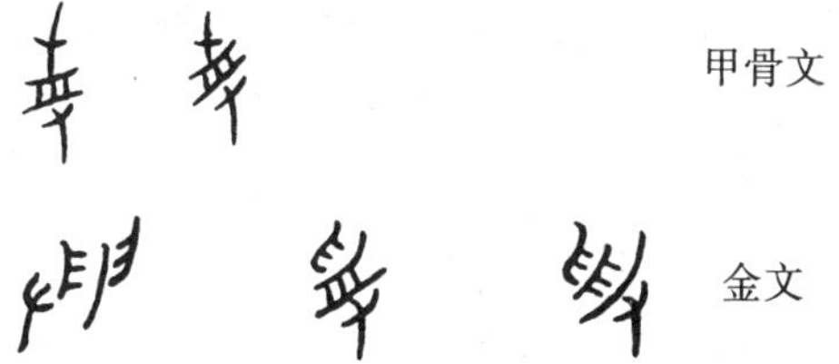

在商周时代,不分给予、接受,一概称受。如卜辞称“帝受我又(祐,下同)”,“帝不我其受又”,“上子受我又”,诸受义为给予、赐予,而“我受又”、“王受又”、“王受有又”、“我受年”、“商不其受年”,诸受义为接受、得到。金文亦然。小篆受作,上下二手之形仍极清楚,()省变为。《说文》:“受,相付也。从受,舟省声。”仍存古义。后来为了区分词义(将施事与受事分开来),又加偏旁手(扌),新造形声字"授",与受相区别。《说文》:"授,予也。从手、受,受亦声。"(段注:予者推予也,像相予之形)于是便有"授受"一词,所谓"男女授受不亲"(《孟子·离娄上》)之"授受",犹物品之交接,区分最为明白。在现代汉语中,授与受分别与同一词素组成的若干动宾式双音词,意义正好相反,不能互用,如:授权、受权,授意、受意,授业、受业,教授、受教,授奖、受奖,授职、受职……前者自上而言,后者自下而言,这三只手的"授"已是必不可少的一个字了。拯、授二字也可说是为区别字(词)义而增形旁以至成为"三只手"的。

由于"形声相益",声旁已含双手而与形旁手(扌)结合为新字,这种"三只手"的形声字,可以拳、拱二字为代表。《说文》:"拳,手也。从手,𠔉声。"而𠔉本作,下从双手,可见表示手掌手指相合而形成的"拳"字实有三只手。《礼记·檀弓》"执女手之拳然",今口语之谓拳头、拳击、拳打脚踢,均用其本义,而武术中的打拳、拳法之"拳",也是以指掌相合的拳为基础的。拱手的拱,经典屡见,今亦常用。小篆作,是以手为形旁,共为声旁的形声字,但"共"中已有两手作相拱之形。按理,双手相合作揖为礼,已有収字可用,甲骨文、金文、小篆分别作

之形,古人大概觉得太简单,于是又以共为声符造出三只手的"拱",用来记录gǒng这个词。此亦可谓化简为繁之一例。除拳与拱外,字书手(扌)部里现存的这类重床迭架的三只手字还有扑、拼、搼、捲、换、揜(掩)、挣、援等,其声旁篆书分别作

除争,爰之双手作受外,余均作収。由于隶变和楷化,声旁中的

双手也都变了形，不易被人察觉了。

在汉字的历史发展过程中，简化与繁化是一对矛盾，化繁为简以便书写乃人之所愿，故简化是其主流，成为总的趋势。但为了区别词义，需要严密、准确地记录汉语，又往往不得不在原字的基础上增加偏旁，使部分汉字的结构繁复起来。这种繁化，虽属“支流”，但也不容小觑。它阻止了汉字表音记音功能的发展，却使汉字的体系日趋庞杂而不合理。本文所论三只手字便是“支流”中的一部分。其实，岂只“三只手”而已哉？浩瀚的汉字体系之中四只手乃至五只手的字也并不鲜见，个别的字甚至多至六只手（擧）。形声相益，“益”之又“益”的弊病可从这类字中得到充分的说明。但是，“习惯成自然”，尽管某些字中的“手”越来越多，自古及今总有部分人士不嫌其多，不厌其繁，且乐之不疲。这不能不令人感到遗憾、悲哀。

整顿社会治安，不能放过“三只手”，整理汉字，也不应放过“三只手”！五十年代整理简化字、归并异体字时，取消了“捲”、“拚”，实属理所当然。剩下的那些三只手以及三只手以上的字怎么办呢？能不能消除一些呢？目前强调汉字规范化，须要稳定，不宜妄动，本文所论许多字虽说不合理，却奈何它们不得，还得照样用它们。但从长远的观点看，对这些字理应予以清理，区别对待。或予保留，或加归并而“取缔”之。这样做，可减少汉字体系中的不合理成分，有利于汉字的规范化，连国粹家们也难以反对，何乐而不为？

“三豕涉河”的由来

近年参加高考阅卷，常发现有些作文卷上白字连篇，不得不叹为当代“仓颉”；甚至同一考场（试室）的卷子，其写白字也有所谓“千篇一律”的现象，或许是一师所授之故。看到这类卷子，人们不免叹息：“今不如昔。”那么，“昔”就没有这种现象么？非也。“于今为烈”是可能的，但“古已有之”却也是事实。所谓“三豕涉河”即是一例。

据《吕氏春秋·察传》记述，当年孔夫子的徒弟子夏到晋国去，路过卫国，听到有人在读书，其中有这么一句：“晋师三豕涉河”——晋国军队里三只猪涉水过河。常言道物各有性，飞禽走兽虽各有所长，亦各有所短，猪虽亦能游水，但终非所长，为何好端端要涉河而过呢？“三豕涉河”实属可疑。聪明的子夏真不愧为孔子的大弟子，他很快作出了判断，说道：“念错了！应该是己亥，不是三豕。”到了晋国一打听，事实果然是晋国一支部队在己亥那天渡河，证实了子夏判断的正确。

把己亥弄成三豕，究竟是谁的错？是写书人写白字，还是念书人念白字？这个问题现在已无从查考了，但两者都是有可能的。那己是己，亥是亥，怎么会变成三豕呢？在今天的读者看来，把己亥写（念）成三豕，确是很不像话，应该打手心的；但在古代，却又情有可原，不妨免打。这是因为在古文字里己亥与三豕确是形近易混的。

先看豕与亥。翻开《说文》，如光看小篆，豕亥是有明显区别的，一个是所谓“象毛足而后有尾者”，一个则是《左传》所谓

"二首六身"者,并不相混:

豕　　亥

但是这两个字的"古文"就相差无几,很难分辨了:

豕　　亥

所以许慎只好说"亥为豕,与豕同"(后世十二生肖,亥与猪相配,大概就是由此而来的)。《说文》所录的古文,实际上也就是战国文字。近世出土的春秋战国的古文字资料也证明,豕与亥两个字确是很相似的,稍有不慎,就会把亥误写(念)成豕。

再谈三与己。众所周知,古代史官记事多用竹简。在狭长的竹条上写字,若都写得肥大饱满,那三和己也颇相近。解放后出土的竹简上三字写作三,己字写作己,差异只在左右两小直笔。倘若简狭而字大,己字的两直笔正好在边上,粗心的人看起来,就好像一个三字了。于是,表示日期的"己亥"也就与表示三条猪的"三豕"相混淆了。另外,如果书写得较快,草率,即使不写到竹简的边缘,己字也可能写成己,与三字也很相近。

把己亥写(念)成三豕,还可追溯到古老的甲骨文字。甲骨文字绝大多数是用刀刻上去的,刻的时候一般先刻直画,后刻横画,也有少数先横后直。如果粗心大意,就会漏刻横画或直画。而"己"字通常写作己或㔾,缺刻了直画,不就成"三"字了吗!容庚先生当年在燕京大学任教时,曾为该校购得一千余片甲骨,选择八百多片编为《殷契卜辞》,其中有一片上刻着一条卜辞,说:"壬辰卜,大贞:翌己亥侑于兄?"(大意:壬辰这天占卜,问:在己亥那天祭祀皇兄好不好?)"翌"下面一个字就刻成三,好在亥字清楚，刻作[illegible]，与通常作[illegible]的豕还有区别，可以判断这“三”是己字缺刻了直画。不然，我们也难保不像卫国人读书那样，把己亥念成三豕，还以为这是在占卜第二天是否杀三条大猪去祭皇兄呢。另外，商代的先王配偶中有一名叫妣己的，卜辞中常称高妣己，她的“己”字也有被少写两笔变成“三”字的。郭沫若主编的《甲骨文合集》第二册里就有一片骨片（编号为 2366），“高妣己”出现两次，一个刻全，一个少两笔，便成了“高妣三”。该片还两处出现“己亥”，都是刻全的。共四个“己”字，三个刻全，只有一个缺两笔，这大概属于书法家的偶然疏忽吧！

岂能差“一点”——由“恶狼狼”谈起

记得在“大批判”的岁月里，某大学有一次开批判大会，一位领导干部登台发言，带头批判。当然，事先备有发言稿，照念可也。念者照念，听者照听。听着听着，忽然耳边飘来这么一句话：“他恶狼狼地说……”全场愕然，莫名其妙。不知是谁说了声，“就是恶狠狠”，周围的人才恍然大悟，啊，原来如此！于是“恶狼狼”、“恶狠狠”，顿时传开，窃窃私语者有之，交头接耳者亦有之，下面念些什么，也全然听不进去了。

把“恶狠狠”念成“恶狼狼”，当然是个笑话；出在高等学府里，尤其显得有些奇特。“狠”字右半是“艮”（读 gěn 或 gèn），上头没有一点；“狼”字右半却是“良”，上头有一点。两个字的差别就在这一点上。可这一点却关系重大，谁轻视它，谁就要出洋相，闹笑话，倒楣。这与职位高低，功劳大小倒全无关系，而是一视同仁的。

类似的例子在现实生活中是不少的。有的还反映在银幕上。如《瞧这一家子》里就有一个青年叫胡家琪，自告奋勇教新华书店的职工排练文艺节目，但见他手舞足蹈，口中念念有词，什么“跋出步（涉）水”，“披荆斩刺（棘）”……一连串的新“成语”滚滚而来，引得观众——电影里的观众和看电影的观众——莫不前仰后合，捧腹大笑。但笑完之后，却又给人以一种悲凉之感。

汉字，作为一种记录汉语的符号系统，任人用，任人写，任人念，有时偏旁结构还可变换改易，一个字有几种写法，似乎很好摆弄。其实不然。它也很会作弄人。谁不尊重它，谁就要受到惩罚。你以为偏旁结构可以上下左右移动而仍是一个字么？可就偏偏有些字是动不得的！刺手的“棘”决不等于甜滋滋的“棗”(枣)，便是明证。你以为多一点少一点关系不大么？可就偏偏有许多字是“一点”也不能怠慢它的。这里所说的“恶狼狼”的笑话，就是因为怠慢了“一点”而造成的。又如太字，少写中间一点就成了大，“太太的”便成“大大的”，“太子”便成为一般的“大子”了。“王子”与“主子”、“广大”与“厂大”的差别也只在那一点上。再则，同样是“一点”，如果“点”得不得法，不在其位，又会带来严重的后果。太字的一点倘若点到了右上角，那正面而立的人顷刻之间就要变成下贱之至的狗(犬)，尊贵无比的“太子”、“太后”也要堕入“轮回”，去做“犬子”、“犬后”了！同样，庆字的一点移到中间大字的右上角，“大庆”也会变成“大厌”；“庄”上一点弄到土上，也会“压”得喘不过气来，“庄严”遂成“压严”，大名鼎鼎的庄子也得改称为“压子”……可见，汉字又很严肃，一点也不能随随便便，任人胡来的。

把现在通行的文字与商周时代的古文字相比较，除了文字演变的“规律”、“趋势”之类外，至少还可以有两方面的发现。其一是现在绝不相混的字，在古代却是易混的，甚至可以是同形的。如豕与亥，麇与鹿，马与兕，小与少，人与夷等等，便是易混的；又如壬与工，甲与七，山与火，正与足，月和夕，午和糸等等，现代人无论如何也不会弄错，但在甲骨文时代，字形却是一样的。请看：

工 壬、工　十 甲、七　山 山、火

正、足 　用、夕 　夕、月 　午、糸

如果单独拿出一个字来,没有上下文关系,真不知该算是什么字呢。这可说是“今”文字的优点了:一是一,二是二,分得清清楚楚,决不含糊。其二是有些字在古文字里判若泾渭,决不相混,但在“今”文字里却已变得彼此彼此,容易弄错了。例如戍、戌、戊三个字人们常易写错、读错,卫戍司令部也常被读(或写)成卫戌司令部,而且读(写)错了,被人纠正了,还不知到底错在哪里。以为就差那么一小点,有何关系。其实,这三个字不论小篆、金文还是甲骨文,差别都是很大的:

戍是一个人站在戈下,意即戍守。戌字本是一种兵器的形象,和戊相近;戊其实也像兵器之形,当与斧钺之属大同小异。明乎此,也就会懂得为何戍字中间是一点而戌字中间却是一短画,可戊字则无点亦无画了。再如自己的己、已经的已,辰巳午未的巳,现在相差甚微,但在古文字阶段,己与已巳(已巳古同)的差别却是十分明显的:

从这个角度看,学点文字学,懂点古文字,对于理解现行的文字,区别其微细的差异,确是不无助益的。

积少成多——并列和重叠式的会意字

会意,是汉字的基本结构之一,也是一种重要的造字方法。大量的会意字都是由两个或两个以上不同的独体字结合起来,以表示一个新的概念的,即所谓"比类合谊,以见指㧑"。如本书谈到的明、休、罗、奚、莫(暮)、望、旅、陟、涉、降、家、盥、蛊、为、县、宝、射、乘、桀、兵、保、年、武、初、典、福、富、圣、见、相、看、监、逐、兽(獸——狩)等字都是按这一原则造出来的,也是较为典型的。除此之外,汉字体系中还有一些特殊的会意字,不是"比类合谊",而是靠同类重复——把两或三个相同的独体象形字,并列或重叠在一起,以表示一个新的概念,如叠三石以为磊,三耳以为聶(聂),三金而为鑫等等。这类字总数不足一百,却很显眼突出,不免令人产生好奇心理,值得花些笔墨谈一谈。

这类为数不多的会意字,有关于人体的,有关于动物植物的,也有关于天象地理等方面的,范围较为广泛。重叠的方式,有二形的,也有三形的,一般也止于三;二形者有左右并列的,有上下重叠的;三形者多作品字式。下面让我们先通过具体的字例来加以分析。

一、关于人体。"近取诸身",既是造字时的"原则"之一,有关人形及人体各部分的象形字当是较早出现的,将这类象形字并列或重叠起来以表示数量上的概念或人的有关动作、情态,也是很早就出现的。甲骨文里已有不少。有些字则是秦汉以后才出现的。例如:

1. 从、众。古文字中的人均像一人侧立之状，二人并列相随则为从，三人则为众：

甲骨文“从”字常见（与“比”同字），而众（从）则仅见二次，与《说文》“㐺”字篆文同。《说文》列为部首，解释为“眾（众）立也，从三人”。不过，甲骨文的“㐺”可能是“从”字的异体，真正的“众”则作日出时众人相聚而作之形，日下多为三人，亦偶有二人：

“日”有时少刻一画而成口形。金文讹日为目作

为繁体的“眾”字所本。《国语·周语》说“人三为众”，三人即代表众人——人群之意。现在以古已有之的“众”简化讹变而成的“眾”，既合字理又好称说——三人为众，易认易写，谁还能说它“不古”或“不合理”？

2. 奻（nuán）、姦（奸）。二女相并而为奻，甲骨文、金文均有此字：

卜辞称“妇奻”，当是人名。金文称“奻作乙公觚”、“亚奻□觚”，也用作人名。《说文》：“奻，讼也。从二女。”讼者，争也。两个女人在一起，为什么一定要吵架？难道娥皇与女英在一起

也是“讼也”吗？既然商代妇女取以为名，“奻”不应是坏字眼。“讼也”一义实是汉代人强加在“奻”字上的歧视妇女思想。二女相叠为妾，见于《玉篇》，说是“古文姣”。三女相聚而为姦，本义当为粲，是指一群花团锦簇的女子在一起，乃美丽的象征。《说文》：“㛟，三女为㛟。㛟，美也。”（㛟即粲）《国语·周语》：“夫兽三为群，人三为众，女三为粲……夫粲，美之物也。”按理，女三为粲，说明姦与粲为同义字，不过一为会意，一为形声而已。但在实际使用中，却赋予其奸邪之意，而成为“奸”的异体字。这同样是封建社会歧视妇女的思想在文字上的反映。今以“奸”为正字，“姦”为异体并已停止使用。

3. 孖（zī）、孨（zhuǎn）。二子为孖（zī），义为双生子，最为确切。粤方言通常将相连成对之物称“孖”，读为“妈”（mā），如孖仔（mā zǎi，双胞胎），一孖番碱（一条肥皂）。此字最早见于甲骨文，作𡥌，金文有从孖从口的“㗎”；《说文》失收，而《玉篇》有之，注云：“子词切，亦作滋，蕃长也。”可见古今一义。但三子为孨却并非“三胞胎”，而是“谨也”，读如翦，现在已不常用，多假“孱”为之。徐锴《系传》：“三人同行，必有师焉。君子慎独，矢能三子同居而不散离，必谨守者也。”（矢，直；矢能，意即真正能够）这可说是当时人对孨字的理解，较为牵强。徐灏《说文解字注笺》：“此当以弱小为本义，谨为引申义，三者皆孺子，是弱小矣。”说较可信。孨又可读 nì，取其三子相聚义，同“㗎”。

4. 吅（xuān）、品。双口为吅，义为“惊呼”，读若欢。徐锴说：“吅，众人并呼。”是“喧”的古字。吅又读 sòng，《广韵》释为“争言”，《集韵》视为“讼”的古文。“吅”实际上不见单独使用，只是作为偏旁出现在一些合体字中。三口为品，会众口（众人）之意，故也有众义。《说文》：“品，众庶也。从三口。”《易·乾》：“品物流形。”品物，意即众物。与此相关，从品的喦是多

“言”，喿(噪)是“群鸣”(三口在木上借喻树上众鸟交鸣)。现代汉语常用的品德、人品、品尝，这些“品”属假借。

5. 聑(tiē)、聶(聂)。双耳相并，见于甲骨文，作[illegible]，用为地名。此字以人之双耳取义，《说文》解释为“安也”。段注云：“二耳之在人首，帖妥之至者也。凡帖妥当作此字，帖其假借字也。”这说法当然是对的。不过，典籍不见用“聑”，它早就被“帖”取代了。聶(聂)从三耳，会“附耳私小语”之意，犹今所谓说私房话。按段玉裁的意见，聂与咠同义，“以口就耳则为咠。咠者己二耳在旁，彼一耳居间则为聶。”是上面一耳为听者的，下面二耳为言者的，三耳实分属二人。不过，聂现在一般用为姓，“耳语”的聂又加口旁作“嗫”，唯蕲州仍谓附耳私语为聂(章炳麟《新方言·释言》)。

6. 惢(suǒ 所)。三个心叠在一起，并不是众心相连或万众一心之意，而是直指多心，多心即“心疑”，终日疑神疑鬼，心神不定，难免委琐。左思《魏都赋》：“有覥瞢容，神惢形茹。”惢正用此义。

此外，双又(手)为友，双止为步，至今仍常用。又，双目为䀠，是瞿的本字；双夫为㚘，会并行之意，是伴侣之伴的本字；双卩为[illegible]([illegible])，作二人相从跽伏状，是巽(选)的本字，与从义同；[illegible]从二页(头也)，也与巽同义，这些字实际上都因有通用字而被淘汰了。

二、关于动物。古人对动物观察甚细，凶猛如虎，驯善如兔，大者如象，小者如虫(huǐ)，各种各类动物，在甲骨文里几乎都有反映。古人基于对动物特性的观察，也常用动物形象字的并列或重叠来表示与人有关的特殊的含义，或表示动物的某种性能和习性。例如：

7. 犾(yīn)、猋(biāo)。两犬相啮——狗咬狗，便是犾。徐灏说:“犬性不喜群,两犬相遇,往往相啮,故从二犬。”但这个字只见于《说文》,典籍无证。叠三犬而为猋,是“犬走貌”。狗以善跑著称,几条狗在一起,以喻奔跑迅捷而有声势。狂猋、猋风则指暴风、狂风。

8. 鱻、𩺰。二鱼相叠,连行可观,鱻义即为二鱼,但实际上并不见使用。𩺰以三鱼表示许多鱼在一起而不变质,保持其新鲜状态,会新鲜之意。因太繁难,早在汉代就另用“鲜”字代之。

9. 䖵(kūn)、蟲(虫)。虫本是“虺”的古字,是毒蛇的象形。并二虫为“䖵”,见于甲骨文、金文,亦见于睡虎地秦简,是“蟲之总名”,即今昆虫的“昆”。三虫为蟲,以示其多,也是昆虫的通称,又可泛指动物。《尔雅 · 释虫》说“有足谓之虫,无足谓之豸”,实际上无足者亦称虫。由于现代“虫”已不再独用为虺,“蟲”又太繁难,故简化为虫,从蟲的蠱也相应简化为蛊了。

10. 麤。此字甲骨从二鹿,小篆又加一鹿而成三鹿。《说文》:“行超远也。从三鹿。”段注:“鹿善惊跃,故从三鹿,引申为卤莽之称。……今人概用粗。”“三鹿齐跳,行超远之意。”群鹿奔驰,尘土飞扬,故篆书的尘字亦作三鹿在土上会意。叠三鹿为一字,笔画实在繁多,只得另造形声字“粗”以代之,尘土字也简化为塵,今再简化为“尘”。

11. 犇。这是奔的异体字,不见于《说文》。《玉篇》说是“牛惊”,《正字通》说是“牛骇群走”,当是其本义。引申为人之奔走。《荀子 · 议兵》:“劳苦烦辱则必犇。”注:“犇与奔同。”此字亦屡见于《史记》、《汉书》,前者如《赵世家》云“霍公求犇齐”,《周本纪》云“有三女犇之”,《吴太伯世家》云“于是太伯仲雍二人乃犇荆蛮”等等;后者如《王莽传》云“因发犇命”,“士卒犇走”等。按理,以三牛取义的“犇”当是古字,但不见于小篆及商周古文字,仅见于居延汉简,作

又,金文有从夭三止的

像人奔走之意。后止形渐变为屮,三止讹为卉,遂成楷书之奔。

12. 骉(biāo)。以三马喻众马奔驰之貌,始见于金文。现已很少见用,一般改用三犬相叠的猋。

13. 䨲。《说文》:"疾也。从三兔。"段注:"与三马三鹿三犬三羊三鱼取意同。兔善走,三之则更疾矣。"

14. 羴(shān)。这是膻的本字。《说文》:"羊臭(嗅)也。"羊肉的气味有人喜欢有人讨厌,较为特殊,"羊多则气羴,故从三羊"(段玉裁说)。此字甲骨文均作倒品式,也偶有从四羊的:

在当时,羴可能代表香气,是个好字眼,故用作人名。

15. 雔、雥。双鸟为雔,取其相匹敌义,当是雠(仇)的古字。金文作两鸟对峙、两喙相啄之状,非常形象,与日常生活中所常见的斗鸡十分吻合。小篆从雔的字有靃(霍)和雙(双)。雥,以三隹会群鸟之意。群鸟在木上便是雧(集)了,见于金文(小集母乙觶)与小篆。不过,雧写起来太繁难,甲骨文已作木上一鸟之形,一直沿用至今,雧则自然被淘汰了。

16. 賏(yìng)与贔(bì)。賏,以双贝喻两串作为颈饰的贝,婴字从之(婴本为女子以贝为颈饰之状,婴儿之婴为假借)。叠三贝为贔,字后起(不见于《说文》),众贝聚集,取其坚硬之意,引申为猛壮有力。

三、关于植物。古人对植物的观察似乎较为粗略，反映在文字上常常草木不分而可通用。可用重叠的字主要是草木。

17. 艸(草)、芔(huì)。屮,是草木初生之形,好像地上的一株小草,读为彻。两屮相并即为艸,代表一切草类植物。但在现代汉字中只用作偏旁(艹),单独使用都作“草”。三屮相叠则为芔,本义是“草之总名”,实际上是草的同义字。今多花芔连言,或称卉木。

18. 林、森。独木不成林,丛木方曰林。表现在文字上,即以双木喻众木,在平地上有一丛树木,就是“林”了。引申之竹子丛生处,亦可称竹林,梅、桃、杏、松、桂……等树丛生处也可称梅林、桃林、杏林、松林、桂林……林上再加一木,以三木喻无数之木,则为“森”。树木丛生,繁密茂盛,浓荫匝地,目力所难穷尽,故“森”又有阴沉、幽暗、森严等义。林与森皆可叠称林林、森森,分指树木的众多与繁密。现代汉语所称森林,指的范围更广,多指某一区域内集生的各类树木,准确地说,是“一种植物群落”,“是集生的乔木及与共同作用的植物、动物、微生物和土壤、气候等的总体”(《辞海》“森林”条)。

甲骨文林字习见,森字仅见二例,作

一为品字式,一为并列式。金文林字亦屡见,但未见森字。

19. 秝。以双禾相并,会禾苗疏密有致之意,是歷(历)的古字。与之密切相关的字是兼,篆作

从又持双禾，与从又持一禾的秉(秉)相对。

20. 棘、棗(枣)。二朿相并喻多刺的“棘”，而二朿相重却是棗(枣)，代表枣树和枣子，全靠约定俗成，别无道理可言。并者扎手，有害于人；重者可食，有益于人，二者区分，必须牢记，以免相混误用而闹笑话。

四、关于天象地理、自然物质。

21. 晶。从三日，是星的古字。甲骨文之晶即像列星之形(《造字法例释》)。须加说明的是，晶所从的“日”，并非专指太阳，而是指夜间所见发光的星星，以三喻其众多。

22. 林、淼(miǎo)。双水相并为林，《说文》：“二水也。阙。”此字音读在汉代即已不明，且极少单独使用。三水相叠而为淼，会众水、大水之意，字较晚起，不见于《说文》(《说文新附》有之)。这是烟波渺茫之“渺”的本字，现渺字比较通行。

23. 圭、垚。重土为圭，以像玉器圭的形制(上圆下方)。积三土而为垚，会土高之意。现已不见单独使用，仅作为“堯”(尧)的偏旁而存在。

24. 鑫(xīn)。积金以示多金(钱)，字属后起，是个颇受青睐的吉利字眼，故多用作人名及市招、商店字号，以期兴旺发达。

25. 炎、焱。重火为炎，以喻火光旺盛，炎热。《书·洪范》：“火上曰炎。”是为炎的本义。“赤日炎炎似火烧”，当年白胜在黄泥冈上唱的这句歌词，以“火烧”喻炎炎赤日，最为得当。按理，积三火而为焱，应是燎原大火之意，但实际上却是指火花之多。从焱在木上的“燊”，也有“盛貌”之义。

26. 磊。以三石喻众石之累积，清清楚楚，有目共睹。《楚辞·九歌·山鬼》：“采三秀兮于山间，石磊磊兮葛蔓蔓。”现代汉语常用“磊落”一词以喻胸怀坦白、直率开朗，没有私心邪念。

五、关于器物及其他。

27. 劦。力原是“耒”的象形,后世气力、力量之力是其引申义。积三力而为劦,会众力(耒)在田,一起耕作之意。引申为协和、协合。此字甲骨文作

或增口,作

从劦得声的字如愶、勰、協、脅(胁),大都有“同”义。

28. 轟(轰)。以三辆车代表许多车在一起行驶,以喻群车之声。引申为巨大的声音,凡伴有巨响者皆可冠以轰,如轰响,轰雷、轰炸、轰击、炮轰、轰走、轰开诸语中的“轰”,便皆取其声,而与车子并无直接关系。

此外如珏(双玉)、门(双户)、絲(丝)、哥,也都是以并列或重叠的方式造出的会意字,现在还常用。再如并斤为所(yin,zhi),叠戈为戔(戋),并弓为弜,并邑为𨛜(乡),并朩为𣏟,并言为誩(读若競),积三言而为譶(读若沓),等等,现已很少单独使用,有的只作为某些字的偏旁而存在。

从以上的实例可以看出,这类以并列或重叠形式创造的会意字,大部分有众、多之义,或引申而有众、多之义。积少成多,垒土为山,集腋成裘,这是客观存在的事实。古人根据对这种客观事实的认识而造出了本文所谈的一批特殊的会意字。“特”就特在同文重叠而一般止于三,好像“三”就是极限了。其实,这些“止于三”的字的构造,与我国古代的传统观念是一致的——也可以说是以三为多的观念在文字形式上的反映。大家知道,古汉语的“三”多非实指,而是虚数,但言其多。如“三思

而行”，是指反复（慎重）考虑而后行动；“韦编三绝”，是指竹简上编组的丝绳断了多次；“狡兔三窟”，虚言其有多处洞穴，如此等等，不胜枚举。现在口语中，三也常表虚数而言其多，如“一而再，再而三”，“三个臭皮匠，顶个诸葛亮”，“三番五次”，“三令五申”等等。了解了这一点，那对上面谈到的这些会意字也就更易理解了。

当然，如光看表面，汉字体系中有几个字似乎是叠四而成的。如茻（莽字古文）、㗊（器字所从）二字。但按照王筠（《说文释例》卷八“叠文同异”条）的见解，茻字从二艸，非从四屮，㗊字从二吅，非从四，㗊即咠字之异文。所以，叠三可喻众多，叠四反不成文。甲骨文羴从四羊只是个别的例外。

本文所谈的这类会意字，同类重复，会意清晰，明白如画，在实际使用中往往能起到特殊作用，收到意想不到的效果。用作人名，便是“特殊作用”之一。古代有个姓宋名友字子虚的，生了五个儿子，就分别取名为鑫、森、淼、焱、垚，暗示五行之循环反复，十分高雅。有些字本是姓氏字，再用其重叠形会意字作名，或叠形会意字是姓而以其独体字为名，这姓名更显得奇特有趣。前者如石磊、牛犇、金鑫，后者如聂耳。这些姓名特点鲜明，给人的印象极为深刻。由此我联想到，像马骉、鱼鱻、羊羴、木森或木林森、木森林、车轰等姓名在古代或现代可能都有人用过，只是“名不见经传”，不为人知而已。用作地名，是又一“特殊作用”。如磊石山（湖南湘阴县北）、淼泉（江苏常熟东部）等。再则，这类字也是用作文字游戏的好材料，用以作谜语对联，往往有奇趣，富有娱乐性。如《老同志之友》杂志 1986 年第 6 期刊登了六条“字谜”：初一初二初三，烧水炒菜做饭，爷爷奶奶孙子，姑娘小姐丫环，种杨植柏插柳，江西湖北河南。其谜底均为重叠式会意字，猜着后会感到十分巧妙有趣。

但是,话要说回来,这类重叠式的会意字也有其明显的缺点:笔画繁多,不合简化的原则。有些象形字,本身就笔画较多,如鹿、鱼、车(車)、马(馬)等等,重叠起来,更显得臃肿庞杂,书写极为不便,后来只得另造形声字予以取代,或加以简化,以便使用。所以,从局部而言,这类特殊的会意字很有趣,确有其存在价值。但从整体而言,从历史发展的长河中考察,这类字同样要受汉字演变规律的制约,不便使用或过于乖僻者还是会被简便易写的字形所取代或干脆被淘汰掉,毫无特殊可言。

帝王与文字
——历代帝王对文字的态度及其影响

说到帝王与文字的关系，最容易想起两个人：一个是秦始皇嬴政，一个是女皇帝武则天。

秦始皇在统一中国之后，又以行政的力量统一了文字，以规范化的小篆作为法定文字，从而结束了战国几百年中“文字异形”的混乱局面。司马迁《史记·秦始皇本纪》对此只有四个字的记载：“书同文字”。许慎《说文解字·叙》对此事的前前后后则有较详细的叙述：

> “……其后诸侯力政，不统于王，恶礼乐之害己，而皆去其典籍，分为七国。田畴异亩，车途异轨，律令异法，衣冠异制，言语异声，文字异形。秦始皇帝初兼天下，丞相李斯乃奏同之，罢其不与秦文合者。斯作《仓颉篇》，中车府令赵高作《爰历篇》，胡毋敬作《博学篇》，皆取史籀大篆，或颇省改，所谓小篆者也。”

从传世和近代出土的秦国文字资料看，特别是从秦统一中国后所制的权、诏版以及石刻上的文字看，秦始皇采纳李斯的意见，统一文字，是成功的。“罢其不与秦文合者”，必然“罢”掉了许多异体字，生僻字，“罢”掉了许多简率离奇、不合汉字结构原则的少数人杜撰的文字。这当然需要用行政的力量推行方能成功，非如此即不能达到“同”之目的。这是汉字发展史上的一件大事，一个里程碑，乃是使文字由混乱到统一的典型。秦始皇在这方面的功绩受到后世的赞扬，是理所当然的。

女皇帝武则天则正好相反。汉字经小篆而隶变，又发展为草书、楷书、行书，魏晋以后，楷书逐渐成为新的规范字体。到唐代，国家是统一的，文字也是统一的——楷书即为法定的文字。武则天于载初元年（公元 689 年）“亲享明堂”，“革唐命，改国号曰周”，同时也把权力施加到文字上：改字。她把天、地、日、月、星、年、正、君、臣、载、初、照等字的写法全部改换了，并自取“曌”（照）字为名①，且改诏书为制书。其《改元载初敕》云：“特创制一十二字，率先百辟，上有依于古体，下有改于新文，庶保可久之基，方表还淳之意。”名为“创制”，实为杜撰和拼凑。这十二个“创制”的字，据《资治通鉴》（卷二百四，唐纪二十），是武则天的亲戚、凤阁侍郎河东宗秦客“改造”以后进献的，武氏全加采纳，令行天下。第二年，即天授元年，又改“授”字。后又于证圣年（695 年）改“证”、“圣”、“国”三字；于圣历元年（698 年）改“人”字，又再次改写“月”字。前后五次共“创制”十八字（其中“月”字两次改写）。现将当时通行的“创制”字与原有的规范字对照如下：

原字	日	月	天	地	星	正	载	初	年
“创制”	[illegible]	[illegible]	[illegible]	埊	〇	[illegible]	[illegible]	[illegible]	[illegible]
原字	君	臣	照	授	聖	証	國	人	月
“创制”	[illegible]	[illegible]	曌	[illegible]	[illegible]	[illegible]	圀	[illegible]	[illegible]

对于武则天“创制”的这些字，历来毁誉不一。近来还有好事者精心设计出武则天文字碑砚，“以则天所创之字，记述则天称帝之举”，某晚报还作为新闻予以报道，宣扬一番。其实，武则天“创制”的字，仅日、天二字形近篆书，似乎“上有依于古”。但夹在楷书中间，实在不伦不类。始“创”之“月”字又与“日”相似，于“古”毫不相干。其余各字则完全破坏了原有的字形，违背了汉字的结构原则，纯属杜撰。从载初元年武氏改国号起至长安

四年(704 年)武则天去世,十五年间,这些字以行政命令推行全国。不论是京畿抑是边陲之地,不论是碑刻、墓志、人物题名,刻经,还是写经,文书,凡是涉及上列十八字的,一律照改。从故宫博物院所藏碑刻拓本看,当时改字通行全国,在各类文字资料中都有出现。而且,在同一篇文字中所改之字字形基本相同[2]。武后还自制自书升仙太子碑,草书,实践其改字的主张。武则天一死,翌年即神龙元年(705 年),便废止改字,武则天搅乱了唐宗室,又搅乱了汉字,使统一的汉字一度混乱了好几年。武则天改字,乃是使汉字由统一到混乱的典型,其失败是必然的,受到后世的谴责也是理所当然的。

秦始皇与武则天称皇帝的时间都只有十来年,都施影响于文字,凭借其至高无上的威权推行其对文字的政策,结果却大不相同。一个成功了,一个失败了。其成败缘由,至为明显,全在乎遵循或违背汉字发展的规律,维护或破坏汉字的结构原则。

想用自己的意志影响文字的帝王,或凭借帝王的权势使文字有所变易者,却并不限于秦始皇与武则天。

就以改字而论,武则天是典型,但改字之始作俑者并不是她,而是秦始皇。从广义而言,在统一文字的过程中,既然“皆取史籀大篆”而“或颇省改”,也就免不了要“改”不少字。只因出发点在于“同”,即统一,便不显得是“改字”了。从狭义而言,始皇改字,也有实证。改辠为罪即其例。《说文》辛部:“辠,犯法也。从辛、自。秦以辠似皇字,改为罪。”又网部:“罪,捕鱼竹网,从网,非声。秦以为辠字。”是犯罪字本当作上自下辛的“辠”,只因嫌它像皇,改为现在通用的“罪”,把它理解为以网非会意。秦始皇以后,武则天之前,凭己意改字的帝王还有。

(1) 汉文帝刘桓改“对”字。对,小篆作對,楷化为對,下从口。《说文》丵部:“對,對或从士,汉文帝以为责对而面言,多非诚对,故去其口以从士也。”(据段注本,“士”当作“土”,金文对字即从土。)

(2) 王莽改曡为疊。《说文》晶部:“曡,扬雄说以为古理官决罪,三日得其宜乃行之。从晶宜。亡新以从三日大盛,改为三田。”

(3) 东汉光武帝拆“鄗”字的高邑,一字改为二字。

(4) 三国时吴国会稽王孙亮自造八个字以命其四子(一名一字):

霣、莔;㸓、㫥;㪿、昷;𥨪、㷉

其读音分别定为湾、迄;觥、礥;莽、举;褒、拥[3]。

(5) 南朝宋明帝刘彧改騧(guā)为䯄,因字似祸。

(6) 隋文帝杨坚改国号隨为隋,以“隨”近遁走,故去辵作隋。

在武则天之后,又有唐明皇李隆基嫌“鄚”近“鄭(郑),改而为莫,去邑旁;嫌“豳”近“幽”,更而为邠[4]。这些改字的帝王除孙亮外,大都是成功的。因为他们所改的字都只是更改偏旁,而且大部分符合汉字简化的规律,又不违背六书原理。他们悄悄的把一些字改了,并未造成文字的混乱现象,自然也就不会像武后那样受到后世的指责。

再以统一文字,促进文字规范化而论,秦始皇是典型。但在这方面有所作为或有所贡献的帝王,也并非仅秦始皇一人。秦汉以降,也有不少帝王重视文字的规范化,重视正字法,重视字书的编纂刊布。他们或者予以支持、鼓励,或者下诏书,组织这方面的工作。例如:

(1) 东汉光武帝刘秀建武初年,针对当时郡国印章文字的混乱讹误现象,采纳伏波将军马援的建议,“正郡国印章”,进行整顿,使之齐同,纠正谬误[5]。

(2) 东汉灵帝刘宏熹平四年(公元175年),采纳蔡邕、堂溪典、杨赐等人正定六经文字的建议,“诏诸儒正五经文字,刻石立于太学门外”(《后汉书·孝灵帝纪》),以为儒生书写之规范。世称熹平石经,是最早的官定儒家经本。此项工作,始于熹平四年,讫于光和六年,由蔡邕、堂溪典等二十余人用隶书写定《鲁诗》、《尚书》、《周易》、《春秋》、《公羊传》、《仪礼》、《论语》,历九年而告成。马衡说:“熹平刊立石经之用意,为正误订讹,树立准则,使学者有所取正。其后历代之继踵,亦同此意。是则在教育上之意义,固甚显著。既收效于当时,亦冀以垂示于久远。”[⑥]

(3) 魏齐王曹芳正始二年(公元214年),以古文、小篆、汉隶三种书体将《尚书》、《春秋》、《左传》刻石,与熹平石经并立于太学,作为士子学习的规范。此即所谓“三体石经”。[⑦]

(4) 唐太宗李世民贞观四年,以“经籍去圣久远,文字讹谬”,命前中书侍郎颜师古于秘书省考定五经。完成后,又命房玄龄集诸儒重加评议,并“颁其所定书于天下,令学者习焉”。同时又命颜师古与孔颖达等撰定五经疏义,凡一百八十卷,名曰《五经正义》,付国学施行[⑧]。这无疑是一次“匡谬正俗”运动,旨在维护规范。评议之时,由于诸儒“传习师说,舛谬已久”,反而非难颜师古所定之本。经过颜师古援据详明的解答,这些人才如梦初醒,表示叹服。据文献记载,颜师古受命考定五经之时,还著有《字样》一书,即颜氏侄孙颜元孙《干禄字书》之所本。所谓“字样”,实为当时文字笔画之准绳。

(5) 宋太宗赵炅(jiǒng)于太平兴国年间诏徐铉、句中正等校定《说文》,于雍熙三年十一月告成。太宗阅后即下《颁许慎说文诏》,令付史馆,由国子监雕板印行。太平兴国中,太宗又曾诏太子中舍陈鄂、王若等详定《玉篇》;又命句中正、吴铉、杨文举等整理《切韵》。至端拱二年六月告成，名为《雍熙广韵》，“考古今之同异，究篆隶之根源，阙漏咸补”。[9]

(6) 清圣祖爱新觉罗玄烨康熙年间主持编纂以楷书为规范的大型字典。玄烨本人对文字声音训诂之学颇有研究，对典籍亦颇留意。他先命臣工编了韵书《佩文韵府》和类书《渊鉴类函》等，又认为“至于字学，并关切要，允宜酌订一书”，此书应“详略得中，归于至当，增《字汇》之阙遗；删《正字通》之繁冗，勒为成书，垂示永久”。于是在康熙四十九年三月发布“上谕”，命南书房侍直大学士陈廷敬“酌议式例具奏”。定下凡例后，乃命儒臣张玉书、陈廷敬、凌绍雯、史夔等人负责纂修，经五年而书成，玄烨复为之作序：“……命曰《字典》，于以昭同文之治，俾承学稽古者得以备知文字之源流，而官府吏民亦有所遵守焉。”(《上谕》及《序》均见字典卷首)这部字典，对于汉字的整理和研究，对于维护汉字的统一规范，都有很大的贡献，起过很大的作用，直至今日仍是学习和研究汉字的重要工具书。

这六个帝王之中，汉灵帝、魏齐王均处于本朝之末季，在中国历史上没什么地位，但他们在位期间下诏刊立的石经，在中国文字发展史上却是重要的一页。东汉光武帝、唐太宗、宋太宗、清圣祖均是本朝开国之初的君主，都负有统一中国，使国家由乱而治的重要使命，他们同时又重视文字问题，注意文字书写的规范和字书的编纂。他们对文字的影响，主要在于维护统一，消除混乱，使官府吏民有所遵守。

从上面所引史料可以看出，秦始皇与武则天确是分别代表了帝王们对文字的两种态度。当然，不论规范、统一也好，随意更改也罢，都体现了历代封建帝王至高无上的权威。这是帝王们对文字实行控制的一个方面。

历代帝王们除了规定文字如何写法之外，又各自控制一些字，据为己有或皇家所有，任何人不得妄用。这是帝王们对文字实行控制的另一个方面，人为地给文字打上了权势的烙印。这种控制，在商代和西周似乎还不存在，至少是不明显。至今还未发现商王或西周各王独自霸占某些或某个字，不准臣工百姓使用的现象。到了春秋时代，这种现象就逐渐出现了。据《国语·晋语》记载，因为鲁献公名具，武公名敖，鲁国的具山、敖山鲁人便不敢称呼了，故申繻对鲁桓公说："先君献、武废二山。"这便是后世避讳的滥觞，只是尚不普遍而已。

从秦始皇起，直至辛亥革命推翻帝制，帝王任意霸占某些字或某个字，不准他人使用的现象，延续了二千多年。所谓"霸占"，有两方面的意思。一方面是某些字只准皇帝使用，或只能用之帝王，臣工百姓不得使用，如僭越妄用，便属有罪。最明显的是"朕"字。蔡邕曰："朕，我也。古者上下共称之，贵贱不嫌，则可以同号之义也。皋陶与舜言'朕言惠，可底行'。屈原曰'朕皇考'。至秦，然后天子独以为称。汉因而不改。"（《史记·秦始皇本纪》裴骃《集解》引）是从秦始皇开始，"天子自称曰'朕'"，把"朕"字霸定了。再如"玺（鉨）"字，战国之时，为印章之通称，不论公私，皆可有玺，"凡通货贿，以玺节出入之"（《周礼·地官·司市》）。而且，或金或玉，龙纽虎纽皆可。入秦以后，亦唯天子之印方可称"玺"，群臣百姓不得再用此"玺"字。此外如御（御笔、御驾、御制）、圣（圣上、圣意、圣渥、圣睿、圣恩、圣诫、圣谕）、幸、诏、诰……等字在许多场合下只能用之于皇帝。另一方面，就是避讳，君主之名不得直呼或直书，必须设法避开，这对文字的影响远较前者深广，更值得我们注意。

陈垣先生说："避讳，为中国特有之风俗，其俗起于周，成于秦，盛于唐宋，其历史垂二千年。其流弊足以淆乱古文书，然反而利用之，则可以解释古文书之疑滞，辨别古文书之真伪及时代，识者便焉。”[10]陈先生是从史学的角度考察避讳的，所论无疑是正确的。若从文字学的角度来考察这一现象，则又当别论。

也是从秦始皇开始，哪个字被当朝皇帝用作名字，那个字便被他所占据，臣僚百姓便不得再用，如姓或名与之相同，就须更姓换名；地名与之同，则更改地名；有关文章、谈话非用不可时，亦须易以义近之字，或者空字，或者缺笔，或者改音。否则便是“犯讳”，有罪，轻则斥责处罚，重则杀头。而且，不仅当朝皇帝的“讳”要“避”，有时还要避其列祖列宗的“讳”。为了避讳，甚至更改前人姓名，前代官名、书名、年号，乃至史实，在文字上造成许多混乱现象。就拿秦始皇来说，他名政（一作正），正月便改称端月，其父庄襄王名子楚，遂谓楚为荆。在汉代，每一帝王名讳都有一相代之字，兹据《册府元龟》卷三所述及《史讳举例·秦汉讳例》所列，录之如次，以见当时情形之一般：

帝号	名讳	代字	举例
高祖刘氏	邦	国	汉诏引《书》“协和万邦”为“万国”。
惠帝	盈	满	《史记》引《左传》“万，盈数也”，改为“满数”。
高后	雉	野鸡	《汉书·杜邺传》用“雉升鼎耳”事，改“雉”为“野鸡”。（但《史记·殷本纪》“有飞雉登鼎耳而呴”，直言雉，不避。）
文帝	恒	常	“恒山郡”改“常山”。
景帝	启	开	改“微子启”为“微子开”。

帝号	名讳	代字	举　例
武帝	彻	通	改“蒯彻”为“蒯通”。
昭帝	弗	不	
宣帝	询	谋	
元帝	奭	盛	
成帝	骜	俊	
哀帝	欣	喜	
平帝	衎	乐	
光武帝	秀	茂	改“秀才”为“茂才”。
明帝	庄	严	“庄助”改为“严助”，“庄安”改为“严安”。
章帝	炟	著	
和帝	肇	始	
殇帝	隆	盛、林	“伏隆”《东观记》作“伏盛”，河内“隆虑”改为“林虑”。
安帝	祜	福	“朱祜”《东观记》作“朱福”。
顺帝	保	守	
冲帝	炳	明	
质帝	缵	继	
桓帝	志	意	赵戒字志伯，孔庙置守庙卒史碑作“意伯”。
灵帝	宏	大	
献帝	协	合	

汉代以后，历朝帝王独占文字的程度有轻有重，避讳的规定有宽有严，同一朝代前后两个帝王也有轻重宽严之别。总的来说，宽少严多，总要人为地给文字的使用者加上种种限制。如唐初不讳

嫌名,二名不偏讳,武德九年(公元626年)有"其官号人名及公私文籍有世及民两字不连续者并不须避"之令。故朝臣有虞世南,官有民部,并不曲避。及高宗李治即位,便改民部尚书为户部尚书;世改为代,或为系,从世之字改从云,或改从曳;民改为人,或为甿,从民之字改从氏。唐代碑记以王世充、李世勣犯世民偏讳,竟去掉世字,遂改为王充、李勣。又为避"治"讳,治改为持、理,或为化,稚改为幼;又改治书侍御史为御史中丞,诸州治中为司马,别驾为长史,治礼郎为奉礼郎[11]。又如五代时后晋高祖名石敬瑭,天福七年时除改明堂为宣德殿,石镜为仙览,竟陵为景陵外,地名中凡有与"瑭"音相同的唐、堂、棠者,全部改易,计有唐州(泌州——改易后的地名,下同)、思唐州(化州)、附唐县(胶西县)、兴唐县(灵山县)、堂邑(河滨)、高唐(济城)、唐县(博陵)、唐兴(宜州)、行唐(永昌)、唐化(彭山)、延唐(延喜)、福唐(南台)、盛唐(来化)、唐年(临江)、钱唐(钱江)、唐山(横山)、唐城(汉东)、唐林(广武)、金唐(汉城)、甘棠驿(通津驿)等二十余处。不仅如此,所有诸邑人姓名犯讳者,亦均改易,并析敬字为文氏、苟氏。如文彦博本姓敬,其曾祖父因避石敬瑭讳,改姓文,至后汉复姓敬。入宋,其祖父避赵敬(匡胤祖)讳,又改姓文[12]。

由于避讳,在某一时期,便有一定数量的文字不能使用,给交际、写作都带来麻烦。在避讳之例最严的宋代,"庙讳"日益增多,竟至50字以上,儒生应试都得小心翼翼,生怕因犯讳而被暗行黜落。若据《绍定礼部韵略》所载淳熙时应避诸帝旧讳及诸帝嫌名(同音字),则有300多字不能用。高宗名構(构),除构字须讳外,连遘、媾、覯、购、姤、勾等55字皆不能用。如姤改为遇,勾当改为干当,管勾改为管干等等。

由于避讳,在汉字体系中又增加若干异体字、怪字。如现在的"邱"字本作丘,邑旁为清雍正时因避孔子讳所加[13]。滀,本作淳，为避清穆宗（同治）载淳讳而改。又如《北史》所载张奫，本名张大渊，因犯庙讳连为一字，遂多一怪字“奫”[14]。前引孙亮命四子名字以八字，其本意在于令民“难犯易避”，未尝不好。但这八个字“声义两途俱不通，文而非文，字而非字”（郑樵语），纯属杜撰，虽然赋以音读，仍只能算是怪字，是硬塞进汉字体系的渣滓。

避讳，又造成文字上许多讹异混乱现象。像《金石萃编》摹刻碑文，遇清讳但书“庙讳”，令人暗索，有如射覆，已是极为不便。至于或因避讳改字、缺笔、空字而致误；或因避讳而一人二史异名，乃至一人一史前后异名，一人数名，甚或一人误为二人，二人误为一人，二地误为一地，一地误为二地，一书误为二书；或为避讳改前代官名、地名而遗却本名，如此等等，更给后人阅读古籍增加很多麻烦[15]，究其本源，这些麻烦，皆由历代帝王任意霸占文字所致。

以上，只是从历史上选取了有代表性的几个帝王，有代表性的几件事，借以考察帝王们对文字的态度及其影响，远远谈不上全面和详尽。但这粗略的考察也足以说明，历代帝王们对文字决非漠不关心，而是十分关注的。从总体看，他们对文字的态度约可归纳为三点：

一、为了统治的需要，帝王们一般都希望（要求）文字是统一的。有的帝王顺应文字发展的潮流，命令臣下作文字规范化工作，或修纂字书，刊立石经，作为书写的规范、依据。

二、某些帝王认为文字可凭手中至高无上的权力加以改变，甚至可以凭空创造文字，而不问其历史渊源、结构原则。

三、帝王们大都认为可以凭借权势，霸占文字，甚至划定范围，规定臣下百姓只许用某字，不准用某字。

第一点，促进或维护文字的统一规范，有积极意义，应予肯定。第二、三点，杜撰或霸占文字，制造混乱，影响文字正常交际功能的发挥，实属消极因素。后者在某一特定历史时期，可能烜赫一时，不可一世，但也往往随着该时期的结束而告终，武后改字即为一例。《庄子·盗跖》说得好："势为天子，未必贵也，穷为匹夫，未必贱也。贵贱之分，在行之美恶。"在文字问题上，同样是如此。文字是全社会的共同财富，天子与匹夫，都必须正确使用文字，都不应任意改变文字。几千年的汉字发展史业已证明了这一点。

随着封建帝制的推翻，帝王任意霸占文字的现象亦彻底消灭。但历代帝王对文字所起的各种影响，不论积极的或消极的，作为历史的陈迹，依然存在着。有些还将继续存在下去。

在人民当家作主的时代，国家权力机关或最高领导人亦可凭借自己的权力施影响于文字，这种影响有可能是积极的，也有可能是消极的。以往的经验教训也值得总结，以为今日之借鉴。不过，这已超出本文范围，留待后论吧。

注释：

① 见刘昫等撰《旧唐书》卷六：《则天皇后》。此字郑樵《六书略》记作曌，空上为二日；或作曌，空上为二目。

② 参阅施安昌《从院藏拓本探讨武则天造字》，《故宫博物院院刊》1983年第4期。

③ 参见郑樵《六书略》，《三国志·吴书·孙休传》永安五年裴松之注引《吴录》载孙休诏。

④ 见郑樵《六书略》。

⑤ 参见张颔《成皋丞印跋》，《古文字研究》第十四辑，中华书局，1986年6月。

⑥ 马衡：《凡将斋金石丛稿·石经词解·从实验上窥见汉石经之一斑》，中华书局，1977年10月。

⑦ 此事不见于《三国志·魏书》，然《晋书·卫恒传》、《魏书·江式传》

均有记载。

⑧ 见吴兢:《贞观政要》卷七:《崇儒学第二十七》,上海古籍出版社,1978年9月。

⑨ 参阅陈冠明:《宋太宗与字书韵书》,《词典研究丛刊》第六集,四川辞书出版社,1985年5月。

⑩ 陈垣:《史讳举例·序》,科学出版社,1958年第1版。

⑪ 见《旧唐书》卷四:《高宗上》。

⑫ 陈垣:《史讳举例·避讳改姓例》引《闻见后录》。

⑬ 陈垣:《史讳举例·避讳改音例》载《茶香室续钞》引叶名沣《桥西杂记》:"雍正三年上谕:孔子讳理应回避,令九卿会议……上谕:……嗣后除四书五经外,凡遇此字,并加阝为邱,地名亦不改易,但加阝旁,读作期音,庶乎允协。"

⑭ 蔡尚思:《论陈垣老师的历史避讳学》,《中国历史文献研究集刊》第五集,岳麓书社,1985年5月。

⑮ 诸例具见陈垣《史讳举例》卷四:《因避讳而生之讹异》。

关于汉字起源的各种传说

关于汉字起源问题，从战国时代起，就已受到人们注意，先后出现了各种传说。这些传说归纳起来，主要有四种：八卦说，结绳与契刻说，仓颉造字说，起一成文说。现分别简析如下：

一、八卦说

将文字起源与八卦连在一起予以叙述，始于东汉许慎，见其《说文解字 · 叙》。按许慎的叙述，先有八卦，而后结绳，而后才有书契，即文字，庖牺（即伏羲）氏所创造的八卦乃是文字之远祖。《尚书》伪孔传则更进一步断言："古者伏牺氏之王天下也，始画八卦，造书契，以代结绳之政，由是文籍生焉。伏牺神农黄帝之书谓之三坟，言大道也……"将"画"与"造"并列，八卦与书契同举，似乎二者又是同时产生的了。但还没有明确说由八卦而生文字。

将八卦看作文字的来源，具体地把一些字比附于八卦的，是宋朝的郑樵。郑樵（1104—1160），莆田人，字渔仲，著有《通志》二百卷。他在《通志 · 六书略》中先后两处直接认为某字取象于某卦，某字起源于某卦。一处是《因文成象图》，认为天地山泽水火风雷八个字直接来源于乾坤艮兑坎离巽震八卦。为何"取"八卦之形即可变成这些字呢？在另一处即《论便从》里，郑氏具体解释了"水"、"火"、"地"三个字：

> 人之体理从（纵），故文字便从不便衡（横）。坎、离、坤，衡卦也，以之为字则必从，故☵必从而后能成水，☲必从而后能成火，☷必从而后能成巛。

这是说文字以纵(直)为便,客观事物是衡(横)向的,反映在文字上却是纵向的。这是由于郑樵根据篆书立论的缘故,他当然无法知道,古文字中“水”字有多种形状,有的只作河流弯曲状,有时加点,也有时不加点;而“火”字与“山”同形,与离卦毫无关系;至于“地”字,更属后起,《说文》籀文作墬,篆文作地,坤卦☷无论如何演变也“变”不成这些形状。至于其他五卦与天、雷、水、风、泽诸字的关系,同属臆测,毫无根据。

不过,郑樵只是将八卦与相应的八个字作了分析,还没有笼统地说文字便是起源于八卦。倒是近代以来有些学者把八卦说进一步发挥,认为六十四卦即“为文字之祖”,越说越离奇了。

关于八卦说,唐兰的意见是对的:“八卦的起源,既是巫者用算筹排列出来的方式,用来做事物的象征,就和文字无关,而且巫术的盛行,恐怕就在殷时,文字久已发生,所以八卦的卦画,决不是文字所取材的。”(《中国文字学》第56—57页)至于古文字资料中出现的一些用数字组成的符号,只能说明八卦形成曾借用数字组成,而不能证明文字来源于八卦。

二、结绳与契刻说

结绳与文字的关系,古人怎么看待,还值得探讨。《易·系辞下》所谓“上古结绳而治,后世圣人易之以书契”,是泛言“上古”时代没有文字,靠结绳处理事务,帮助记忆;到了“后世”,结绳这种形式才被文字(即书契)取代。《说文解字·叙》说“及神农氏结绳为治而统其事”,“上古”就具体化为“神农氏”时代。两书虽未明确说文字起源于结绳,但确实告诉人们,历史上曾有过一个“结绳而治”的漫长时期,它是文字的前身。朱宗莱所谓“文字之作,肇始结绳”,可以说是对《易·系辞下》、《说文序》“结绳”说的发挥。

所谓结绳,是遇事打一个结,用不同的结来代表各种不同的事物，目的全在于帮助记忆，传递信息。不仅中国古代有过结绳这回事，现代西南地区一些没有文字的少数民族也还有结绳记事的习俗。在世界其他一些地区，如非洲、澳洲、南美洲的一些地区，也都有结绳帮助记忆的方法，有的还能用绳子的颜色和结法，巧妙地记下一些事情。可见，“结绳记事”带有世界性。

说文字起源于结绳，当然是不对的。用绳子打结，既打不出点横竖撇等笔画，也打不出天地日月山川鸡犬等字形。但结绳与“后世”的文字有关，它在文字和语言中留有痕迹，却是值得注意的，古文字中的十廿卅取象于结绳，而“了结”、“完结”、“结算”、“结果”、“结清”等词可说是结绳记事在语言中的遗风。

契刻与结绳性质相近，也是帮助记忆、传递信息的一种方法，还有一定的交际作用。从古代文献记述和西南地区一些少数民族在创造文字以前所存在的刻木记事现象分析，最初，契刻的目的大概在于“刻其数”以备忘，且多带有契约、凭证的性质。据此，说汉字数目字中积画的一、二、三、亖（四）和错画的×（五）、∧（六）、十（七）、八来源于契刻，是确有可能的。只是由于年代久远，我国上古的契刻材料至今未有发现，不知其详。目前所见，只有仰韶文化遗址出土陶器上的一些刻划符号，性质与作为“契约”的契当然不同，不过从中也可看出它们与后世文字之间存在着的密切关系。

三、仓颉造字说

关于仓颉造字的传说，《说文解字·叙》的记述最为全面：“黄帝之史仓颉，见鸟兽蹄迒之迹，知分理之可相别异也，初造书契，百工以乂，万品以察……仓颉之初作书，盖依类象形，故谓之文，其后形声相益，即谓之字。”从这段话里，人们可以了解“仓颉造字”说的梗概：仓颉是黄帝的史官，他是从“鸟兽蹄迒”

之迹中领悟到文理之可以区别,因而模仿着契刻、书写,创造出文字来的。他造字之初,大概是依样画葫芦的居多,用简单的笔画描摹客观事物的外形,所以大都是独体的文,即象形字和指事字。至于合体的形声、会意之类的文字乃是仓颉之后才靠"形声相益"的办法造出来的。

关于仓颉本人,历来也有很多传说。因为他是黄帝史官,是文字的创造者,所以也被尊为圣人。既是圣人,总得与众不同,"龙颜侈侈,四目灵光"(《路史》),相貌古怪,眼睛也比平常人多一双。他造字的时候,"天雨粟,鬼夜哭"、"龙乃潜藏",真是破天荒的大事。

仓颉造字之说,现在谁也不信,但古人却大都信而不疑。《吕氏春秋》、《韩非子》、《世本》、《仓颉篇》(李斯)、《淮南子》等书都谈到此事。韩非子还具体指出"公""私"二字的古文为仓颉所造:"仓颉之作书也,自环者谓之私,背私谓之公。"(《韩非子·五蠹》)可见早在战国时代,此说流传已广。当然也有少数学者提出异议。如论者经常称引的《荀子·解蔽》:"好书者众矣,而仓颉独传者,一也。"但毕竟不多。

仓颉造字的传说,是唯心主义的英雄史观在文字起源问题上的表现,也是古人对汉字起源问题的比较全面、系统的一种见解。它流传最广,影响也最深远,可谓妇孺皆知。至今人们还把杜撰简化字常写错别字的人讥为"新仓颉"、"当代仓颉",便是根据这一传说而来的。

四、起一成文说

这是认为文字起源于"一",许多字都由一变化派生而成。此说源于郑樵《通志·六书略》中的"起一成文图"。名为"图",实则是一段关于文字起源的论述,文不长,兹移录于下:

衡为一,从为丨(音衮),邪丨为丿(房必切),反丿为乀(分勿切)，至㇏而穷。折一为㇆(音及)，反㇆为𠂆(呼旱切)，转𠂆为𠃊(音隐)，反𠃊为亅(居月切)，至亅而穷。折一为㇆者侧也。有侧有正，正折为∧(即宀字也，又音帝又音入)，转∧为∨(侧加切)，侧∨为く(音畎)，反〈为〉(音泉)，至泉而穷。一再折为冂(五犯切)，转冂为凵(口犯切)，侧凵为匚(音方)，反匚为コ(音播)，至コ而穷。引一而绕合之，方则为□(音围)，圆则为○(音星)，至○则环转无异势，一之道尽矣。丶(音拄)与一偶，一能生，丶不能生，以不可屈曲又不可引，引则成丨。然丶与一偶，一能生而丶不能生，天地之道，阴阳之理也。

在郑樵看来，“一”似乎是条柔软的绳子，可以随心所欲，任意摆弄，变成各种形状的“文字”。从楷书的角度看，这种“起一成文”说似乎不无道理，组成楷书字形的各种笔画除点(丶)之外，都可与“一”拉上关系。但是，楷书毕竟不是汉字的早期形态。诚然，隶变以后，每个汉字都可分析为若干部件或笔画，但它们却是各有来历，与“一”并无什么关系。如树木的“木”字，古文字作[古文字形] [古文字形]等形，上像枝干，中像主干，下像其根，是个象形字，隶楷作木，一横一竖一撇一捺。似乎都是由“一”演变而来，而其实中间的“一”乃由∨演变而来，下面的撇和捺是由∧演变而来。又如“大”字，古文字均作[古文字形]或[古文字形]，象人正面而立之形，隶变以后，上肢拉平成了一横，可知这“一”也是由∧或∩演变的结果，而不是相反。可见楷书中的“一”随着文字的不同而各有来源，其他的笔画亦然。郑樵的这种“起一成文”说完全是想当然的杜撰，自然很难使人相信，故实际上影响不大，流传也不广。

关于汉字起源的各种传说，概如上述。从这些传说里，我们大致可以得到这样一些启示：(1)汉字起源很早——早到黄帝时代，中华民族有六千多年的文明史；(2)文字发明之前，人们曾用各种方法帮助记忆;(3)创造文字是件很了不起的事情,文字有很重要的作用;(4)汉字不是从天上掉下来的,而是“圣人”根据对客观事物的观察、分析而创造出来的,所以它与客观事物有着极密切的关系;(5)汉字的创造有个过程,是由简单到复杂,由少到多,逐渐完备起来的。这些启示对于正确解释汉字起源,无疑是有助益的。但是,要正确解释汉字起源并找到实物凭证,就必须在正确理论指导下,进一步去考察考古发掘所得的原始文字或记事符号的材料了。

谈谈汉字的起源

汉字,是世界上使用人口最多的文字。它的历史悠久,这是举世公认的。但它究竟萌芽于何时,形成于何代,意见就不一致了。这些问题是人们所普遍关注的,也是古文字学领域里的一个重要研究课题。近十余年来学术界在这方面已发表了十多篇论文,意见也颇多分歧。这里,只是谈谈笔者的一些粗浅看法,供读者参考。

关于汉字起源的问题,至迟在战国时代就提出来了。历史上先后出现过各种传说(见本书《关于汉字起源的各种传说》一文),虽都不能正确解释汉字的起源,却也留给后人不少有益的启示,促使人们思考、探索。十九世纪末,在河南省安阳小屯村发现了刻在龟甲兽骨上的文字,这就是著名的殷虚甲骨文。殷虚甲骨文的发现,使学者们如获至宝。因为从东汉时起,近两千年来,学者们虽然喜欢谈论"古文",其实谁也没见过多少真正的古文。许慎可算是历史上大名鼎鼎的文字学家,他虽是东汉人,可他所见的西周铜器铭文恐怕就很少。他所说的"古文",不过是西汉时在孔子老家墙壁里发现的"壁中书"之类的战国文字。宋代以后,商周有铭文的青铜器不断出土,但也只是笼统地"古"到商代,不能确指。甲骨文出土后,自然地成了研究汉字起源的重要资料,一些学者即曾认为这是中国最古老的文字,是最古的"古文"了。但是,经过较深入的研究,人们发现殷虚甲骨文已是相当完备的文字体系。就单字来说,粗粗计算,已有近四千个。而且书法纯熟,刻工精细，显然决非原始形态的文字。单是甲骨文的文字体系，起码形成了几百年或上千年，其文字的始创期，则当更加遥远。所以，尽管甲骨文距今已有三千三百多年的历史，确实很"古"，但可断言，甲骨文并非最古，它仍然只是汉字的流，而不是源。

正如其他古老民族的文字有其起源、发展、变革的历史一样，汉字也自有其起源、发展、变革的历史。人民群众是历史的创造者，也是文字的创造者，而文字则是人类社会发展到一定阶段的必然产物。分布在地球上各个地区的各个不同种族，发展到一定的阶段都会出现创造文字的迫切需要和可能，先后不同地创造出自己的文字，也正因如此，世界上才会出现各种不同的文字体系，百花齐放，各显其长。

大家知道，为了生产斗争和日常生活中交际和交流思想的需要，人类在劳动中逐渐产生并丰富了语言。可是随着农业生产力的不断提高和社会的不断发展，由原始人群进入母系氏族社会，又由此而转变为父系氏族社会，人与人、家族与家族、部落与部落、氏族与氏族之间的交际来往愈益广泛频繁，交流思想、交换经验和意见的需要更加显得重要、迫切。在这种历史条件下，仅有语言就不足以满足人们的需要，因为说话过程中语音一发即逝，受到很大的限制，除当场听到者外，不在场的人都听不到，更不必谈后世的人了。这就得另想别法，使语言能传诸远方，留诸后人。当然，最理想的是立即造出一套符号系统，把语言原原本本记录下来，使别人一看就明白。但是，在早期的人类社会里，这样一套符号系统的产生该经历多长的历史过程！

中国早期历史上，有一个相当漫长的历史阶段，先民们是借助于结绳和契刻来帮助记忆、交流思想、传播信息的（详见《关于汉字起源的各种传说》)。除结绳和契刻之外,画画也是帮助记忆、表达思想、交流情况的辅助手段。在当时,如要表示杀头,就画一个人,脖子上加一把斧头;为表示一个操刀剉猪的意思,就画一只猪,上面再画一把刀,刀上加只手。而要表示一个武士的形象,则画一个人,一手执戈,一手持盾;要表示一个人搬取东西,就画一个手中提、头上顶的形象,如此等等。甲骨文和金文中还保留着不少这类图画的痕迹,不过已趋省易和线条化了(图一)。但画画毕竟也很难,而且意思也不易猜透,同一个画面各人的理解也不一样。

图一 金文中有关砍首、杀猪等方面的图像文字

这样过了不知几多岁月,人们在结绳、契刻和图画的基础上,创造出一些符号,不少符号实际就是图画的简化。每个符号

有了比较固定的音和义。大家约定俗成,成为较前者更为便利的交际工具。我国纳西族曾使用过一种图形文字,叫“东巴文”,直译应为“木石痕迹”,可能初期这种文字是刻在木石上面的。该民族的学者们用东巴文书写了几百种经书。东巴文的历史只有一千多年,比甲骨文晚了两千多年,它肯定不是甲骨文的始祖;但甲骨文的祖先,可能就是类似东巴文的图形文字。甲骨文中保留着大量的象形字和图画式的文字就是一个佐证。

从汉字结构来说,一般总是先有独体的象形字,因为它有形可象,较实在,也容易造。而会意字和指事字则是在象形字的基础上产生出来的,因它无独立之形可象,所表示的都是较抽象的意思。形声字出现最晚,到它出现的时候,文字就已很成熟发达了。

近代考古学,特别是新中国成立以来,考古工作取得的一系列丰硕成果,使我们对汉字起源的认识建立在实物资料的基础上,从而能得出比较合乎实际的结论。

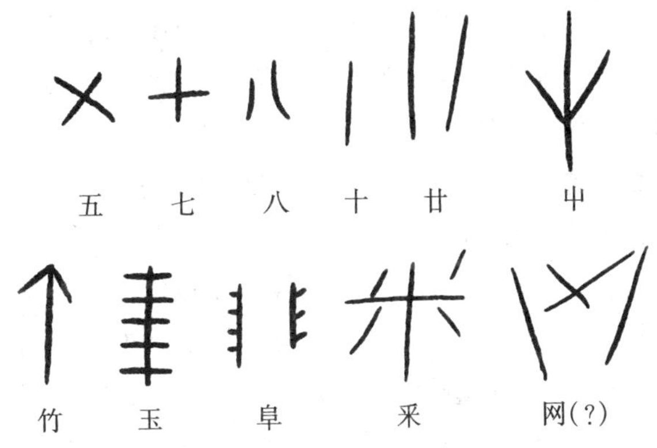

图二 西安半坡遗址出土的文字符号(部分)

1954 年在陕西省西安市半坡村开始发掘的仰韶文化遗址,

距今约六千年左右。遗址中出土的陶器上零零星星地刻有若干“符号”。这些符号大都刻划于饰有宽带纹或大的垂三角纹饰的直口钵的外口缘部分,共发现113个标本,笔划简单,形状规则,可归纳为22种(见《西安半坡》,中国科学院考古研究所,陕西省西安半坡博物馆编,文物出版社,1963年)。这些符号与安阳出土的甲骨文很近似,大多可以释读,可略分两类:一是数字,如五、七、八、十等,可能是表示陶器的标号次序或种类;二是名词性的单字,如竹、玉、阜、采等(如图二)。可能是器物制造者的称号。这种符号,有些学者不承认它们是文字,只看作是一般的刻划。其实,这些符号,正是我国文字的原始形态或原始阶段。它比甲骨文更古得多,是中国文字的源。郭沫若先生在《古代文字之辩证的发展》一文中明确指出:“半坡遗址的年代,距今有六千年左右,我认为,这也就是汉字发展的历史。”(见《考古学报》1972年第1期)于省吾先生在《关于古文字研究的若干问题》一文中也阐述了同样的观点:“近年以来,西安半坡所发现的仰韶文化的陶口缘外,往往刻划着简单的文字……这种陶器上的简单文字,考古工作者以为是符号,我认为这是文字起源阶段所产生的一些简单文字。仰韶文化距今约有六千多年之久,那么,我国开始有文字的时候也就有了六千多年之久,这是可以推断的。”(见《文物》1973年第2期)郭、于两位前辈学者的见解是完全正确的。

半坡遗址发现后十九年,1973年在半坡以东几十里的地方再次发现了这种符号,这就是临潼姜寨陶器上的文字,其造形、风格与半坡的极为相似,结构组合更为复杂。据说姜寨文字归纳起来比半坡的还多一倍以上。1974年,在半坡以西几千里的地方,也发现了在陶器上刻划着的大量文字符号,多达五十二种。这就是青海省乐都县柳湾文字符号。它同半坡、姜寨的符号比较,非常相近,似更容易辨认,有些字一望可识,如日、巾、五、其、册等等,它们比甲骨文古老得多,可同甲骨文很近似,同样是中国文字的源(图三)。

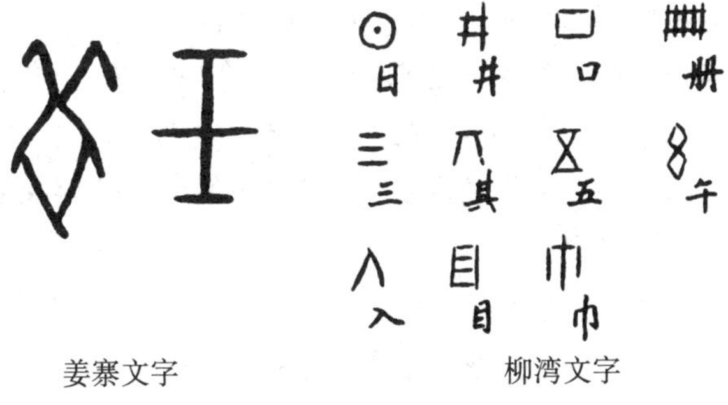

姜寨文字　　柳湾文字

图三　姜寨、柳湾文字举例

半坡、姜寨、柳湾的符号,都是在黄河中上游发现的。略晚于半坡、地处黄河下游的山东大汶口文化遗址中出土的图形文字也是很能说明问题的宝贵资料。在两个遗址的三件器物上都出现一个非常形象化的字:下面山峰并立,山之上是云气,云气之上是太阳,意思是一轮红日在云气缭绕中冉冉上升,高出山颠。这实在是旦字的最初形式。在另一些器物上这个字省去山形,但太阳初升之义也仍明显(见《大汶口》,山东省文物管理处、济南市博物馆编,文物出版社,1974 年)。有的学者把云气看作“火”,于是把这个字楷写成炅或炅,当然可备一说。但若将甲骨文的旦字和金文的旦字与之略加比较,即可发现,它们在结构上是接近的。甲骨文和金文的旦字实即由此演变的结果(见本书《日出——旦》)。

上述新石器时代遗址考古发掘的成果说明,汉字起源于原始社会晚期。创造这文字的,不是什么“四目灵光”的仓颉,而是普普通通的人民大众的集体创作。

当时,在黄河流域的各部落、部族、氏族、各地区的人们大概都在不约而同地造字,或"近取诸身",或"远取诸物",大家根据对事物的观察体会,进行抽象、概括,各造各的,各显智慧。目前已发现的半坡、姜寨、柳湾、大汶口陶器上的文字,恐怕只是原始形态的各种文字中的极小的部分。保存在甲骨文、金文里的大量象形字和图形文字(有些是族氏文字),也许就是这个时期所造。相信随着考古工作的开展,会有更多的原始社会晚期创造的原始文字被发现。

斯大林在《马克思主义与语言学问题》一书中曾谈到文字起源问题:"生产往前发展,出现了阶级,出现了文字,出现了国家的萌芽,国家进行管理工作需要比较有条理的文书,商业发展了,更需要有条理的来往书信,出现了印刷机,出现了出版物——所有这一切都使语言发展起着重大的变化。"这里把文字的出现与阶级的出现和国家的萌芽并提,这关系到对文字起源的看法问题。我认为,斯大林的意思显然不是像过去一些人所解释的那样,好像只有出现了阶级,才可能出现文字。这里所说的"文字",应当理解为"比较有条理的"、已形成为体系的文字,而不是指萌芽状态的文字。

那么,何谓文字"体系"?上古先民始创的文字符号,只能记录些单词;进而可记录些简单的句子;当发展到形成一套比较完整的符号,可以记录一连串的句子,表达比较复杂的思想时,这种文字就形成了自己的体系。如甲骨文,有了几千个单字,其形、音、义已相对固定,文法也有比较固定的要求,使用起来比较准确,表明它已相当成熟。

文字,从单个创造到形成一个完整的体系,不仅要经历漫长的岁月,还需要很多条件。其中最重要的一个条件就是私有制确立,阶级的形成,出现了脑力劳动与体力劳动的分工,有了脱离生产的“巫”、“史”之类专业人员从事文字的收集、整理以及统一的工作。所以说，文字体系是伴随着阶级、国家的出现而形成的。

汉字的“体系”又是什么时候形成的呢？从目前材料推测，大约形成于夏代的中、晚期。在我国的传说中，尧舜时代是所谓大同世界，实即没有阶级区分的原始氏族社会。到了夏就不同了，禹死后，儿子启继位，启又传位给他的儿子太康，变公天下为家天下，原始氏族社会便分崩离析，贫富日益分化，形成阶级，出现酷刑，奴隶制国家也就逐渐形成。相传到夏代晚期已有图书档案资料，可见当时文字已形成体系。据《吕氏春秋·先识》等书记载，夏桀快完蛋的时候，掌管文书档案的太史令终古就抱着图书跑到商汤那里去了。说夏桀时有“图书”，虽系后人著述，但恐非臆造。从文字发展的角度来考虑，我觉得，桀时有“图书”是可能的。很难设想，夏代的文字没有相当发达的基础，殷商的甲骨文会有那么高度的成就。没有几百年的长期积累，怎么可能出现像卜辞那样丰富多彩的词汇，灵活多变的文法，风格多样的书法和精湛的刻字艺术？再说，夏的城堡夯土城墙已有三道，表明它早已进入文明时代了，其有文字图书当是不成问题的。

中国的国家形成于何时，是个值得讨论的重大课题。从文字发展角度考虑，有理由认为，汉字的体系至少在夏代中期，或更早的时候已基本形成。

还应该指出，汉字体系基本形成以后，也仍在不断发展，即使到了商周时代，乃至战国时代，各地域的文字也仍处在不断地创造、归纳整理和统一之中。周宣王太史籀曾作大篆十五篇以图统一文字，但因诸侯割据，国家不统一，收效甚微。直到秦始皇统一了全国，建立了中央集权制，颁布了“书同文”的政令，汉字才以小篆的形式基本上固定下来。又经过了两千多年的发展变化,才形成目前所使用的方块汉字。可见汉字体系的形成和统一,与国家的形成和统一有着密切的关系。

综上所述,汉字起源于原始社会开始崩溃的仰韶文化时期,距今约六千年左右;而其形成为一个体系,则在夏代的中期或晚期,距今约三千六百年至三千八百年,确实是源远流长,人民大众是汉字的创造者,汉字的主人。

附记:

此文原题《汉字起源试论》,刊于《中山大学学报》(哲学社会科学版)1978 年第 1 期。为与本书的文字风格保持一致,也考虑到与其他各篇的关系,故易为今题,并作了必要的删改,有的地方也作了些补充。前后相较,变动颇多,自当以本文为准。

造字法例释

古人究竟怎样造字？最原始的字是怎样造出来的？由于没有很确切的资料，这问题目前还难以作圆满的回答。不过，从现存的文字，特别是古文字的结构分析，人们不难看出，古人造字的方法主要有四种，即象形、指事、会意、形声。下面让我们通过具体的字例来加以说明。

一、象形。用最简单的线条——笔画描摹客观事物的形状，使人一看就能把字形和具体事物联系起来，知道它代表什么东西。这种直接以事物的外形为依据来造字的方法，是一种最早的也是最简单的造字方法。当然，所谓“象形”也是相对的。它“象”的是客观事物中富有特征性的“形”，有象全形的，也有象局部的，有象其正面的，也有象其侧面的。不过，当初的象形字，演变到今天，大都已面目全非，如不追源溯流，便不易明白它究竟象什么形了。例如：

1. 自。这是鼻子的象形。甲骨文作等形，尽管稍有差异，但都是鼻子的形状：居中一道鼻梁、下边两个鼻孔，鼻孔两旁鼓起的是鼻翼。寥寥几笔，很是传神。后来随着鼻梁的缩短、隐匿，鼻孔的靠拢、抹平，甲骨文的“自”字经过金文小篆的演变，由→→→，最后鼻梁变为一小撇，就是隶书以来的“自”了。自的本义为鼻子，甲骨卜辞有“王疾自”的记载。现在人们还喜欢用手指指鼻子，以表示“我”、“自己”的意思。（详见本书《倒楣的鼻子》）

2. 豕（shǐ）。猪古代称豕，大猪即叫大豕。甲骨文豕字常

见,即为猪的象形:

肥腹,短足,垂尾,是猪的主要特征,甲骨文中的这些豕字正是突出地描摹了这几点,以与瘦腹拳尾的犬字相区别(犬字也是象形字)。有些甲骨文豕字背上加三小横代表猪鬃。金文豕字字形,象形意味稍减。小篆便与亥字的古文差不多,而离猪形甚远了。

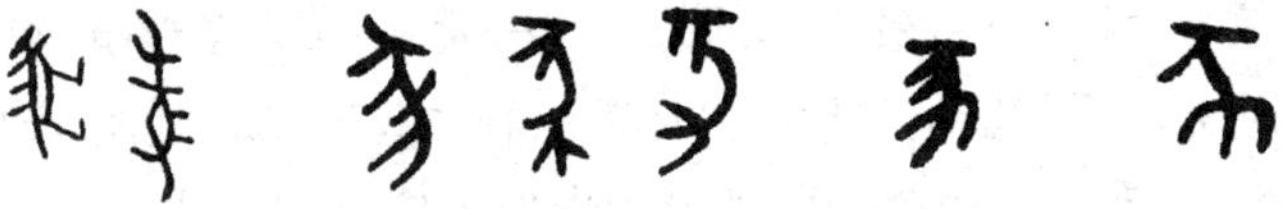

甲骨文　金文　小篆　古文

3. 丁。现在用作人丁、壮丁以及姓氏的“丁”,本是钉子的形象化,是钉的本字。甲骨文丁字作口,金文则填实作●或▼,都是现实生活中的钉子在字形上的反映:从上面俯视,就见一圆点或方形;由侧面观察,便是▼的形状。在古代石刻中,丁字又可写成▼,更为形象,不识字的人也可猜到几分。但篆书的丁字作个,和今天的简化字“个”差不多,不懂篆书的人就难免弄错,变成“目不识丁”了。

4. 它。现在看来,“它”是宝盖头下面一个匕,其实造字之初,“它”本是一条毒蛇的形象,是蛇的本字。小篆、金文、甲骨文都足以说明,“它”的宀根本不是什么宝盖头,而是蛇的头部,与家、室、富、宝等字代表房屋的宀不可同日而语;“匕”也不是匕首的匕,原来是蛇身及尾部。甲骨文的“它”往往上部从止,代表人的脚。这些从止的它字表明“它”与人的关系,像是告诫人们:小心足下,千万别碰上“它”! 在古代,毒蛇咬人叫“它”,给人伤害,使人倒楣也叫“它”,所以《说文》说“上古草居患它,故相问‘无它乎’”,甲骨文屡见“有它”、“无它”的占卜(详见本书《可怕的它》一文)。

5. 首。“首”本像人的脑袋之形,甲骨文作[古文字]等形,金文字形[古文字],《说文》所录古文[古文字],三者一脉相承,均强调人之面部(金文尤强调面部之“目”)及头发。倒首则如[古文字](古尧切,义同枭)。甲骨文称“途(屠)首”,“疾首”,金文称“稽首”,均用其本文,“身首”、“首级”、“首领”等词语里的首亦仍存本义,至于“首先”、“首要”、“首长”、“以……为首”,诸如此类的“首”则是其引申义。

此外,笔者在其他一些文章中谈到的豆、象、戈、止、禾、斤、车等字也都是象形字,只是现在不太“象”罢了。

二、指事。在独体象形字上加一些标记性符号,以代表某一客观事物的特定部位或某一抽象概念,这就叫指事。《说文》:“指事者视而可识,察而见意”,视而可识,近于象形,察而见意,又近于会意。所以,指事是介于象形与会意之间的一种造字方法。它“指”的是抽象的“事”,而不是象具体之形;它既非合体字,又非纯粹的独体字,而是在独体字上附以不能独立存在的符号。例如:

6. 上下。“上”“下”是抽象的概念,造字的时候,用“一”泛指某一物体,再加一点表示有物在“一”之上或“一”之下。段玉裁说:“有在一之上者,有在一之下者,视之而可识为上下,察之而见上下之意。”甲骨文作[古文字]金文作[古文字],个别作上下,与小篆同。

7. 亦。古文字均作[古文字],是腋字的初形。《说文》:“亦,人之臂亦也。从大,象两亦之形。"人的两腋是无法"画成其物"的,只能在独体象形字"大"——人的正面形体的基础上附加两点作为指事符号,告诉人们这便是腋毛之所在。两点离开了"大"便无"腋毛"的意义。

8. 朱。甲骨文、金文作[illegible],小篆作[illegible]。在象形字木的中间加上一点或一短横,标明此即木中红心(朱)之所在。《说文》:"朱,赤心木,松柏属。从木,一在其中。""一"不是数目字,而是有特殊意义的符号。这与本末二字相似,都是靠"一"来指明木的特定部位。

9. 血。金文衈字所从的血旁作[illegible],象血在盘盂之类器皿内的形状。古代有血祭,杀牲取血盛于皿,故通过"皿"中的指事符号来特指之。小篆易圆点为一小横,作[illegible],《说文》:"血,祭所荐牲血也。从皿,一象血形。"

三、会意。这是在象形指事的基础上创造合体字的方法。把意义可相配合的两个或两个以上的独体象形字或指事字结合起来,表示一个新的概念,就是会意字。简言之,会意就是合数文以成一字,而义在其中。例如:

10. 祭。小篆作[illegible],以手持肉于示前("示"即祖先鬼神的代表),会祭祀之意。金文与小篆同,甲骨文作[illegible],或省示,作[illegible],从手持肉,并加数点,象肉糜(或谓象酒滴)之形。

11. 罗(羅)。此字甲骨文作[illegible],上半部分像是一张网,下半部分是隹——鸟的形象,会鸟落网内之意。小篆作[illegible],寓意与甲骨文同,不过网下隹(鸟)旁加了条绳子([illegible]),张网捕鸟之意更加明显。

12. 奚。小篆作[illegible],金文作[illegible],甲骨文作[illegible]等形,从爪从奚,像一个人正面而立,他的头发(辫子)被人揪着。这就是没有自由的奴隶的象征。古书所说的“奚隶”、奚四人”、“奚三百人”，指的都是奴隶，男奴、女奴都在内。古代自由民犯了罪，拘入官府为奴，也称“奚”。

13. 涉。从水从双止(步)，会赤足渡河之意。这个字甲骨文极其简单明了。

是脚趾的象形，代表脚，双足一前一后或一左一右，中间隔一道水，意味着正涉水过河。甲骨上也有个别涉字作双足列于水边之形，示渡河已毕，可继续前进，这便是小篆之所本。与涉类似的还有陟、降等字。

14. 家。从宀从豕，豕居屋下，本为豕居之“家”，引申而为人之居所。这个字《说文》误析作“从宀，豭省声”，一向不轻言许慎错误的段玉裁已详加辨正。古文字的“家”都是从宀从豕，绝不见有从豭的。在古代，猪是财富的标志，屋下有猪，是有家当的象征。养猪越多，表示家越富有。能有栖身之处者未必有家，有家者必然有猪，故用宀豕二形的组合表示“家”的概念。

四、形声。形声也是在象形、指事的基础上创造合体字的方法。许慎说：“形声者以事为名，取譬相成，江河是也。”对此段玉裁有很精到的解释：“事兼指事之事，象形之物，言物亦言事也。……以事为名，谓半义也。取譬相成，谓半声也。江河之字，以水为名，譬其声如工可，因取工可成其名。”简言之，拿一个字作形旁，表示其意义的大类别，拿另一个字作声旁，表示其读音，两者结合，便是一个形声字。以原有的形声字作为形旁或声旁，再加上另一个声旁或形旁，又可造出新的形声字。同一个形旁(声旁)可以造出一系列不同声旁(形旁)的形声字，这是最重要的、能大量创造新字的方法。不过，形声字的声旁在字中的位置“或在左，或在右，或在上，或在下，或在中，或在外”，并不固定，声旁还往往省去一部分，容易造成误解。而且，有些现在认作“形声”的，究其本初，并不是形声字，而是象形或会意字。例如：

15. 围(圍)。从口，韦(韋)声。案韋本作，象众足包围(或云守卫)“口”之形(《说文》解为“从舛口声”，误)，是围的古字。因韦假借为“皮韦”之韦及姓氏，遂另加形旁口，造围字。

16. 星。小篆从晶，生声。古文从口。案甲骨文晶品并见，像列星之形，均用作星。从生声的星是由晶分化出来的。

小篆　　古文　　甲骨文

17. 获(獲)。从犬，蒦声。案甲骨文获字常见，以手持隹会意，本义即为获得、抓取。后因引申为“鸟一枚也”的隻(只)，又假借为量词，遂另造后起形声字获。

18. 闻。从耳，门声。案甲骨文闻字作等形，像人跪跽侧耳倾听之状，是象形字。金文作(盂鼎：“我闻殷坠命”)，右半从耳，左半跪跽状的人却站起来了。春秋战国时代有䎽字，从耳，昏声，即《说文》所谓古文。篆书的闻则是秦汉间出现的后起形声字。

除了象形、指事、会意、形声四种造字方法外，还有假借和转注，有些学者认为也是造字法——不造字的造字法。但不论怎样，就字体结构而论，一般来讲，汉字确实只有象形、指事、会意、形声四种，并没有哪种结构可以算是假借或转注的。所以，清代著名学者戴震在《答江慎修论小学书》里提出了“四体二用”之说，认为象形、指事、会意、形声（戴称谐声）“四者书之体，止此矣”，转注、假借“乃所以用文字者，其两大端也。”段玉裁认为“圣人复起，不易斯言矣。”戴、段之后，尽管有不少学者提出异议，但“四体二用”之说事实上已为大多数学者所接受了。

关于汉字的性质

根据不同的标准,可将文字区分为不同的类别,不同的学者会对同一种文字的性质作出不同的判断。汉字是世界上使用人口最多的一种文字,也是最复杂的一种文字体系,人们对它的认识也最多分歧。1986 年 12 月,国家语委、中国社会科学院语言文字应用研究所在北京召开汉字问题学术讨论会,汉字的性质便是会上的中心议题之一。专家们的意见也有较大的分歧,颇难统一。有人说,汉字大部分记录词,一部分记录语素(词素),一个词或语素都是一个音节,故汉字是语素文字或语素音节文字。有人说,汉字是音节——表意文字。有人说,汉字是综合运用表意兼表音两种表达方法的意音文字。有人说,汉字是方块拼符记号文字。也有人说,汉字是意符音符记号文字。还有人说,汉字是专字专用、正字音标文字,这些见解,都力图揭示汉字的本质属性,均有其合理的一面。无论说法如何不同,但方块汉字不是拼音文字这一点却是一致公认的。

综合目前关于汉字性质问题的各种见解,笔者认为,为求准确起见,可说汉字是以表意为基础的语素文字或语素音节文字,专字专用,正字音标。若要说得通俗些,容易理解些,就说汉字是表意文字,虽不无缺陷,基本上还是对的。

说汉字是表意文字,是从汉字体系而论的,具体而言,主要有如下几点理由:

一、从造字原则看,在古文字阶段,汉字的字形大部分与其所记录的词存在着意义上的联系而无语音上的联系。象形字直接描摹客观实物的形状或其主要特征，其字形直接反映词所代表的客观实物。这类字为数虽不太多，但一直保留到现在，且多数仍为常用字或常用的偏旁。指事字则在独体象形字上加一些标记性符号，或直接以简单明瞭的经过约定俗成的符号来代表某一客观事物的特定部位或抽象概念，其字形所表示的也是其所记录的词的意义。大量的会意字更是根据意义配合的原则把两个或两个以上的象形字或指事字结合起来，记录新的词，以字形本身表示词所包含的概念。甲骨文已是成体系的文字，其中象形、指事、会意三种结构的文字占了绝大多数，形声字占的比例还不到百分之三十。金文中形声字的比例有所增加，但占优势的仍然是上述三种结构的文字。所以，汉字在古文字阶段，其本质是表意文字。

二、形声字的形旁有表义的功能，与所记录的词在意义上仍有一定的联系。在现代汉字中，形声字占了百分之九十以上。这给人以一种错觉，似乎现代汉字的主体是表音的文字。其实不然。形声字的造字原则是“以事为名，取譬相成”，换言之，造字之初，声旁的“表音”性就只是“取譬”性质，并非准确地表音。加之历代语音的变异，更使形声字的声旁与该字的实际读音产生差异，甚至到了难以“表音”的地步。如特、待、恃、持皆从寺声，笞、怡、怠、抬皆从台声，蜕、税、说、脱、悦、阅皆从兑声，都是有一半不可理解了。又由于字形的演变，有些形声字的声旁已有省变（如贼、市、营、徽、牵），或位置难找（如霸、颖、徒），其“表音”的作用更为减弱。与此相反，其形旁的表义功能，对理解字（词）义的提示作用和区别作用却依然存在。它们使人们产生联想，了解该字所记录的词（或词素）的意义的大致范围。如湖、泊、港、河、汉、滩、沁、溱、洧、湘、沅、澧、汶、漳、汾等字皆从水，与水有关，有些便是河流的名称；璩、瓘、瑾、瑜、璐、瓒等字都从玉（“玉”作形旁时多无一点），皆是玉的名称，而瑛、瑞、珍、玲、琱、玎、琢、理、玩等字，虽非玉的名称，但也与玉有关。

三、形声字的声旁，除少数本身亦是形声字外，大部分也是象形字、指事字或会意字。如箱、葙、湘、想、厢、缃均从相声，但“相”本身是从木从目的会意字；麒、基、箕、淇、棋、琪、祺、期、旗、蜞、骐、鲯均从其声，但“其”本身是个象形字（甲骨文作[illegible] [illegible]）；仞、纫、忍、韧、轫皆从刃声，而“刃”本身则是指事字。类似之例甚多，不胜枚举。而且，在某些字中充作声旁的部件，同时又是部首，在另一些字中它又是形旁（义符）。如“鹿”，本像岐角长颈之鹿形，在摝、漉、辘、簏、麓、麗、鹿等形声字中充当声旁，在麃、麒、麟、麠、麋、麇、麞、麑、麛等形声字中即充当形旁，表义了。再如“马”，本亦象形字，在骂、杩、祃、蚂、吗、妈、码等字中它是声旁，而在驰、馲、骬、[illegible]、驱、驵、駮、馰、駃、驷、驶、驸、驹、驽、驼、驾、驿、骄、验等字中则是形旁，表示这类字与马的种类有关或与马的色泽、行走、驾驭等事有关。这类既可作声旁又可作形旁的部件也是不胜枚举。新版《辞海》、《辞源》部首表中能独立成字的部首几乎都是可以充当声旁亦即一身而二任的。

关于形声字，还有两点值得注意。其一，现在有些形声字，究其本初乃是象形字或会意字，只因字形演变、分化，另加了声符或形符而已，像围、擒、箕等字，后加的形旁固然表意，其声旁本是记该词义的古字，乃是表意的核心部分。其二，形声字数量虽然很大，占汉字总数的百分之九十，但这是就其静态而言，在通用字中的统计。若就常用字来看，根据国家语言文字工作委员会汉字处高景成先生的研究，形声字占的比例并不大：“越是常用字，形声字越少，如一、二、三、四、五、上、下、大、小、天、人等，在最常用的五十字中只有九字。扩大到一百字，里面只有二十七字，比25%稍多些。如增至二百字则比重又多些。所以在常用字中形声字占少数,它的形声作用,也就不很大。”(见《略谈形声字的难点和其他》,《汉字问题学术讨论会论文集》,1988年10月,语文出版社)

四、从汉字记录汉语的实际情况看。方块汉字是音节性符号,一个字一个音节,记录语言中一个词或词素。古代汉语以单音节词为主,一字一词,字的本义即词的本义,如上、下、左、右、山、川、日、月、鸡、犬、牛、羊、刀、枪、戈、矛,等等,都有其独立意义,处处体现出表意文字的性质。在双音节或多音节词里,一个字只充当词中的一个词素,字义与词义有一致的,也有不一致的,如侮嫚、上帝、盟誓、婚姻、翦伐、倾覆、诸侯、恺悌、国家、民人、征伐,等等。但多音节词的词义往往与作为词素使用的各个字的字义有关,或为字义的引申,或为字义的转移,与文字的表意性质仍有一定的关联。在一些联绵词中,汉字纯属记音性质,词义与字义往往无关。如窈窕、不淑、陟降(陟各、登假)、厥若、犹豫等等。不过,这类词在整个词汇系统中占的比重不太大。正如曹宪通同志所指出的,即使在一些纯粹的表音词中,一个字只代表一个音节,与其词义无关,也常常以形旁标记该词词义的范围或属性,显示出汉字表意的特性,如“琵琶”中的玨,“枇杷”中的木,“琉璃”中的玉,“岣嵝”、“崆峒”中的山等等。

汉字的表意性质是汉字在字义方面的特性,也是汉字的一大优点。了解并掌握汉字的这一特性,对学习和使用汉字确有不少好处。首先,表意符号可以帮助识字。有些会意字古今形体变化不大,至今还可从字形结构中了解其意义,便于辨认和记忆,如日月为明,人言为信,止戈为武(𢧑),皿虫(蟲)为蛊,人依木下为休等等;有些会意字的字义正好是由其组成部件予以解释的,如不正为歪,不好为孬,不用为甭,小大为尖,小土为尘(塵的简化字)等等。掌握了形声字半形半声的组合规律,便于利用形声字的表意符号来理解字义，也有利于集中识字，对于识字教学是有帮助的。其次，形声字的形旁有区别同音字的作用。语义无穷而音节有限，故同一个音节常表示不同的词义。反映在文字上，便是音同字不同，特别是声旁相同的字，全靠形旁加以区别，如湖、猢、糊、蝴、煳；估、沽、诂、牯、罟；格、胳、铬、阁；柁、陀、舵；杜、肚；搞、槁、稿、缟、镐等组同音字，意义各异，其区别全在于形旁。这对区别单音节的词义很有利，特别是对于文言文更为方便（参见许长安：《汉字的性质及其两重性——兼评对汉字的几种误解》，《文字改革》1985 年第 2 期）。

但是，对于汉字表意性的这些优点不宜评价过高，更不能任意夸大为方块汉字能"见形知义"。汉字从其文字体系而言是表意文字，有"表意"的优点，但随之而来的是其难读性，因为象形、会意、指事字不表音，每个字犹如一个音标，其读音都要靠死记；形声字的实际表音功能也很差，"秀才识字读半边"，即常常招致念白字。而且，早在甲骨文时代，文字的"本义"与其在卜辞中的实际意义已不能划等号，卜辞中百分之七十的字用的是假借义，而与其本义无关。现代汉字中真正可以"见形知义"者在汉字总数中可谓微乎其微，而且所谓"义"还是靠了有声语言（口语）才得到确定的。在强调汉字的表意性质的时候，切不可忽视这一点。

关于汉字简化问题

汉字在使用过程中,体系与字形都在不断变化着。就体系而论,几千年来,汉字是越来越变得繁难庞杂。就字形而言,除少数字历几千年而无大变化外,大部分的字都发生了变易,有的变简为繁,有的由繁而简。于是有简化与繁化这一对矛盾。在这对矛盾中,起主导作用的方面是简化,它是汉字字形演变过程中的一条主要规律,总的趋势。其所以如此,乃是因为汉字既是记录汉语的符号系统,又是人们日常使用的一种重要交际工具。从"记录"的角度看,为了适应汉语的不断发展,为了准确地记录汉语,必须不断的创造新字,或由一个字分化为几个字(加区别性符号),这就不免使体系日益加繁。从"工具"的角度论,为了便于使用、交际,要求书写迅速,方便,故形体结构一般是趋简避繁,以简约为尚。

汉字简化的这种趋势,在甲骨文时代即已初见端倪。其后经西周金文而战国古文,规范化为小篆,又由小篆演变为隶书、草书、楷书(又名真书)、行书,这种简化趋势更是越益明显、突出。拿三千多年前的甲骨文、金文与今天的楷书相比,繁简之别,更是在在分明。如"为"字,甲骨文、金文都是从爪(又)从象,是以手牵象的形状,经过小篆、隶、楷、草、行等书体的演变,现在只有四画。再如"车(車)"字,在甲骨文、金文时代,复杂得不得了,无异于一幅双轮车的画面,轮子、车厢(舆)、轴、辀、衡、轭等等,应有尽有。经过逐步简化,今天也只剩下四画了。

汉字形体结构化繁为简的方法,在古文字阶段,主要有以下五种：

一、变图形为符号。早期的象形字，是“画成其物，随体诘诎”，图画味道很重。上面提到的“车”字，便是由图形变为线条性符号的典型（详见《漫说双轮“车（車）”》）。古人发明车，目的在于便利，省力省时。然而，我们的祖先在发明车子后所造的“车”字，却是依样画葫芦的双轮“车”，看上去惟妙惟肖，写起来则繁难之极，一点也快不了。再如“屰”字，古金文也是图形性的——是一个人头顶着地手脚朝天的“倒悬”形象，甲骨文则是线条化的（详见《不顺的由来》）。此外如象、牛、羊、豕、龟等字也是由图形线条化而来的。

二、删除多余或重复的偏旁（部件）。有些合体字由两个以上的偏旁（部件）组合而成。有的偏旁堆砌重复，旨在强调事物的某些特征，但同时使字形显得臃肿，不便书写。为求简便，就将一些不必要的或重复的偏旁删去了。除众所周知的“韦”、“墉”、“霍”等字外，“渔”、“集”二字也是很有代表性的：

“渔”，以水中有鱼取捕鱼之意，繁至双水四鱼，实在不必，把重复的去掉，留下一水一鱼便简单多了（详见《捕鱼杂谈——说“渔”》）。“集”，本为鸟“集”于木上，初时以木上三隹示其多，后来就删去二“隹”，留其一，成了现在的“集”字。“渔”字一繁一简，共见于甲骨文；“集”字一繁一简，共见于金文，经过一段时间的共用、竞争，结构简便的“渔”和“集”终于淘汰了它们的繁体。

三、截取原字的一部分以代替本字。有些字形体繁复，有一部分是表示本字特征的，又有一部分是附加性的，为了简便，就截取前者而删去后者。像“旅”字，甲骨文作旗下二人之形，古金文则强调旗帜的特征，弄得已够复杂，周代金文有些“旅”字还附以车的形象，以示行军作战要有战旗，将士，还要有战车。这样一来，写起来便费事多了。所以后来依然将“车”省掉，旗帜也符号化，只取其中旗下二人会意的“旅”（详见《举旗与旅游》）。这是较为典型的例子。此外，如“易”、“法”、“召”等字原来也十分繁复，同样是用这个办法简化成现在这个样子的。

四、更换偏旁，以简代繁。形声字中形旁或声旁过于复杂的，就改用比较简单的形旁或声旁去代替它，以求得字形的简化。像蜘蛛的“蛛”字，城市的“城”字，羽翼的“翼”字，原来的形旁分别是黽、𩫖、飛，比现在的形旁要复杂多了。又如“庙”字，西周金文大都是以广从朝，战国时便简省为从广，苗声（见中山王壶“勤于天子之庿”）。此外如“钟”、“簠”二字，金文中繁简并存，差异也在声旁的不同：

结构方式没有改变，仍是一形一声，由于换了声旁，就简单多了。

五、更换字体，以简单字体代替复杂字体。原字复杂难写，干脆另造一个简单的新字，这样简化的例子也不少。如用“原”代替“驫”，是突出的例子。又如以粗代麤，以鲜代鱻，以尔代爾，以岳代嶽等等，也都是用此法求得简化的。

关于上述五种简化方法，高明先生《略论汉字形体演变的一般规律》一文（刊《考古与文物》1980 年第 2 期）论述甚详，读者可以参看。这些简化方法，除第一种外，还一直沿用到现代，适用于现代汉字的简化工作。1956年国务院正式公布的《汉字简化方案》，乃是汉字简化趋势的历史的发展，也是对汉字自楷书以来千百年中所出现的简化字的一次历史性总结。现在使用的简化字，除采取上述方式简化而来者外，还有一部分为利用草书楷化而来，如“为”、“车”、“乐”、“书”、“学”、“实”等字。又有一部分是采用古体，或是“复古”，如“万”（曾见于战国古玺）“从”、“宝”、“云”等字；或采用历史上曾出现过的生僻字以简化常用的繁体字，如“听”、“体”、“厂”等。

汉字字形的趋于简化使汉字的表意性逐渐减弱，而使其符号性、记号性更为增强。汉字在其古文字阶段表意性较突出，往往力求从字形中体现其意义。这样，字形势必是图形化的居多，部件齐全、繁复的居多。这类字，看起来很是优美，但写起来却很费劲。写字犹如作画，只能慢慢来，想快也快不了。这样的工具，当然不便使用，于是就想方设法尽量使其简单些，或者用线条代替图画，或者少写一些部件，或者换一些偏旁，或者干脆另造一个笔画少结构简单的字。如此等等，都是为了使用的方便。为了简化，哪怕发生讹变，变得与造字本义有出入也无妨。如具体的“具”字，本为双手举鼎之形，后“鼎”讹为“贝（貝）”，“贝”又省为“目”，成了现代的“具”，形义俱变，无异一个记号、音标，书写的时候，谁也不管它是举鼎还是举贝了（详见《举鼎——说“具”》）。

汉字字形的简化，就某一个字而言，开头可能带有一定的偶然性，是少数人的一种创造，甚或可能是一种笔误。这种“创造”或“笔误”一旦传播开来，得到大家的认可，积非成是，便成了新的规范。历史上不乏其例。但不是所有的“非”都能积而成“是”，许多“非”只是在某一时期出现过，犹如昙花一现。在这里，起作用的依然是约定俗成的原则。战国文字中许多简率离奇或简之又简的字（货币文、陶文、古玺文中尤多），如百作全，为作[illegible]，赵作[illegible]，敬作[illegible]等等，只存在于战国时期，没有被小篆以后的各种书体所继承，便是明证。历史上大概还出现不少杜撰的简化字，由于没有得到公认，淘汰了。

汉字简化的目的既然是便于书写、交际，当然也要以不影响交际、不致引起混乱为原则，为限度。并非笔画越少越好，字形越简单越好。过于简化必然增加形近字，一难分辨，二易写错，反为不佳。因为作为交际工具的文字，除了须方便之外，还要求明白，易于区别，便于与语言中的词一一对应。如容貌的“貌”，不能简化为“皃”，因为容易与“皃”字相混，虽然“皃”也在古代使用过，与“貌”不过是籀篆之分。又如“家”字，若简化为宂，虽似有理，但与“穴”字即极易相混。

汉字简化既然是字形演变的总趋势，是客观规律，那今后还要不要继续简化呢？是否人人都可以“创造”简化字呢？从文字演变的规律看，现行汉字仍有繁难处，在使用过程中，还可能会继续简化，说不定过了若干年，经过“约定俗成”，还会出现若干个全社会都能承认的简化字。但那是将来的事了。继续简化更不等于不断简化，天天简化。文字作为交际工具，需要相对稳定，以利应用。因此，对于全社会而言，除了承认并尊重文字的简化规律外，还必须强调文字的规范化，不能允许社会成员擅自“创造”简化字；必须有“正字法”，纠正错别字。否则，社会用字便会处于混乱状态，正常的社会交际活动便会受到影响。对于个人来说，则必须使用规范字，不写错别字，不杜撰简化字。高等学校中国语言文学系师生理应在使用规范字方面作出表率，并为纠正社会用字混乱现象贡献自己的力量。

辨析文字与阅读古书

古书难读，初读古书的年轻人尤其觉得难。之所以难，主要是由于我们对古代社会的了解远不如对现代的了解那样清楚、具体；同时也由于古今语言文字的差异，语音、词汇、文法都有明显变化，在文字方面存在着诸种错综复杂的现象。人们常说，读书以识字为先，不识字谈不上读书，这当然是对的。但认得了现在通用的文字却又未必能读懂古书。有些作品，有些篇章或句子，字字认得，却看不懂，“不知所云”，真要读懂它们，还得具备一些有关文字的知识及辨析的能力。这里仅从文字学的角度，就辨析文字与阅读古书的关系谈点看法，希望能对读者们阅读古书有所帮助。

辨析文字，当然首先要弄清文字的本义。汉字的形体结构，在小篆时代便已趋向规范化，演变为隶书以后，便固定下来，直至楷书，可说没有什么大的变化了。但古今字义的变化却很大。有许多字，现在只是用它的引申义或假借义，人们并不熟悉其本义，而在古书中又偏偏常用它的本义。不了解这一点，古书中有一些句子就无法读懂。如《周礼·周官·掌客》：“凡诸侯之礼，上公豆四十，侯伯豆三十有二，子豆十有四。”《礼记·乡饮酒义》：“乡饮酒之礼……六十者三豆，七十者四豆，八十者五豆，九十者六豆，所以明养老也。”《周礼·考工记·梓人》：“食一豆肉，饮一豆酒。”这么多的“豆”，如按现在通行的字义去理解，就无论如何也讲不通；八九十岁的人才得吃五六颗豆，算什么“养老”。但如了解豆字的本义——像高脚盘一样的盛肉类食物的器皿，懂得豆字本是这种器物的象形字，那么这几段话就好懂了。同样，《左传》昭公三年说的“豆、区[ōu]、釜、钟”，“豆”也是不能吃的，“区”也不是现今区域的区，两者都是量器的名称（古四升为一豆，四豆为一区）。又如《庄子·徐无鬼》：“运斤成风。”《左传》哀公二十五年：“皆执利兵，无者执斤。”《孟子·告子上》：“中山之木尝美矣，以其郊于大国也，斧斤伐之，可以为美乎？”这些“斤”，显然不是公斤、市斤、几斤几两的斤，而必须追溯其本义——原来是像锄头一样锋利的器物，斤字本身便是这种器物的象形。再如《诗·王风·兔爰》：“雉离于罗。”《唐书·张巡传》：“睢阳食尽，至罗雀掘鼠，煮铠弩以食。”两个罗字，一指捕鸟的工具（网），一指张网捕雀，可说用的都是本义，与现在姓氏的罗以及罗扇、罗衣、绫罗的罗意义差别也很大。

与字的本义相关联的，还有古本字的问题。由于字义的演变、分化，字的偏旁有所增加或改易，通用于今日，但在古书里却往往仍保留着它原来的字形。像要——腰，县——悬，禽——擒，兽——狩，莫——暮，等等，都属于古今字，有关书里举证颇详，这里不再赘述。

鉴于古书中多用本字本义，我们阅读时若遇到不能用现在通行的意义去解释的字，就要考察它的本义究竟是什么了。这就要运用六书理论进行分析，看看它究竟是象形字、指事字，还是会意字或形声字。考察的办法是查阅《说文解字》等工具书。《说文解字》是东汉时许慎编著的我国第一部系统分析汉字形体结构的字典，对我们了解本字本义很有用。这部书在解释字义方面虽然有不少错误，但毕竟只占极少数，总的看来，绝大部分还是正确的。如觉《说文解字》的解释不够详尽，还可参考段玉裁的《说文解字注》，这部书是研究《说文》的权威著作，直到目前为止，绝大多数注释仍然是正确的，依然是十分重要的工具书。

那么，是否弄清了文字的本义或本字就能读懂所有古书了呢？那也不见得。因为文字除了其造字时的本义外，在实际使用中又常有引申、假借，一字多义的现象十分突出。这造字与用字的矛盾，给我们阅读古书造成很多困难。例如之乎者也的“之”字，古书中触目皆是，论其本义，当是前往的意思（甲骨文从止一，像人足在地上之形。《说文》的解释有误），《孟子·滕文公上》“滕文公为世子，将之楚，过宋而见孟子”，《汉书·王褒传》“皆之太子宫”，同书《兒宽传》“之北地视畜数年”等即其例。但古书中“之”用其本义的毕竟是少数，大量的“之”字用为结构助词、代名词、指示形容词，还可作语助词，置于句首句中或句末，并无具体的意义。有时在同一段文章里，出现几个“之”字，但意义不同，便须注意分辨。如著名的《庄子·逍遥游》里的一段话：

> 蜩与学鸠笑之曰：“我决起而飞，枪榆枋，时则不至，而控于地而已矣；奚以之九万里而南为！”适莽苍者，三飡而反，腹犹果然；适百里者，宿舂粮；适千里者，三月聚粮。之二虫，又何知！

“笑之”的“之”，是代词，指鲲鹏；“之九万里”的“之”，是动词，义同“到”；“之二虫”的“之”则是指示形容词，义同“这”。三个之字三种用法，绝不能混淆。又如“休”字，从人木会意，像人倚树而息之形，本义当为休息，停止，《汉书·郊祀志上》“始皇之上泰山，中阪遇暴风雨，休于大树下”，《诗·周南·汉广》“南有乔木，不可休思”，是其例。休又引申为休美，像《书·武成》“俟天休命”，《易·大有》“顺天休命”，《诗·大雅·江汉》“对扬王休”诸例的“休”即有美好之意。又由美好义引申为欢喜之喜，如《国语·周语下》“其心休休焉”，《书·吕刑》“虽休勿休”的

“休”便是。“休”又有禁止、不要等义，如杜甫《诸将》诗“休道秦关二百重”，李商隐《寄令狐郎中》诗“休问梁园旧宾客”，“休”字便与本义相去甚远了。这种一字多义现象在古典文学作品特别是诗、词、曲中是大量存在的，阅读时须注意分辨，遇有疑难不决的，除查《辞源》、《辞海》等书外，还可查阅张相的《诗词曲语辞汇释》。

与一字多义紧密相关的，还有“通假”的问题。古人著书立说，遣字造句，一般都很严谨，但有时又不太严格，常可通融。在用字方面，有时忘记了某个字的写法，就用声音相同或相近的字，或用声旁相同的字来代替一下。严格说起来，这也是写别字，现在一般算作通假字，与“本无其字，依声託事”的假借字稍稍有别。阅读古书，遇到读不懂，实在无法按字面意义解释的字，就得考虑它可能是通假字，应该读作另外一个字。如《鹖冠子・学问》：“中河失船，一壶千金，贵贱无常，时使物然。”其中的“壶”便应读作瓠[hú]，也就是匏[páo]，实即葫芦瓜。这是说在河中心失足落水，平时不值钱的葫芦成了救命之物，价值千金，十分宝贵。如拘泥于“一壶”的字面意义，当然莫名其妙。而《史记・屈原贾生列传》“斡弃周鼎兮宝康瓠”（《汉书・贾谊传》作“斡弃周鼎，宝康瓠兮”。斡，转也，音管）句的瓠，又必须读作壶，康瓠即已经破裂的空瓦壶。可见壶、瓠两字本义虽有别，只因声音相同而可通用。有时一段文字里同一个字兼具本字和通假字两种性质，稍不注意，便易弄错。例如《大戴礼记・帝系篇》里有这么一段话：

> 黄帝居轩辕之邱，娶于西陵氏之子，谓之嫘[léi]祖，氏产青阳及昌意。昌意娶于蜀山氏之子，谓之昌濮。氏产颛顼。

一共用了四个氏字，但意思并不一样。“西陵氏”、“蜀山氏”的氏,是姓氏的氏,而“氏产”的氏却系“是”的通假字。《汉书·地理志》:“非子至玄孙,氏为庄公。”颜师古注:“氏与是同,古通用字。”如不加分辨,把“氏产”的氏混同于姓氏的氏,势必以“嫘祖氏”、“昌濮氏”连读,那就错了(参见杨树达《古书句读释例》第十条:“因不识古字通假而误读”)。

古书历经传抄,总有讹误错漏,这也是造成阅读困难的因素之一。先秦古籍,本来都是用古文字写的,后来改用隶书抄写,有些形似的字便不免抄错,如此以讹传讹,传到今日,给读者增添不少困难。但这类错字,一般读者不易发现,往往要经过深入研究才能作出判断。如《论语·乡党》中有一段话:

色斯举矣,翔而后集。曰:“山粱雌雉,时哉时哉!”子路共之,三嗅而作。

自汉以来笺注家所作的解释都牵强附会,扞格难通。有的学者怀疑有缺文,有的又臆测前后有脱错。关键在于无法圆满解释“色”、“嗅”二字。其实,根据商承祚师的研究,色是危的错字,嗅是嘎的错字。因为古文危与色、嘎与嗅在形体上大同小异,由于简册的不断舒卷,简与简之间彼此摩擦,致令某些笔画模糊,传抄者一时粗心大意,就造成了笔误(见《“色斯举矣……”新论》,《中山大学学报》哲社版1963年第3期;又《“色斯举矣”辨误》,《中国历史文献研究集刊》第二集,1981年12月)。弄清了色、嗅二字为危、嘎二字之误,这段文字就容易理解了。又如《战国策·东周策》“而又知赵之难子齐人战”之“子”为予字之误,当读为与;同书《齐策五》“传卫国城割平”为“傅(附也)卫国,城刚平”之误;《史记·礼书》“步骤驰骋廣骛不外是以(矣)”之“廣”为厲字之误(皆王念孙说,杨树达《古书句读释例》引);《周礼·春官·司尊彝》“裸用鸡彝、鸟彝,皆有舟”之“舟”为凡(盘之古文)之讹(李孝定说,见《甲骨文字集释》),如此等等，若按原字去解读，则无论如何的“注”、“疏”、“正义”、“索隐”，都是无济于事，仍然读不懂的。

文字的辨析包括许多方面，以上所述，只是其中与阅读古书关系较大的几点。在文字方面作了这些努力之后，“文字关”应算基本攻克，阅读古书的能力自然会有较大的提高。阅读能力提高了，又能反过来增强辨析文字的能力。二者是相辅相成的，都要在实践中不断的提高。大学问家王国维曾说，六艺之中，《诗经》、《尚书》最难读，他读《尚书》约有一半不能解，读《诗经》有十之一二不能解（《与友人论诗书中成语书》，见《观堂集林》卷二）。这恐怕是真话。读古书之难，也由此可见。王国维尚且如此，我们“不能解”的部分就多得多了。这就得不断地学习，摸索，研究，以求逐步减少“不能解”的部分，增加能解的部分。读者同志们，让我们以此共勉吧。

谈谈使用规范字问题

为了纠正社会用字混乱现象，提倡使用规范字，促进社会用字规范化，广东电视台从 1987 年元旦起开播专题节目“请用规范字”，每天讲一个小问题，同一内容播出三次，每次约三分钟。如此日积月累，一直讲到 1989 年 7 月，历时两年半。这在广东电视观众特别是中小学师生中颇有影响，起到了较好的作用。不过，从广州市的社会用字情况看，收效似乎还不太大。商店的匾额，街道上的各种广告、商标，以及报刊上的手写体标题、名人题辞等等，用字不规范的混乱现象依然存在。看来，彻底清除社会用字混乱现象，实现规范化，仍然是项紧迫而艰巨的任务，须要长期不懈的努力。在当前，首先要解决一些认识问题，澄清一些是非。这篇小文就围绕使用规范字的几个主要问题谈些看法，供关心这一问题的读者参考。

讲到使用规范字，首先要回答的问题是：什么叫规范字？历代和当代书法家及名人写的字算不算规范字？这问题看似简单，其实颇为复杂。因为规范与不规范从总体上说是绝然对立的，但就某一个字而言却又往往是相对的。常常遇到这样的情况：同一个字形在某一时代是正确的，是规范字，但在另一个时代却不是规范字。换句话说，有些字今天看起来不规范，但在历史上却曾经是合乎规范的。广州闹市区有家德昌饭店，其匾额为某书法家手笔，但德字写作“德”，右边心上缺一短横。这种写法，在商周时代是规范字：[illegible] [illegible]，铜器铭文均如此写。少数作[illegible] [illegible]，省心，隶定之则为徝。汉代的小篆“直”增笔作[illegible] [illegible]，德遂作德,经过隶变、楷化,便是“德”。经过历史演变,“德”只能算异体字,已在淘汰之列。“请用规范字”节目筹备期间,曾想从此“德”字讲起,节目主持人范小静同志征求我的意见,说这样做可能引起轰动,打响第一炮。考虑到它曾经是规范字,为避免一开始便引起争论,与书法家吵架乃至开罪于书法界(虽然不怕),我建议对这类异体字及繁体字(指不规范的)暂缓批评,先着力纠正错别字,批评杜撰的简化字,因为这样做是无可争议的,凡华夏子孙、海外华侨、港澳同胞、海峡两岸所有的中国人都会拥护而无法反对的。电视台采纳了鄙见,避开了“规范与不规范”的复杂性的一面,避免了不必要的争论,故一开始便争取了观众,受到了社会各界的欢迎和支持。

许多人写字随便惯了,有些错字别字写了几十年,无人为之纠正,遂习以为常,还自以为正确无误,合乎规范。如姓氏字“梁”少写一点,常用字“步”、“纸”多写一点,又如以“付”为“副”、“腐”,将“副主任”、“豆腐”写成“付主任”、“豆付”等等,都已成了相当多人的积习。待到电视台郑重其事地加以讲解、批评,才如梦初醒,觉得糊涂了几十年,不能再糊涂下去了,于是开始注意笔下所写字的结构、笔画是否符合规范了。

接受批评,知过即改,这是好的。也有些人积习太深,一下子还改不过来,提出种种疑问。“我几十年都这样写,难道错了?”“老师也这样教我的,书法家都这样写,报纸、杂志都这样写,难道全错了?”这类情况确有不少。提出这些疑问的人们几乎不相信:错别字写了几十年仍是错别字,老师也有教错(可谓误人子弟),书法家也有写错,书报杂志也有错误。但这些毕竟是客观存在的事实,错便是错,对便是对,绝不能以错证错。讲清了道理,消除了疑问,积习再深,也还是可以改过来的。至于将“蚀本”写成“日本”而曰不是写白字(“白字上面还有一撇呢!”),将“零售”写为“另售”而不承认是写别字(“别字还有两竖,你当我不知道么?”),则纯属笑话之列,可以不论。

既然老师也有教错,书法家也有写错,报刊杂志也有印错,那么,到底什么是规范字呢?在当代,究竟用什么标准来判断规范与不规范?

一般而论,政府明令公布的法定文字即为规范字。如秦之小篆(泰山刻石、峄山碑、诏版诏权上的字)为当时之规范。汉代以后的小篆又以《说文》为准。隶书则以熹平石经、正始石经(又称三体石经)所载为规范。楷书又以历代石经即唐石经(文宗开成二年刻成,郑覃等勘定)、蜀石经(孟蜀广政七年其相毋昭裔所肇立)、北宋石经(仁宗时立,始于庆历元年)、南宋石经(高宗御书,绍兴十三年九月秦桧请镌石以颁四方)、清石经(乾隆五十六年命刻石立于太学)等为准则。清石经今犹完好,存于清故国子监(参阅马衡《凡将斋金石丛稿·中国金石学概要》)。与此相应的有关字书如《字林》(佚)、《玉篇》、《干禄字书》、《类篇》、《康熙字典》等所录字形(正体)亦可视为当时之规范字。在当代,则以中央人民政府国务院及有关部门明令公布的字形为法定文字,即规范字,其中包括:

一、关于异体字的规范。1955 年 12 月,文化部和中国文字改革委员会发布《第一批异体字整理表》淘汰异体字 1053 个,如盃(杯)、峯(峰)、隣(鄰,后又简化为“邻”)、玅(妙)、恠(怪)、堃(坤)、耑(專)、秊(年)、匄(丐)、廼(乃)、跡蹟(迹)、脈衇(脉)、喫(吃)、肎(肯)、咲(笑)、氷(冰)、邨(村)、刼刦(劫)、鵞(鹅,后又简化为鹅)、朞(期)、畧(略)等等均据从俗、从简及便于书写的原则予以废除。既已废除,当然不再是规范字了。

二、关于简化字的规范。简化,是汉字发展的总趋势,主流。汉字在历史上就出现许多简体、俗体,多流传于民间,未得确认。1935 年 8 月 21 日，南京国民政府教育部首次颁布“简体字表”第一批，共 324 字；第二天，又颁布“制定简体字推行办法九条”，通令各省市教育厅遵照。新中国成立后，有关部门抓紧整理简化字，做了大量的工作。1956 年 1 月 28 日，国务院批准公布《汉字简化方案》，收简化字 515 个。这些字中有古本字，如从、云，有据草书楷化者，如学、为、书，其余多为民间俗体。经正式公布，即取得了法定地位而成为规范字。1964 年，经国务院批准，中国文字改革委员会、文化部、教育部发出《关于简化字的联合通知》，并编印《简化字总表》，利用扩大后的简化偏旁又简化了一批繁体字，使简化字的数量增至 2238 个（“须”、“签”二字重见，实际为 2236 字）。1986 年 10 月，根据国务院指示，国家语言文字工作委员会重新发表《简化字总表》，并对总表中的个别字，作了调整。

1977 年 12 月 20 日曾发表《第二次汉字简化方案（草案）》，已由国务院于 1986 年 6 月 24 日明令废止。该表中许多字虽然似乎也有“群众基础”，如尸（展）、俈（靠）、丸（煤）、侢（载）等等，但既已废止，便属非法，成了今日规范工作的“规范”对象了。从实际情况看，目前社会用字混乱，与此表的草率发表亦不无关系。

以上两项，主要是关于字体结构的规范。

三、关于字形笔画、笔顺的规范。许多字结构相同，并无繁简，但仍有两种写法，究竟何者为规范，何者为不规范，不免有争议，例如：

默默　　醮醮　　敎教　　感感

直直　　吳吴　　鬼鬼

究竟哪种写法对？作为部首，阝算两笔还是三笔？凸字又算几笔？笔顺如何？这类“小”问题也常使人为难，查字典数笔画时常会出现。为了消除字形方面的这种容易产生争议的现象，中国文字改革委员会等机构也做了大量的工作。1965 年 1 月 30 日，文化部和中国文字改革委员会联合颁布《印刷通用汉字字形表》，此表为所收入的 6196 个印刷通用汉字规定了通用字体（即宋体）的标准字形，对每个字的字形结构、笔画数和笔画的形状、笔画的顺序确定了规范。这是印刷铅字字形——报刊书籍排版用字的统一标准，也是识字教学、习字和书写宋体美术字的字形标准。根据此表，上列同一结构而两种写法者都有了明确的规范（即以默、醮、教、感、直、吴、鬼为规范化字形）。此表曾于复刊后的《文字改革》杂志连载（1983 年第 1—12 期），费锦昌同志撰有专文《字形规范化的必要性和基本原则》加以解说（见该刊 1983 年第 1 期），后于 1986 年由语文出版社正式出版。

1988 年 5 月 7 日，国家新闻出版署、国家语委召开新闻发布会，宣布从此日起施用《现代汉语通用字表》。此表收字 7000 个，其规范性表现在：对现代汉语书面语的基本用字量进行规范；对现代汉字字形进行规范；对表中每个汉字的结构、笔画数、笔顺进行了规范（见《语文建设》1988 年第 4 期报导）。这个表比《印刷通用汉字字形表》更加完备、详尽。

所谓规范字，主要是指以上三个方面的法定文字。此外，还有地名生僻字改用同音的常用字的规范，如和阗——和田，盩厔——周至，邠——彬；计量单位名称统一用字的规范，如瓩——千瓦，浬——海里等。从实用角度说，则新版《新华字典》、《辞海》中作为字头的字便是规范字（仅有极少数字尚待规范，如“肖”、“咀”可否用作“萧”、“嘴”），傅永和、费锦昌、孙健一《汉字正字手册》所收 4743 字均为“正字”即规范字。使用规范字，就是要按上述字书中“正字”的结构、笔画、笔顺来书写。

使用规范字，主要是指社会用字而言的。个人的私人用字如日记、书信、讲稿，如何写字，谁也无法管，只要自己或对方认识即可。但社会用字则不同，写布告、文告、通知、广告、招牌、匾额……是叫大家看的，就理应遵守统一的规范，书写规范字。

明确了规范字的含义、标准，再来考察当今社会用字状况，其是非正误即一目了然。

毋庸讳言，当前社会用字仍较混乱，不规范现象仍很突出。前几年，各地曾请小朋友上街予以纠正，有过些效果，但毕竟不大。许多“大朋友”依然故我，知错不改，甚至对小朋友的批评采取蔑视态度，不予理睬。报纸、杂志、电视电影屏幕用字不规范现象远未消除，而是常有所见。其主要表现在：

1．错别字（例略）。

2．杜撰简化字。各地各行业都有杜撰简化字的现象，有些是共同的，有些是某地所独有的。即以广州市为例，其“土特产”便相当丰富，常使不懂广州话的外地人目瞪口呆，百思不得其解，乃至怀疑是否到了异国他乡。例如下面这些字前几年在广州大街小巷便随处可见，至今仍未绝迹：

立甲　　甲亦　　○鱼　　勿鱼　　允鱼

伕山　　沃门

字下加着重号者都是杜撰简化字，当地人大都知道（或凭直觉猜到），它们分别是指五种食物和两个地名：

腊鸭　　鸭翼　　鲮鱼　　墨鱼　　鲩鱼

佛山　　澳门

以上两类可谓不胜枚举，它们主要出现在民间，多为群众的手写体。这类东西充斥街头，对一个城市的形象无疑是有所损害的，使它显得不那么文明了。

3．繁体字泛滥。

4. 已被淘汰的异体字恢复使用。

以上两类是语文复古风在文字上的反映，多见于商店（饭店、宾馆、机关团体）的牌匾、名人题辞、广告，尤其大量见于书报杂志。向海外发行的书报几乎全用繁体字。经济特区也全用繁体字，似乎其文化亦系特区。这引起一些外国朋友善意的关注，不少人问前国家语委主任陈原同志：“你们为什么要这样写呢？我们跟你们学简化字，你们却写繁体字。”（陈原：《变异和规范化》，刊于《语文建设》1987 年第 4 期）

盲目复古，以为写繁体字异体字好看，有学问，是繁体字、异体字泛滥的一个重要原因。有些人其实对“古”也并无多少了解，只因陷入盲目性，常误认甲为简化字，乙是其繁体，张冠李戴，闹出不少笑话。由于盲目复古，一些在《第一批异体字整理表》、《汉字简化方案》公布之前已很少使用的异体字、繁体字，近年常有所见，这不能不说是严重的倒退。

5. 方言字。这方面也以广州最为突出，街头巷尾到处可见，例如：

冇　　乜　　嘢　　咁　　靚　　曱甴

外省人来穗，见到这类字，真是莫名其妙，哭笑不得，只有摇头。其他方言区也有一些方言字，但使用范围极小，不像广东如此广泛，甚至公然见诸繁华的街道和发行全国的报纸。像上列七字完全是记录粤语（口语）的，其意思分别是：

无　　什么　　东西　　这样　　好看　　蟑螂

如果照下面的正确写法，不是大家都能看懂，不致摇头了吗？

6. 汉语拼音使用不准确。为汉字加注汉语拼音，本是值得肯定的好事。但若注得不准确，不按《汉语拼音方案》的规定拼写，同样是不规范的表现。这方面的不规范，主要见于商店名称、街道路名、商品的商标等。有的拼错（声母韵母与普通话不合),有的仅按字注音,有的则不分字词,排成一长串,更叫人无从读起。如北京王府井大街上“云峰皮鞋店”和“中国工商银行”招牌下边的汉语拼音直到1987年还是一贯到底的:

YUNFENGPIXIEDIAN

ZHONGGUOGONGSHANGYINHANG

确有点像美洲印第安人的语言,而不大像汉语了(参见陈原:《变异和规范化》,刊于《语文建设》1987年第4期)。

那么,社会用字如此混乱,原因何在?据我看,原因主要有下列四点:

1. 汉字确实难学难用——难认、难记、难写,特别是要正确无误地识、记、写,不出丝毫差错,委实很难。因为方块汉字作为日常使用的工具,体系庞大而复杂,确是不易掌握的。要熟练掌握,更非易事。稍一不慎,便会写错。

2. 书写者文化水平太低或太高。太低者对汉字的形、音、义掌握不好,以意为之,以致错别字、杜撰简化字、方言字充斥街头。书写者素质差,又与教育有关。中小学正字法教育差,毕业生语文水平低,参加工作后又往往被各行各业推上“书手”的位置。故社会用字规范化程度既是当地社会文明程度的标志,也从一个侧面反映了当地语文教学的质量。书写者文化水平若是“太高”,而又缺乏自知之明,不免对简化字心存成见,偏爱繁体、异体,自以为有学问。更有的喜欢故弄玄虚,以示博学,于是繁体字、异体字泛滥,这不能不说是造成社会用字混乱的原因之一。

3. 未能充分发挥书法界人士的表率作用和示范作用。早在三十多年前,周恩来总理在题为《当前文字改革的任务》的报告中就发出号召:“欢迎书法家按照简化汉字书写,以提高简化字的艺术水平。”令人十分遗憾的是,对周总理这一号召,积极响应并身体力行者实在太少。相当数量的书法家视简化字为畏途,认为不好写,因而不愿写。又误以为能写繁体、异体方可显示学问功力。这种心态不除,在汉字规范化工作中书法家所起作用便极微弱。其实,不少书法家的实践业已证明,简化字也可以入书法。杨萱庭同志书写李大钊烈士碑文、山东李竹如烈士碑文、刘邓大军强渡黄河碑文,都使用了规范的简化字。艺术效果就很好。他的艺术实践证明:“字体好看与不好看,不决定于简化与不简化,基本功扎实,功力到家,字形再简同样可以产生艺术魅力。”(杨萱庭:《简化字也可以入书法》,刊于《文字改革》1985 年第 1 期)有艺术魅力的简化字,对人民群众特别是青少年而言,便是学习的范本。愿今后各地像杨萱庭这样的书法家越来越多,像李大钊烈士碑文一样的书法作品日见其多,更愿书法家们在使用规范字方面的表率作用和示范作用日益显著。

4. 政府有关部门管理不善,缺乏应有的权威。在语言文字的使用方面我国尚无具体的法律规定,国家和地方的语言文字工作委员会所能起的作用只是宣传、教育、促进,而对那些不信宣传,不接受教育,促而不进,我行我素的单位或个人,除了继续批评、教育之外,便无“法”可施了。对于语委与有关部门联合颁发的关于正确使用语言文字的各种规定,可以执行,也可以阳奉阴违,而对那些拒不执行者也是毫无办法。久而久之,政府的规定便成为一纸空文,徒具形式而已。管理太松,无法可依,确是导致社会用字混乱的原因之一。

尽管原因有多种,最根本的还是书写者的素质问题。

汉字规范化——首先是社会用字规范化,是一项长期的工作,有许多问题还须作深入的研究,如继续整理(归并)异体字,以便减少字数,进一步更改地名生僻用字,规范现代汉语异形词等等。当然,这主要是国家语委、研究机构中专业研究人员的任务。对这方面有兴趣的读者也不妨进行研究，提出意见、建议。

汉字规范化，又是与每个社会成员有关的事。规范化是社会交际的需要，亦即社会语言共同体的需要。这就要求社会每个成员共同遵守用字的规范。如果大家都自觉地使用规范字，那“混乱现象”自然就消失了。每个人都“从我做起”，认真对待自己所写的每一个字，遇有疑问就向人请教，或查字典，绝不以意为之，轻率下笔。应该形成一种风气，以写规范字为荣，以写错别字等不规范字为耻。在这方面，可以归纳为以下三条原则：

一、已经简化者，写简不写繁，且以《简化字总表》为准。

二、尚未简化者，则不得杜撰简化字，亦不得杜撰其“繁体字”。

三、有异体而已归并者，则写正字，不写异体；字形有新旧者，则写新形而不写旧形。

对这三条原则，我相信，绝大多数读者是赞成的，愿意身体力行的；而且，可以肯定，许多读者实际上早已这样做了。

附记：

本文是 1989 年 5 月 28 日在中山大学中文刊授佛山校友会举办的学术报告会上的学术讲演稿。

附录

《汉字古今谈》序

《文字改革》(现改名为《语文建设》)杂志复刊后不久,编辑部想开辟一个专栏叫“汉字古今谈”。用意之一是讨论汉字改革,先要了解改革的对象;之二是给读者,特别是中小学语文教师一点具体的、感性的汉字知识;之三也想表明主张汉字改革的人并不是不要文化遗产。考究汉字形音义的文章散见于各种语文报刊,但东抄西摘、人云亦云的多,旁征博引、翔实可靠的少。编辑部决定要请一位研究古文字,但又不囿于成见的同志来担任这一专栏的特约撰稿人。我们想到了中山大学中文系副教授陈炜湛同志。炜湛同志是容庚、商承祚两位前辈的高足,五六十年代在复旦大学中文系受过语言文字的专业训练;他有较深的古文字学功底,对现行汉字的看法也较公允。于是,从1983年起,“汉字古今谈”专栏就开辟起来了。

文章连载以后,受到读者好评。作为杂志的一名编者,我是每篇都要拜读的,而且不止一遍。我认为,这组文章的主要特点至少有三:

一是翔实可信。解释一个汉字的来龙去脉,既详列典型的古文字材料,又博综典籍作为佐证。读这组文章没有“靠不住”的担心。

二是深入浅出。古文字方面的文章,一般读者望而却步。作者的实践证明,这一类文章也是可以写得深入浅出的。在这方面作者付出了努力。比如许多引文,都不厌其烦地加了注音、释文,这些做法很值得提倡。

三是立论公允。社会上对简化汉字,特别是对拼音化的研究和试验存在不少误解。本书作者从古论今,对简化汉字和拼音化的试验提出了很多颇为公允的意见。由于这些意见不是牵强附会,而是从分析汉字发展的历程中得出来的,就有较强的说服力。作为一名古文字研究工作者,实在难能可贵。

如果说,还有什么不足的话,那就是,行文中文言成分稍多了一些。作者虽经努力,但仍不理想。

1986 年年初召开的全国语言文字工作会议明确宣布,在今后相当长的时期内,汉字仍是国家的法定文字,仍是人民进行书面交际的主要工具。研究汉字,规范汉字,成为今天语言文字工作的重要任务。其中当然包括对汉字历史的研究,对汉字发展轨迹的描述,因为这是进一步认识汉字,更好地学习和使用汉字的必要条件。我很早就有这样的愿望,把现行常用汉字的来龙去脉,用可靠的材料、通俗生动的语言,介绍给学习汉字的读者。这是一件很有意义的工作。现在,炜湛同志十分认真地做起来了,继 1985 年出版《古文字趣谈》后,又写成了这本《汉字古今谈》。我们期待着汉字学界的同志在从事研究工作的同时,都来做这项工作。这无论对汉字学(包括古文字学)的发展繁荣,还是对我国文化教育水准的提高,都是极为有益的。不知汉字学界的专家、学者们以为然否?

费锦昌

1986 年 2 月于北京

《汉字古今谈》后记

在师友们的督促、鞭策和热情鼓励下，这几年我又陆陆续续写了一些介绍古文字的文章。又承语文出版社厚爱，愿意为之结集出版，乃沿用《文字改革》上一个栏目的名称，名之曰《汉字古今谈》。

汉字总数五万以上，常用者亦有三四千；若从其萌芽形态算起，迄今有六千年历史，即使从甲骨文时代算起，前后演变也已三千多年。如此浩瀚的文字，如此漫长的历史，当如何"谈"法？为了让人有阅读的兴趣，易于接受，我采取了目前这种形式。同去年初由花城出版社印行的《古文字趣谈》一样，这仍然是一种尝试。这种尝试是否有益，是否有效，实不敢自是，深望读者不吝赐教。

从某种意义上说，本书是《古文字趣谈》的续集，或曰姊妹篇。不过由于着眼点的不同，文字的内容、风格也稍有差异。

集子中的文章大部分在《文字改革》上发表过，另外有两篇——《万字是蝎子的象形》、《败北与南北》在《字词天地》（武汉）上发表过，两篇带有"总论"性质的文章——《造字法例释》、《辨析文字与阅读古书》则曾刊于《中文自学考试刊授指导》（广州）。只有少数几篇未发表过。已发表过的文章，除《造字法例释》一文因考虑到与其他各篇的关系，部分段落改动较大外，都只作了些个别的文字上的调整，或校正了印刷上的错误。这些文章大都经有关编辑同志加工润色过，也凝聚着编辑同志的心血。对此，我谨表示衷心的感谢。

为了今天的事业，总得有些人去研究过去的东西，去寻求，去总结，以期有所继承、有所发展。语言文字之学也是如此。但是过去的东西，几千年前的东西，也着实不大好“吃”。一旦吞下肚去，弄得不好，又容易得肠胃病，消化不良，甚至引起“脑动脉硬化”，两眼望着过去，把现在的事忘得一干二净。或一味夸耀“祖上”如何如何，却不问而今又当如何。以文字而言，现在似乎还没有人立论说，甲骨文字易学易记，最合用，毋须改革的，因为那毕竟太古老，太难了。但方块汉字十全十美、好学好用，远胜于豆芽式的西洋文字之类的高论确是时有所闻，而“论据”之中又往往少不了中国的象形字如何优美，会意字如何巧妙之类。每闻这种论调，我总有点疑心，论者是否患了食古不化（或曰消化不良）症。

诚然，汉字是“国粹”之一，优美、巧妙。但好看的东西未必好用。汉字确实有其繁复庞杂、难学难记的一面。我因为对古文字做过几年研究工作，故深知其难，痛感其非改革不可。我觉得，甲骨文、金文等古文字的存在，从甲骨文到简化汉字这一不断“改革”、演变的史实，可以消除一些对文字改革不了解的人们的误会、误解，也可以封一封某些以维护“国宝”自居的汉字好学好用论者的嘴巴，剥夺他们在这方面的发言权。我之所以要写《“止戈为武”说》、《爨说》、《万字是蝎子的象形》、《且问“哭”“笑”为那般》、《漫说双轮“车”》、《大路朝天，各走一边——行》之类的文章，除了想藉以普及古文字知识外，其主旨也在于此。

如果要“概括”，那么，除了具体的论述之处，二十来篇文章的“主旨”，我所要表述的意见实不外乎以下三点：

一、从古文字中得不出文字不能改革的结论，也得不出文字不须改革的结论，而是恰恰相反；

二、为了正确理解并准确使用现行文字,不妨学点古文字,而学习古文字,入门既不难,深造也办得到;

三、在四个现代化建设事业中,在当前的语言文字工作中,文字学、古文字学也是大有作为的,除了对古文字本身的研究之外,是可以做些实际工作的。

我的意见不过是这些。

又,本书写作期间曾得到中山大学高等学术研究中心基金会资助,谨此申谢。

对于书中的缺点、错误,诚恳地欢迎读者批评,以便再版时加以改正。

是为记。

陈炜湛

1986 年 1 月 25 日

于中山大学古文字学研究室